金融精英卓越计划系列

探秘资管前沿

风险平价量化投资

余家鸿 吴鹏 李玥◎编著

中信出版集团｜北京

图书在版编目（CIP）数据

探秘资管前沿：风险平价量化投资 / 余家鸿，吴鹏，李玥编著；-- 北京：中信出版社，2018.11（2019. 2 重印）
（金融精英卓越计划系列）
ISBN 978-7-5086-9378-1

I. ① 探… II. ① 余… ② 吴… ③ 李… Ⅲ. ①金融投资－风险投资 Ⅳ. F830.59

中国版本图书馆 CIP 数据核字（2018）第 194889 号

探秘资管前沿——风险平价量化投资

编 著 者：余家鸿 吴 鹏 李 玥
出版发行：中信出版集团股份有限公司
（北京市朝阳区惠新东街甲 4 号富盛大厦 2 座 邮编 100029）
承 印 者：北京通州皇家印刷厂

开 本：787mm×1092mm 1/16 印 张：23.25 字 数：298 千字
版 次：2018 年 11 月第 1 版 印 次：2019 年 2 月第 2 次印刷
广告经营许可证：京朝工商广字第 8087 号
书 号：ISBN 978-7-5086-9378-1
定 价：62.00 元

推荐语

相对于许多传统的多资产投资策略，风险平价策略较为新颖，在最近十年引起了业界的广泛关注，它与资产管理领域许多最前沿的课题紧密相关。这部著作以风险平价策略研究为切入点，希望能吸引更多业界翘楚关注该领域的前沿课题，推动我国资产管理行业的发展与进步。秉持知行合一的精神，让我们一起探索资产管理的前沿！

——郭向军，中国投资有限责任公司（中投公司）副总经理、中投国际首席投资官

作为机构投资者，长期投资是我们坚持的理念。围绕这一问题，学界和业界进行了长期且广泛的研究和实践。不同于传统的资产配置策略，风险平价策略并不对资产的未来收益做预测，而是着眼于大类资产的风险，通过系统化的方法将风险均衡地分配到各类资产中。2008 年金融危机后，由于风险平价策略的分散性和稳定性，该策略在全球范围受到越来越多的关注。我欣慰地看到我司投资团队积极汇集自身及领域领先者的理论研究和实践感悟，希望通过这部著作中的资源分享能对在投资领域里孜孜探索的各位同人提供一

定的借鉴。

——赵海英，全国政协委员、中国投资有限责任公司首席风险官、中国国际金融有限公司董事

量化投资是一个内涵和外延都十分丰富的题目。从风险平价投资的角度去理解，量化投资可以算是将两个资产管理前沿领域相结合的创新性投资，其投资理念是风险平价，实现手段是量化方法。在如今量化投资蓬勃发展的背景下，如何科学地、系统地开展量化投资是值得我们共同思考的问题，这部著作从理论和实践出发，深入浅出，分享作者们多年来在这一领域的心得，可以带领我们拨开量化投资的迷雾，迈步机构投资的前沿。

——巴曙松，北京大学汇丰金融研究院执行院长、中国银行业协会首席经济学家、香港交易所首席中国经济学家

财富多了，投资管理不能再靠简单地拍脑袋，而必须系统化、科学化。余家鸿、吴鹏和李玥与中投公司其他同人一道，在过去多年的研究和实战中，不断践行并创新改进风险平价量化投资法。让我尤感欣慰的是，他们将自己的理论研究和实践经验在这部著作中加以总结，与有志于投资管理事业的同人分享。这部著作非常值得各位同人学习，以便更细致地了解风险平价法，更重要的是熟悉这套投资方法背后的逻辑和思想。

——陈志武，香港大学亚洲环球研究所所长和冯氏基金讲席教授，曾任耶鲁大学金融经济学教授

这部著作通过实战的宏观视野、行业观察及策略探索给业界以思维碰撞的盛宴，值得认真品读。

——高西庆，清华大学法学院教授

风险管理是金融活动的核心技术。这部著作集全球资产管理行业专家与资深学者的观点与研究，深入浅出地为读者提供了风险平价投资体系及其外延相关重要课题的详细介绍。我认为，书中最有价值的是作者们对“风险管理前置化”在投资逻辑中的重要性进行了深入探讨。可以说，在整个投资理论与实务的框架中，风险是处于核心位置的。风控是为了金融的可持续发展，承受风险是为了实现收益，这是市场的本质。我一直相信风险管理是人类应对未来不确定性的重要技术，但更重要的是守住今天的规则。经营或者投资就是平衡风险与收益的关系，以合适的方式去对待、衡量风险，把风险成本压缩到可以承受的范围之内。这部著作充分体现了上述先进的金融理念。在当前的市场环境中，这样一本书的出版是有其独特意义的。

——朱小黄，经济学博士，国务院特殊津贴专家，中国行为法学会副会长，金融法律行为研究会会长，中国建设银行原首席风险官、副行长，中信银行原行长，中信集团原监事长

这部著作结合尖端理论与优质实践，以客观务实的方式阐述风险平价投资的核心理念以及操作过程。通过在中投公司长年累积的实战经验，作者也很中肯地对风险平价与其他主流投资模式做出了精辟比较。此外，这部著作囊括了当前全球投资中的核心课题，包括战术配置、智能贝塔和因子投资等。这不但是国内难得一见的关于风险平价的专业著作，也是国际上在这个前沿领域里比较完整与权威的著作。这是一本不可多得的好书！

——宋诚之，Avanda投资管理公司CEO（首席执行官）、新加坡和挪威财政部主权财富投资顾问、美国麻省理工学院投资管理公司董事、新加坡政府投资公司（GIC）前首席风险官

如何选择资产配置和投资组合是每一个投资人面临的问题，传统理论在解决实际问题时显得苍白无力。针对这种情况，这部著作为读者全面介绍了风险平价投资配置的最新进展，给整个资产管理行业带来了新的精神食粮。

——夏汲清，哈佛大学捐赠基金首席风险官

这部著作对风险平价投资做出了全面、深入浅出的阐释，是资产管理相关书目中的不可多得之作。作者们精细地比较了各种现代投资组合理论和风险平价投资的操作，为读者呈现了一个宏观、完整的画面。此外，这部著作极具宽广且贴近市场的视野，针对国内 A 股、升息环境等热门金融课题与风险平价投资的关系进行探索，给读者带来了崭新的知识和思考面。无论是量化投资从业人员、研究人员、学术界人士还是热衷于了解相关议题的民众，读过这本书后，定当收获丰硕。

——张永康，全国金融青联副主席、香港金融青年会创始人兼主席、上海市政协委员、全国青联常委、北京市青联常委

这部著作融合了各国专家学者与从业精英的前沿思想和创新探索，为我们了解全球资产管理领域的突破发展提供了广阔的视角。在中国保险资产管理行业面临新时代巨大机遇和挑战的今天，这部著作更是难得的及时之作。

——曹德云，中国保险资产管理业协会执行副会长兼秘书长

资产管理研究领域充斥着各类枯燥的理论和数据，普通大众读起来难免感觉低效。这本书却不尽相同，内容涵盖相关领域前沿的学术观点和思想火花，深入浅出，内容兼收并蓄，具有高度实战价值，是专业化的体现。

——冯国佑，香港专业人士（北京）协会会长、北京市政协委

员、香港证券及期货专业总会荣誉会长

尽管业内关于风险平价和量化投资策略的观点不尽相同，但是人们普遍认为风险平价和量化投资策略正在改变投资组合管理的方式。这部著作是由世界一流专家撰写的全面阐述风险平价量化策略的发展过程、推行现状和未来前景的书籍。这部著作值得关注投资行业未来发展的每个人高度重视。

——斯科特·卡尔布（Scott Kalb），主权投资协会（Sovereign Investor Institute）主席、韩国投资公社（KIC）前首席投资官兼副首席执行官

在国际大类资产配置中，耶鲁模式、加拿大模式、挪威模式以及风险平价模式都堪称机构投资流派的典范。耶鲁捐赠基金领跑全球高校的成功业绩不仅缔造了“耶鲁神话”，更开创了机构投资的创新之路。余家鸿与吴鹏、李玥共同编著的这部著作分析了大型买方机构投资者的特点和投资哲学，对风险平价主题展开了深度讨论，将机构投资的理论带上了一个新台阶。

——李恩祐，耶鲁北京中心总经理、世界经济论坛全球青年领袖

风险平价是近年来深受全球投资者关注的多资产投资策略的一个分支。由国内外业界人士合作的这部著作把这个重要的概念和投资方法介绍到国内，为国内资产管理从业人员提供了很有价值的参考。

——曹实，CFA（特许金融分析师）协会亚太区金融分析研究总监

非常高兴能够阅读这本关于风险平价的著作，这本由余家鸿、吴鹏和李玥编著的基于量化方法的风险平价专著，既有深厚的见解又不乏实际的经验，尤其是结合了他们对于大型投资组合的管理心得，

这些给我留下了深刻的印象。对于受托进行资产管理的公共基金而言，风险配置毫无疑问是当前日趋复杂和越发波动的全球金融市场中最重要的话题之一。具备充分的资产配置知识是获取优异的组合业绩的最重要的基石，而这一过程离不开对于风险因子的精准分析和有效配置。我相信，这本书不仅能够成为投资业内人士的指南，也能够对学术界人士有所启发。

——李东益（Dong-ik Lee），亚洲基础设施投资银行（亚投行）投资局局长、韩国投资公社（KIC）前首席投资官

在如今日益复杂的市场结构和资产性质中，资产配置与组合建立越来越困难，有一个正确的、全面的风险管理机制更是不易。这部著作钻研深入，我建议想在资产管理行业发展的人士将其作为必读本。

——伍展恒，东卫资产管理有限公司投资总监、合伙人，香港金融管理局直接投资部前主管

余家鸿、吴鹏、李玥编著的这部关于风险平价的著作，从资产配置到风险配置、因子配置以及组合构建与绩效评价，娓娓道来，真知灼见，令人拍案。欣然拜读之后，我的一桩认识风险平价真面目的夙愿得以了却。可以预料，风险平价策略将逐步成为我国机构投资者的一项“标配”，风险平价所蕴含的投资哲学将深刻影响和变革机构投资者的投资实践。

——王卫华，中国人寿资产管理有限公司资产配置总监

推荐序

知行合一，探索资产管理的前沿

相对于许多传统的多资产投资策略，风险平价策略较为新颖，在最近十年引起了业界的广泛关注，它与资产管理领域许多最前沿的课题紧密相关，如因子投资（factor investing）、智能贝塔（smart beta）等。大道至简，风险平价策略并不复杂，它抓住了多资产管理的核心理念——分散化。

中投公司是国内最早开展风险平价策略投资的机构之一，在全球范围内也属于较早进入该投资领域的机构。中投公司通过引进具有国际视野和经验的专业人才，以及与国际一流资产管理公司的沟通交流，投资团队业绩突出，管理日臻成熟，积累了丰富的投资经验，广受业界认可。做好投资，离不开知行合一。在开展风险平价投资过程中，我们的投资团队不断深化理解投资理念，改进投资模型，注重结合理论深入思考，从投资逻辑验证到投资组合构建，再到投资业绩评估与投资风险管理等领域，均有宝贵心得。

这本书是余家鸿、吴鹏和李玥作为投资团队骨干的经验总结，也是他们与国际同行交流、切磋的结果。这本书以风险平价策略研究为切入点，希望吸引更多业界翘楚关注该领域的前沿课题，推动我国资产管理行业的发展与进步。

过去几年，我国资产管理行业的管理人数量与管理资产规模均快速扩张，涌现出许多优秀的资产管理公司。中国经济快速崛起并与国际金融体系深度融合，是国内大型金融机构发展的最坚实基础。在世界 500 强企业的前 50 强中，有 10 余家中国企业。然而在世界前 50 大的资产管理公司中，却尚没有来自中国的资产管理公司。由此可见，发展我国资产管理行业，任重而道远。因此，拓展国际视野，广泛借鉴成熟市场资产管理行业的投资策略、经营理念、业务模式以及发展路径，更好地与世界接轨，对我国资产管理行业的创新与发展意义重大。

一个与我国 GDP（国内生产总值）体量、国民财富水平匹配的资产管理行业，离不开市场参与者不断提高的投资水平和管理能力。我们希望这本书为提升国内资产管理行业对于风险平价策略的理解和认识，推动机构投资者成为追求长期风险调整后收益最大化的更加理性的投资者，略尽绵薄之力。

纸上得来终觉浅，绝知此事要躬行。秉持知行合一的精神，让我们一起探索资产管理的前沿！

郭向军

中国投资有限责任公司副总经理、中投国际首席投资官

2018 年　北京

前 言

人生就像骑自行车一样，为了保持平衡，你必须继续前进。

——阿尔伯特·爱因斯坦

静而不动不一定就是平衡，但如果不假思索地前进，也绝非是平衡。人生如是，投资亦如是。

我们认为，风险平价量化投资策略的精髓在于让投资组合更接近平衡状态。就像爱因斯坦将人生比作自行车，平衡是继续前进的基础，而且只有继续前进才能维持平衡的状态，这就构成了一种良性循环。维持这样一种良性互动，离不开良好的机构投资者文化。

对于风险平价量化投资策略而言，机构投资者需要全面认识以下四个问题。

一、以风险配置取代资本配置的方法

自 20 世纪 90 年代以来，随着多资产投资的兴起，市值加权型组合由于计算简便、含义直观、操作简单等特点，成为进行多资产投资时的习惯性选择。股债 60/40 组合等成为资产管理业内大家耳熟能详的经典组合。

但是，操作简便不等于业绩优异。市值加权型组合所面临的集中度风险过高等问题自不必提，随着最近几年智能贝塔逐渐被业内接受，大量的研究证明了在某些市场条件下，非市值加权策略可以获得更好的夏普比率（Sharpe ratio）。在资产类别的内部实施风险加权，或是在跨资产类别上进行风险配置的做法，提供了除市值加权方法以外供资产管理者进行思考和探索的新方向。

二、分散化与风险调整后收益

60 多年来，现代投资组合理论深刻地影响了整个资产管理行业乃至金融界。这一理论的核心是对于分散化价值的肯定和风险调整后收益（risk-adjusted return）这一概念的确立。

风险平价成为近年来的投资热点话题，这也意味着更多的投资者意识到投资组合过于集中于某个单一风险因子并非上策。而风险平价策略具有以下四个特点：避免集中度风险（如股票）；加入更多资产类别分散整体风险；容易监控和盯住整体风险水平；适度采用杠杆提高回报。因此，我们认为，风险平价策略可以有效地增加风险分散水平和提高风险调整后收益。

三、委托代理问题

委托代理问题（principal-agent problem）——经济学中的经典问题——也存在于资产管理行业。委托人（principal）是资产所有者（asset owner），他们通常注重长期投资收益，而代理人（agent）一般是具体的投资机构或投资经理。委托代理问题源于资产所有者和投资经理具有不同的效用函数、风险偏好、激励和技能，且信息不对称。

对这个问题的解决方案主要是设计更好的“激励相容”（incentive-compatible）合约，其中包括双赢的风险共担举措与薪酬方案。资产管理行业内投资经理的薪酬方案通常分为管理费和业绩分成两部分，其中管理费取决于资金管理规模，而业绩分成与投资收益的高低有关。业绩分成的计算离不开具体的、量化的评价标准，因此设定业绩基准变得不可或缺。恰当地选择业绩基准，对于防止代理人进行短视化操作具有重要意义。

四、投资，不止于数字

投资的流程并不应当止于看到业绩回报的数字，分析和思考业绩背后的原因同样重要。投资业绩评估是整个投资流程中的重要一环，但也是很容易被忽视的一环。

通过回报的数字，投资者对于投资经理所递交的答卷应当做出一个客观的评判，比如，投资的初衷是否实现了？投资的逻辑是否行之有效？策略的执行是否名实相符？回报的来源有哪些？承担的风险到底是多少？回报的水平能否令人满意？投资经理的能力是否稳定、可靠？等等。回答这些问题，可以加深对投资策略的理解。

基于对上述几个问题的思考，我们从风险平价投资的视角尝试对这些问题进行探讨。除此之外，我们还将系统性地介绍风险平价量化投资的基本概念和基本方法。

第一部分介绍大型机构投资者中常见的资产配置模式，以及对不同资产配置模式与风险平价配置模式做出了比较。风险平价配置模式也并非包治百病的灵丹妙药，客观的比较可以提供进行良好应用的理论基础，对于风险平价策略的投资必须充分结合投资机构的实际情况。

第二部分以简明的方式展示风险平价组合的构建方法。目前在互联网上，尤其是社交型媒体上流传着各种关于风险平价的操作论述，质量参差不齐，它们大多数是没有实际操作经验的作者凭借拼凑的信息和个人感觉写出来的，与扎实、严谨的投资理论和实践的要求存在差距。我们希望这部分内容可以填补读者在风险平价投资实践方面的空白。

第三部分通过不同角度的业绩和风险分析，展示风险平价投资策略的客观事实，并且进一步探讨投资于风险平价组合的意义。这部分的分析工具与方法不仅适用于风险平价组合，对于分析其他类型或其他资产类别的投资策略也有普遍的意义。

第四部分探讨风险平价的衍生话题——因子投资和智能贝塔的相关内容，主要针对当前资产管理行业的热点，从投资理论角度对因子投资和智能贝塔进行一些分析与介绍，希望不失时效又具备长期可读性。

本书由风险平价投资领域内资深的管理人共同完成，每一位作者都有着深厚的理论功底和实践经验。依托其独到经验，不同的作者对于同一议题可能会有不同的意见，这也是金融投资领域的常态。我们本着求同存异的原则，保留这些不同意见，也希望能够通过这些不同意见向读者展示更多的投资可能性。

鸣　谢

学然后知不足，教然后知困，是谓教学相长。能够用简明、直白的文字把多年来我们在风险平价组合投资与管理领域积累的经验写下来，不仅是对我们知识水平和技能的检验，也是一个让我们进一步加深理解和认识的过程。

在中投公司工作中，我们在理论和实践方面不断反思和总结，感谢公司领导和同事们对于我们作为国内早期风险平价策略探索者的支持和帮助。在争做国际一流的愿景感召下，我们一直在不断学习。

分享、交流、共同进步，我们本着这一初衷，将实践中的经验整理成书，希望更多的人可以了解风险平价策略，并以此为基础，探索更广阔的关于资产管理和资产配置领域的其他课题。

余家鸿　吴鹏　李玥

北京　东城

2018 年 8 月

目 录

第二部分
构建风险平价组合

第一部分

综述

第一章　国际大类资产配置的理论与操作概述

本书的主题是风险平价策略，但在我们具体地探讨该策略前，我们先概述风险平价策略的上层主题：大类资产配置。资产配置是机构投资者面临的主要问题。基于自身的特点，不同的机构会探寻适用的配置模式。在本章中，我们希望通过对这些不同模式的分析，梳理出机构特点和配置模式之间内在的逻辑关系，特别是适合运用风险平价模式的机构类型。

第一节　大类资产配置的目标

资产配置是所有机构投资者的最基本战略投资决策，也可以说是最具挑战性的战略投资决策。资产配置模式的具体表达，多以战略资产配置（strategic asset allocation，简称 SAA）为基石。战略资产配置是决定机构投资人长期收益的最重要因素之一，因此业界和学术界的讨论和研究从未间断，近代文献普遍认为战略资产配置能解释机构投资组合 80% 以上的回报差异。[1]

为了更有效地做出资产配置决策，从而达到机构的长期目标，就会有很多让人眼花缭乱的方法。而且不可避免地，这些方法在实

1　参见 Brinson et al.（1986），Statman（2000）。

践中会有各种微妙的差异和缺陷。

一、资产配置理论

自现代投资组合理论（modern portfolio theory）[1]开创性地出现以来，机构资产配置的实践在近代历史上就一直处于演变之中，相关方法和观点也层出不穷。

表 1-1 展示了常见资产配置框架，包括评估的主要方法，并附

表 1-1 资产配置框架表

名称	关注点	过程	缺陷
现代投资组合理论	收益和风险	定量	输入误差，投资组合经常不现实
均值 - 方差优化法（mean-variance optimization，简称 MVO）			过于简单
资产负债管理			要求进行额外的债务建模
布莱克 - 利特曼模型（Black-Litterman model）			要求具备额外的市场知识
定向风险目标	风险	定量	普遍忽视收益目标
风险平价			经常需要杠杆
等权重			忽视潜在的风险集中
最低风险			经常需要杠杆
扩大多样性			解决方案太随意
功能或风险分类	风险	定性	潜在随意性
最佳篮子	收益和风险	定性	可能忽视对整个投资组合的考虑
捐赠模式	收益和风险	不适用	一种理论，而非投资组合建立方法
因子	收益和风险		一种工具，而非投资组合建立方法
参考组合（reference portfolio）	收益和风险		因子化操作，而非投资组合建立方法

1 参见 Harry Markowitz（1952）。

带介绍了各个方法的收益、风险集中性、典型过程和主要缺点。[1]

虽然现代投资组合理论存在众所周知的缺陷，但是它仍是实践中最常用的方法，并且是一般均值－方差优化法和很多其他相关变体的基础。按照最普遍的观点，在现代投资组合理论中，使用者需要量化各种投资的收益和风险特征，从而确定在某些特定风险偏好下经过数学工具优化的投资组合。当下，均值－方差优化法的主要现实挑战是，经常需要估计众多参数，并且错误的估计和优化方法可能会导致不稳定、不直观且经常不实际的投资组合。[2]因此，均值－方差优化法通常不用于学术目的，而是用来产生大概的方向性观点，然后去指导投资组合方面的具体选择。

均值－方差优化法的基本模型：

最优配置权重的求解可以表示为：

$$\boldsymbol{w}:=\arg\min_{\boldsymbol{w}} \boldsymbol{w}^{\mathrm{T}}\boldsymbol{\Sigma}\boldsymbol{w}$$

限制条件 $\boldsymbol{w}^{\mathrm{T}}\boldsymbol{\mu}=\mu_0$（收益率目标）和 $\boldsymbol{w}^{\mathrm{T}}\mathbf{1}=1$ 且 $\boldsymbol{w}=\boldsymbol{0}$（无杠杆）。

其中，$\boldsymbol{\mu}$ 为资产收益率矢量，$\boldsymbol{\Sigma}$ 为相应的协方差矩阵。

以最简单的两个资产（股票和债券）为例，如果收益率目标较高，或存在其他的限制条件，那么最优配置方案也可能是个角点解，如传统的 60/40 股债配置就往往会被这样理解。[3]

显然，估计预期收益会存在较高的难度，因此，投资者在很大程度上才引入各种仅与风险相关的资产配置框架。风险平价策略就是这样的一种方法，使用这种方法，风险会在子组合（资产类别或

1 参见 Blyth（2016）。

2 参见 Michaud（1989）。

3 无限制条件下最优配置权重存在解析解 $\boldsymbol{w}_{\mathrm{opt}}=[B\boldsymbol{\Sigma}^{-1}\mathbf{1}-A\boldsymbol{\Sigma}^{-1}\boldsymbol{\mu}+\mu^{*}\cdot(C\boldsymbol{\Sigma}^{-1}\boldsymbol{\mu}-A\boldsymbol{\Sigma}^{-1}\mathbf{1})]\cdot D^{-1}$ 其中 $A=\boldsymbol{\mu}^{\mathrm{T}}\boldsymbol{\Sigma}^{-1}\mathbf{1}=\mathbf{1}^{\mathrm{T}}\boldsymbol{\Sigma}^{-1}\boldsymbol{\mu}$，$B=\boldsymbol{\mu}^{\mathrm{T}}\boldsymbol{\Sigma}^{-1}\boldsymbol{\mu}$，$C=\mathbf{1}^{\mathrm{T}}\boldsymbol{\Sigma}^{-1}\mathbf{1}$，$D=BC-A^2$。

因子）间平均分配。这种方法不仅是为了避免评估收益的需要，而且也是为了解决机构投资组合风险明显过度集中在股票风险上的问题。另外，要达到名义收益率目标，通常会依赖杠杆手段。风险平价的具体实施往往是“定向风险目标”（risk-targeting）中的一类方法，即把固定整体组合的目标波动率作为首要任务。

还有被人们熟知的其他方法，并不能简单地归入某个标准收益或风险观点中。比如，在捐赠模式中，长期投资者会关注流动性较差的另类资产，如私募股权和对冲基金等。对这类资产操作的更合理分类是，将其作为单一投资哲学，或是传统投资理论的延伸，即沿用现代投资组合理论框架，确认低流动性的另类资产能提供额外溢价（premium）。

近年来，因子分析（factor analysis）重新在业内流行起来，不过这对于学术界来说并非新鲜事物。就其性质而言，因子分析有两大投资功能：清晰化和简单化。对于复杂的机构投资组合，这是很具有吸引力的工具。在实践中，因子分析不仅被用作均值－方差优化法或风险管理方法的一部分，而且也在所谓的“参考组合”中被广泛应用。加拿大养老保险基金投资理事会（Canada Pension Plan Investment Board，简称 CPPIB）和其他同类机构对参考组合进行了重点讨论和实施。参考组合会指定包含各资产类别的基础投资组合，使指定的组合与机构整体的因子配置紧密对应。例如，要投资 100 美元的私募股权（CPPIB 将其看作杠杆后的股票投资），而该项目的股票贝塔（beta）值为 1.3，那么 CPPIB 会卖出 130 美元的股票并购买 30 美元的债券或现金。实施这种方法的前提是，将每个投资映射到以资产类别进行因子分析的参考组合中，以便维持设定的战略配置。实际上，对于所有因子建模，映射的假设与操作都具有极大的挑战性，过于简单的参考组合甚至会加大这种操作的难度。

二、从理论到实践的挑战

诚然，资产配置的选择不存在灵丹妙药，每种常用的方法都有其各自在实践中让人抓狂的缺点。对于机构投资者来说，核心问题的根源是委托代理问题，这是经济学中的经典问题。在资产管理方面，委托人是资产所有者，而代理人是投资机构或投资经理。委托代理问题源于资产所有者（如养老金年金受益人）和投资经理具有不同的效用函数、风险偏好、激励、技能和不对称信息等利益关系。资产所有者监督代理人的能力有限，而且由于监督成本很高，所以难以充分地进行资产配置。资产所有者甚至不了解在监督过程中发现的信息，从而缺乏判断代理人是否称职的能力。即使雇用的代理人是投资天才，也会存在业绩考核年限与自身职业年限的错配问题。所以，对于机构投资者来说，掌握清晰、直观的投资组合理论与框架十分必要。

现代投资组合理论及其变体之所以仍然被广泛使用，是因为它是目前为止学术界普遍认可的量化工具。如果经过某些改良，现代投资组合理论还能够将市场观点和风险偏好融入合理的投资组合中。

上述举例的不同配置模型，风格各异，它们都可以被视为现代投资组合理论的衍生品，体现的是各类机构的外界约束与内部资源能否匹配。除此以外，业内大部分大型资产池的配置方法都可以被视为上述几种模型的平均模式、混合模式，是每家投资机构经过权衡轻重后找到的自身定位结果。

我们会在下一节对几种常见流派（挪威模式、耶鲁模式、加拿大模式、风险平价模式）进行介绍和对比，希望能通过详细的案例分析把各种常见的配置模型哲学勾画出来。在某种意义上，它们也可以说是现代投资组合理论的改良后操作。

三、2008 年金融危机对大类资产配置的启示

对于大部分历史悠久的投资机构来说，它们都经历了 2008 年的金融危机，都需要反思自身的配置模式，加强同业比较并居安思危，从而提高战略配置的效能。

（一）对现有传统配置模式的反思

2008 年金融危机后，传统的股债 60/40 配置和捐赠基金模式（endowment model）都受到了业界的质疑，因为在这些资产配置模式中，股票风险的集中度较高，同时资产配比（或风险配比）相对静态，导致采用这些模型的机构必然在股票市场大幅下跌时承受巨大浮亏。究其本源，造成这种结果的主要原因有两个。

1. 对资产类别的认定有缺陷

有人指出，很多传统投资机构在资产类别的认定方面存在一些误区，错误地设置了新的资产类别，比如不考虑私募股权只获取股票敞口的方式。很多分析师也指出，对冲基金并不能算是新的资产类别。批评者认为，简单地创造新的资产类别会导致投资者只是在形式上获得分散化，但并没有减少对单一风险的敞口，如股票风险。

2. 对杠杆的使用有限制

根据金融学理论，最优的资产配置应当在资本市场线（capital market line）[1] 上，这意味着具有较高收益目标的投资机构应当适当地

1 资本市场线是指表明有效组合的期望收益率和标准差之间的一种简单的具有线性关系的一条射线。

使用杠杆以实现资产配置最优化。但很多机构不能使用杠杆，却有较高的收益目标，因此只能通过配置高风险资产，如股票、大宗商品等来满足名义收益目标，这承担了未必能被补偿的额外风险，导致组合分散化效果受到很大影响。

（二）关于长期收益率假设的新做法

无论投资机构选择上述几种模式中的何种混合模式，在具体操作上，都离不开对大类资产类别做收益率和风险值的假设。当然，对资产的中长期收益的前瞻性预测也不再仅仅基于历史数据。目前，更多的机构开始采用积木法（building blocks）进行中长期收益预测。从直观上讲，就是先将各类资产的收益分解为几个不同的收益来源（驱动因素），然后根据对宏观基本面和市场环境的判断对这些收益来源（驱动因素）的变化趋势进行分析和预测，再搭建成资产的收益预测，如图 1-1 所示。这也是上述提到的因子分析法的衍生应用。

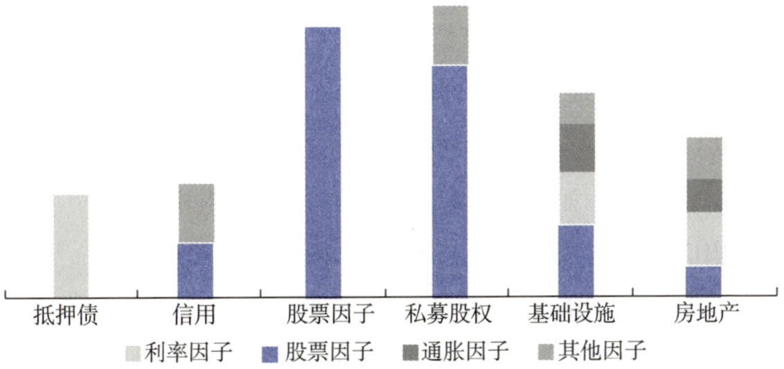

图 1-1　资产收益分解示意图

数据来源：丹麦 ATP（劳动市场补充养老保险基金）年报。

在具体操作时，如果投资者无明确观点，那么可以使用每个驱动因素的历史平均值作为输入参数，其预测结果与直接使用各类资产的历史平均收益并无区别。如果投资者能够对未来3~5年所处的经济周期和市场环境做出较为有确信度的判断，则可以将资产收益预测调整至偏离长期历史均值的水平，这对于中期资产配置的组合构建也具有观点分解的借鉴意义。

（三）组合构建与管理

在组合构建的过程中，无论是使用传统优化模型，还是使用风险平价策略，其本质是寻求具有某种特定风险收益特征的组合，[1]因此对风险指标的选择和测算是组合构建中的重要环节。传统优化模型往往隐含了资产的收益服从正态分布的假设，并且只关注波动率这个单一风险指标，导致优化的组合很可能包含很大的尾部风险。2008年金融危机后的风险控制趋势是不断改进风险指标，例如在组合构建时，我们不仅要考虑波动率，还要更多地关注“在险价值”（value at risk，简称VaR）和“条件在险价值”（conditional VaR，简称CVaR），并做出多维度的情景分析（scenario analysis）和压力测试（stress test），以更加全方位地反映潜在的尾部损失，从而控制战略配置组合的风险预算（risk budget）。

在实际实施上，配置计划执行后应当对组合的各种关键风险指标进行实时监测，如果某一风险指标超出预设范围，那么应当对组合进行相应调整，确保组合能够一直在既定的轨道上运行［再平衡（rebalancing）就是组合管理的一种手段］。特别是对于使用杠杆的配置模式（如风险平价）来说，动态地监测和管理组合风险就更加重要。

1 传统优化（如股债60/40组合）可以被理解为寻求在某一风险水平下预期收益最高的组合，风险平价可以被理解为寻求主要资产风险贡献（risk contribution）相等的组合。

第二节　常见流派：挪威模式、耶鲁模式、加拿大模式、风险平价模式

就上一节所述，常见资产配置流派都可以被视为均值 - 方差优化法框架下的不同衍生操作。除了理论层面上的考虑，不同流派的出现反映了机构本身的外来约束和内部资源的深化程度。

接下来，我们从几个常见流派代表机构的历史演变来阐述其各自的特征，重点分析各种思路背后的历史约束与自身优势。我们梳理了挪威模式、耶鲁模式、加拿大模式的前世今生，并与风险平价模式进行比较。

一、投资模式的演进

大型买方机构投资者的兴起是近 30 年的事情。30 年之前，养老金的规模尚且有限，而且投资范围也受到严格限制，只能投资政府债券；捐赠基金的规模还很小，耶鲁基金在 1980 年还不足 10 亿美元；各国外汇储备的规模也不大，主权财富基金（sovereign wealth fund）这个名称还没有诞生。1976 年，阿布扎比投资局（Abu Dhabi Investment Authority，简称 ADIA）建立；1981 年，新加坡政府投资公司建立；1990 年，挪威政府全球养老金（Government Pension Fund Global，简称 GPFG）建立。随后，随着石油财富和贸易顺差的积累，主权财富基金才逐渐发展壮大，成为国际资本市场中的重要一员。

在投资模式的选择上，捐赠基金向来比较灵活。1973 年，耶鲁捐赠基金开始进行私募股权投资；1985 年，耶鲁捐赠基金的股票类资产配置额度已经达到 70%；1991 年，耶鲁捐赠基金率先在买方机构投资者中引入另类投资（如对冲基金），并通过资产多元化获

得了非常好的收益。2000 年，耶鲁捐赠基金的首席投资官大卫·史文森（David Swensen）出版了《机构投资的创新之路》（*Pioneering Portfolio Management*）一书，对其投资理念和模式进行了系统阐述，耶鲁模式或捐赠基金模式逐渐被投资者认可，并广为效仿。

在大西洋的另一边，挪威为了储存石油财富，早在 1990 年就建立了挪威政府全球养老金，该基金发展成为稳健投资和纪律性投资的典范。基金成立初期投资于股票、债券两类资产，并且深化为在全球范围内投资，1997 年的配置目标比例为 40% 的股票、60% 的债券，并在随后一年成立挪威央行投资管理公司（Norges Bank Investment Management，简称 NBIM），该公司是服务于政府的专业投资管理人。2007 年，配置比例被调整为 60% 的股票、40% 的债券，均为全球投资；2010 年，挪威财政部批准投资管理人开始少量投资房地产市场。挪威一直坚持以公开市场资产投资为主，较少涉及另类资产，追求组合的简洁、透明和纪律性，其投资模式被称为挪威模式，也称 60/40 模式。

再让我们看看北美洲。近年来，以 CPPIB 和安大略省教师退休基金会（Ontario Teachers' Pension Plan，简称 OTPP）为代表的加拿大机构投资者逐渐被业界重视，有人称之为加拿大模式。两者较有特色的做法是设计了参考组合，该组合包括固定收益和股票两大类资产。参考组合是一种低成本、复杂程度较低的示范组合。例如，在进行私募股权投资时，其投资资金通常是通过出售其被动管理的公开市场证券组合中与之相类似的股票来获得。因此，在进行投资决策时就要将拟进行的投资和拟出售的资产进行风险收益比较，只有当前者的风险收益特征优于后者时，才会进行投资。这个模式有两个重要作用，一是在既定参数范围内为管理层投资决策提供了一定的灵活性，以追求价值增值的投资策略；二是为董事会评价投资绩效提供了一个基准。

在大类资产的名义配比上，耶鲁模式、挪威模式和加拿大模式都是偏股型的配置方案。

与上述模式不同的另一种模式是风险平价，风险平价模式多以独立的资产类别（如绝对收益）形式运行。在投资机构整体组合上应用风险平价理念的例子其实不多，比较经典的是丹麦 ATP，该基金是该国独特监管制度下的创新。2000 年以前，ATP 与挪威政府全球养老金以及其他养老金没有区别，均是按照资本进行配置，股票的配置比例为 45%，债券配置比例为 51.5%，以房地产为主的另类资产配置比例为 3.5%。2001 年，丹麦金融监管局（Danish Financial Supervisory Authority）颁布了新的养老金监管条例，要求养老金债务必须遵守“盯市”（mark to market）制度。之前，养老金一般采用较为稳定的长期利率对负债进行折现，负债方变动有限，因此，资产配置不需过多地考虑负债方；而采取债务盯市后，市场利率的变化将引起负债方的剧烈变化，为了管理资产负债表的利率风险，ATP 决定以利率衍生品和长期国债对其负债方进行利率免疫（“资产负债管理”，asset liability management，简称 ALM）。为了平衡衍生品带来的杠杆风险，ATP 不仅降低了股权投资比例，而且采取动态风险预算对组合进行灵活调整，从而逐渐形成了如今的以组合杠杆化、低股权风险、动态风险预算为特征的投资模式，这些模式在很多时候被认为是风险平价的变种应用。

挪威模式、耶鲁模式、加拿大模式和风险平价模式坚持不同的投资理念，都将各自的投资模式发挥到了极致，成为机构投资流派的典范。

二、几种投资模式的对比解析

决定投资模式的三要素是机构特点、投资哲学和投资模式，如图 1-2 所示。机构特点决定你能做什么，投资哲学代表你相信什么，投资模式是你决定怎样做。

图 1–2　投资模式选择示意图

机构特点、投资哲学和投资模式三者互相影响，而且都是相对的。例如，挪威模式相信市场大致是有效的（投资哲学），因此以公开市场资产为主（投资模式）。耶鲁模式相信市场有超额收益机会（投资哲学），因此大量投资另类资产（投资模式）。而挪威模式和耶鲁模式的投资哲学主要是由其机构特点决定的。当一个组合大到 10 000 亿美元（2017 年）时，组合本身就是市场了，任何大的调整都受到市场容量的限制，甚至会造成市场错位，因此对于挪威模式而言，市场基本是有效的（投资哲学）。耶鲁基金仅为 254 亿美元（2016 年），相对较小的规模可以使耶鲁模式灵活地周游于价值低洼之地，因此对于耶鲁模式而言，市场充满了超额收益机会（投资哲学）。

下面，我们按照机构特点、投资哲学和投资模式对四个机构代表的投资流派与模式进行进一步解析。

（一）挪威模式：以公开市场贝塔收益为主，重视透明度与纪律性

挪威政府全球养老金于 1990 年建立，主要目的是储存石油财富，以避免出现“荷兰病”，同时作为政府未来财政支出的缓冲，并

且实现财富代际转移。其资金主要来自政府石油收入的财政盈余，少量来自挪威央行的外汇储备。按照规划，挪威石油财富枯竭以后，挪威政府可以从挪威政府全球养老金中按照不超过4%的比例提取财政预算，如图1-3所示。

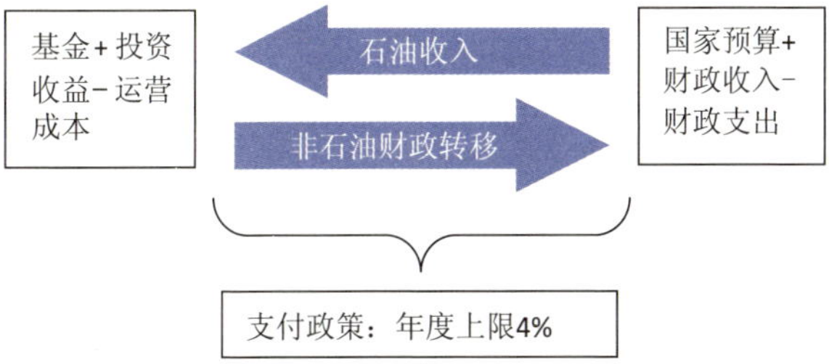

图1-3 挪威政府全球养老金资金流转示意图

在管理架构上，挪威政府全球养老金由挪威财政部所有，委托挪威央行进行管理，重大事项如投资产品选择、资产配置方案等需报挪威议会和挪威财政部批准。这一机制的设计增加了挪威政府全球养老金管理的纪律性，挪威议会和挪威财政部对政府养老金的资产结构负责，挪威央行投资管理公司负责在资产结构确定的贝塔收益基础上，增加超额收益。

挪威政府全球养老金于1996年首次注资，全额投资于政府债券；1997年获批准投资于股票，股票、债券投资比例为40/60；2007年调整股票、债券投资比例为60/40；2010年，获批投资房地产，投资比例不超过5%；2017，其存量投资为2.5%，配置额度从债券中替换。2017年，挪威政府全球养老金开始把整体股票比例从60%提升到70%，由于还处在建仓期，所以下文均以业内熟悉的60/40模式来展开介绍其操作与业绩（performance）情况。

挪威政府全球养老金的机构特点包括以下几点。（1）投资周期长。根据挪威石油管理局（Norwegian Petroleum Directorate）的估计，挪威开采了40%~50%的探明石油储量，在未来很长一段时间内基金仍将持续获得石油资金的注入。（2）资金规模大。2017年，基金规模一度超过10 000亿美元，是世界第一大主权财富基金。（3）没有显性负债。基金是财政盈余的积累，是纯财富；与之不同，外汇储备对应着本币负债，养老金资产对应着养老金支出负债。（4）严格的公司治理结构。正因为基金对挪威如此重要，所以在治理上，挪威议会、挪威财政部对基金大的投资战略进行了详细规定和严格限制。

与其机构特点适应，基金的投资哲学包括：（1）市场大致是有效的；（2）坚持分散化的组合构建理念；（3）专注于获取市场风险溢价；（4）清晰、明确的组合结构和基准；（5）对管理人进行认真筛选和监控；（6）坚持责任投资理念，道德守则须清楚列明。

基于机构特点和投资哲学，挪威政府全球养老金的投资模式具有以下特点。

1. 以公开市场股票、债券为主要投资目标

在股票、债券两类资产间和区域间进行风险分散，组合以股票、债券蕴含的市场风险溢价（risk preminum）为主要收益来源，市场错位的超额收益不是组合的重点。

2. 坚持严格的配置纪律，降低人为情绪

挪威财政部对挪威央行投资管理公司的投资指引规定，组合对配置基准的额度偏差不能超过4%。挪威央行投资管理公司严格执行再平衡操作，采取每月注资的部分再平衡和触发资产区间的全面再平衡相结合的模式。即每月注资时，将资金投向低于配置比例的资产，推动实际组合向目标组合靠拢；而当发生大的市场冲击使资产偏离配置区间时，则通过进行全面的组合调整，将组合调整至目标配置比例，比如过去两次的全面再平衡，就是2003年和2009年股票大跌时期。

3. 坚持稳健的投资理念，不求多变

对配置变动和另类资产持审慎态度，一旦达成决议就能严格执行。1998—2012 年，基金大类资产配置只调整过两次，分别是 2007 年调整股票配置额度和 2010 年增加房地产配置，其余时间只是在股票、债券区域内部进行局部调整。其中，关于将股票配置额度从 40% 调整至 60%，挪威央行投资管理公司在 2005 年就开始论证，2007 年挪威议会和挪威财政部批准执行；不久后，金融危机爆发，挪威央行投资管理公司坚持按照既定方案纪律性地执行注资计划和再平衡方案。尽管股票遭受了 2008 年的巨额浮亏（–23.3%），但随着次年全球股票市场反弹，在危机中购买的股票带来了丰厚的盈利，2009 年的回报率就达到 25.6%。

从对投资理念共识的达成到团队建设，再到实际投资，挪威一贯坚持稳健的投资策略和再平衡纪律。

4. 对投资成本进行严格控制

挪威基金规模庞大，对其而言，节约 1 个基点的成本意味着 1 亿美元的收益。因为基金以公开市场贝塔收益为主要来源，超额收益获取能力有限，所以通过成本节约提高收益的激励更强。因而基金大力开展指数自营、增强型指数策略、证券出借、价值和其他系统性因子挖掘等，以节约成本、增加收益。

通过以上措施，挪威央行投资管理公司自 1998 年以来取得了 5.89% 的基金收益率，实现了 27 个基点的年化超额收益率，对于超过 10 000 亿美元的资本庞然大物来说，这是一个非常不错的业绩，如表 1–2 所示。

（二）耶鲁模式：高配股权类资产，以另类资产为主，追求高收益

耶鲁捐赠基金已有 300 多年的历史，其初期的资产规模较小。1905 年基金仅为 740 万美元，1950 年基金为 1.32 亿美元，1985 年基

表 1-2 历史收益与风险分析（截至 2017 年年中）

	自 1998 年以来	过去 10 年	过去 5 年	过去 3 年
基金收益率（%）	5.89	5.52	9.57	6.21
相对收益（%）	0.27	0.05	0.26	0.12
年度通胀（%）	1.77	1.73	1.30	0.96
运营成本（%）	0.09	0.08	0.06	0.06
实际收益率（%）	3.96	3.65	8.10	5.14
年度波动率（%）	7.41	9.05	5.92	6.36
与基准相差（%）	0.40	0.58	0.11	0.09
夏普比率	0.55	0.59	1.56	0.95
与基准相差	0.01	–0.03	0.01	0.01
跟踪误差（%）	0.70	0.91	0.37	0.38
信息比例	0.41	0.11	0.66	0.30

金不足 20 亿美元。大卫・史文森在 1985 年加盟后对投资模式进行改革，先后引入私募股权基金、绝对收益等资产类别。2017 年，基金的 20 年滚动回报率取得了 12.6% 的佳绩，管理规模也增加到 254 亿美元。

耶鲁捐赠基金的机构特点包括以下几点。（1）资产规模较小，无法与其他国家级基金相比。（2）机构员工少，管理灵活。机构人数为 20~30 人，作为大学的捐赠基金，在投资方面基本不受监管。（3）无显性负债，所有的资产都来自校友捐赠和投资收益。（4）支出压力大，投资目标收益率高。为了支持大学科研发展，耶鲁捐赠基金将目标支出比率设定为5.25%。为了实现基金净值增长，必须取得显著的较高收益率。（5）创新能力强，校友资源丰富。耶鲁捐赠基金是业界最具有创新能力的基金之一，率先将私募股权、对冲基金引入机构投资者配置框架，其金融界丰富的校友资源也为其另类资产投资的成功提供了保障。

耶鲁捐赠基金的投资哲学包括以下几点。（1）坚持分散化投资理念。通过股票、对冲基金、实物资产等分散化投资，降低组合风险，如图1-4所示，优化后的资产配置使得组合更接近有效前沿（efficient frontier）。（2）市场非有效性，存在超额收益机会。越是低效的市场，信息获取越不充分，越具有获取超额收益的机会，如风险投资（venture capital）、对冲基金、私募股权基金等。（3）在低效市场中获得超额收益的关键是超越市场，投资于最优秀的投资管理人。因此，投资管理人的选聘、激励和利益一致性是成功的关键。（4）流动性是基金管理的重要考虑因素。基金面临着现金支出、资本召集（capital call）等多种流动性要求，流动性管理最为关键。

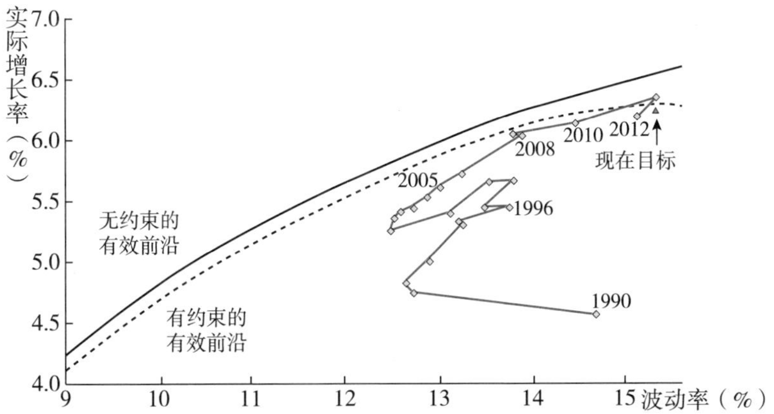

图1-4 耶鲁基金2012年报中说明组合接近有效前沿

基于机构特点和投资哲学，耶鲁捐赠基金的投资模式具有以下特点。

1. 高配股权类资产

耶鲁捐赠基金认为，从长期来看，股权类资产能提供远超过债券类资产的收益率，持有债券会产生较大的机会成本，为实现较高的名义收益目标，必须高配股权类资产，低配债券类资产。2016 年，耶鲁捐赠基金的债券类资产配置比例低于 5%，主要是为了保持组合流动性。耶鲁基金与其他捐赠基金的配置比较如表 1–3 所示。

表 1–3 耶鲁捐赠基金与其他捐赠基金的配置比较

	耶鲁捐赠基金	捐赠基金平均
绝对收益（%）	22.1	23.6
本国股票（%）	4.0	19.6
固定收益（%）	4.9	9.2
外国股票（%）	14.9	21.4
负债收购（%）	14.7	6.1
资源类（%）	7.9	8.0
房地产（%）	13.0	3.9
风险投资（%）	16.2	4.9
现金（%）	2.3	3.5

2. 高配另类资产

为了超越股票的收益率，耶鲁捐赠基金进一步发掘市场非有效性，加大在低效市场中的投资，重点是非流动资产的投资，配置比例可以超过 75%。耶鲁捐赠基金相对于其他捐赠基金的超额收益中有 80% 来自积极管理收益，仅有 20% 来自配置。可见，耶鲁捐赠基金的超额收益更多是来自其优异的投资能力，是管出来的，而不是配出来的。如果没有超过均值的投资管理能力，而想要通过配置另类资产来收获非流动性溢价，那么结果往往是承担了风险，却未获得收益。

3. 资产分散化

资产分散化是投资管理中唯一的“免费午餐”，耶鲁捐赠基金通过股票和私募股权获取增长收益，依靠房地产、自然资源提供通胀对冲，通过对冲基金获得稳定收益，从三个维度进行组合的平衡。

4. 重视管理人的选聘和管理

优秀的管理人是获取超额收益的关键，耶鲁捐赠基金在选取管理人时，一是注意建立长期合作伙伴，建立紧密的利益共享机制，耶鲁捐赠基金与管理人平均保持了10年以上的合作关系；二是偏好雇员拥有的公司，因其管理者与投资人利益更加一致；三是与普通合伙人（general partner）共同投资，倾向要求普通合伙人出资大部分，促进利益一致性；四是偏好初创期公司，虽然这些公司规模不大，但是管理层有激情，有很好的超额收益潜力。而一旦机构做大，管理人靠收取固定管理费就可获得很高的收益，从而失去了创造绩效的动力。

5. 重视流动性管理

耶鲁捐赠基金每年大约有5.25%的支出压力，投资机会捕捉、再平衡等都需要流动性支持，因此流动性管理很关键。耶鲁捐赠基金获取流动性的主要途径包括：一是所持股票、债券、实物资产的分红、利息、租金等；二是所持资产的回购融资；三是发行商业票据；四是资产变现。前三条途径是耶鲁捐赠基金偏好的，称为非破坏性流动性，即获得流动性并不牺牲资产的配置结构；最后一条途径是破坏性流动性，即靠牺牲资产的配置结构获得流动性，况且在危机时候变卖资产会产生很大的折扣损失，因此这是最后一招，很少被采用。在2009—2010年的金融危机中，耶鲁捐赠基金发行了20亿美元的商业票据来筹集资金，用以满足流动性需求。

耶鲁捐赠基金在另类资产投资方面积累了深厚的投资经验和广泛的网络资源，其能够打造优秀成绩的有利条件归功于它们知己知彼的认知能力。在公开披露的年报上，耶鲁捐赠基金也劝告同行“切勿随意模仿”。

只有那些具有积极管理能力的投资者，才有机会在传统资产类别中战胜市场，并有能力在投资组合中配置另类资产。投资游戏是不允许“先做一半”的，低成本的被动策略适合于绝大多数的个人和机构投资者，他们没有时间、资源或能力做出高质量的主动管理决策。耶鲁模式的框架只适用于少数具有内部资源和底气的投资者，较高超额收益的圣杯从来不是随手拿来的。

这条忠告也不是无中生有或自吹自擂，专门分析美国大学捐赠基金业绩的学术文献也指出：具有丰富内部资源的名牌大学（如常春藤盟校）的捐赠基金就比其他院校更能创造超额收益［阿尔法（alpha）］，如表 1–4 所示。[1]

表 1–4　不同院校类型的超额收益创造能力[2]

院校类型	广义阿尔法	狭义阿尔法
常春藤盟校	3.69	0.36
顶尖院校（减去常春藤盟校）	2.53	–1.00
其他	0.66	–1.26

（三）加拿大模式：显性的机会成本记账法和授权分工

加拿大养老保险基金非常市场化，管理水平在国际上处于领先

1　参见 Barber，Wang（2013）。

2　顶尖院校是指其学生的学术能力评估测试（SAT）平均分在样本中 75 分以上；广义阿尔法是指在美国股票与债券简单组合上创造的超额收益；狭义阿尔法是指加入国际股票、对冲基金和私募股权基金作为参照后再评估的超额收益。

地位。主要特点包括：（1）管理较为独立，管理团队向专业的董事会负责，没有官方委派的当然（ex-officio）董事，受政府干预较少；（2）薪酬基本接近市场水平，雇员能力素质较高；（3）投资产品范围较广，超额收益获取能力较强。与加拿大养老保险基金相比，美国养老金管理市场化水平较低，雇员薪酬水平不高，对衍生品使用有严格的限制，复杂产品以外包为主。

20世纪末的养老金改革是加拿大养老金行业革命性转变的重要原因。20世纪90年代初，加拿大遭遇严重的财政危机，财政赤字高企，养老金体制难以为继，加拿大养老保险（Canada Pension Plan，简称CPP）和魁北克养老保险（Quebec Pension Plan，简称QPP）分别于1993年和1994年出现净流出，当时预计在2015年耗光所有储备。为了应对财政危机，加拿大采取了一系列措施，包括税制改革、大规模裁员、提高养老金缴纳比例，并进行了养老金改革。1997年，加拿大国会通过了《加拿大养老保险计划投资委员会法案》，成立了CPPIB，专门从事基金的具体投资管理。这次改革赋予了养老金更多的自主权，使其独立于政府部门，开启了加拿大养老金市场化运作的新时代。

CPPIB最被业内称颂的是其引入的“参考组合”体系，资本规模超过3 000亿加元。其核心内容包括加拿大养老保险基准资产配置方法和整体资产配置策略。

加拿大养老保险基准资产配置方法由CPPIB按照期望的收益目标（如不低于4%）和风险水平建立一个基准资产配置方案，即所谓的“参考组合”，实际的投资策略可根据资本市场相应调整，以总体判断各大类风险资产的情况。这套基准方案的要求简单易懂，以股票和债券两类资产的指数拼凑形式来表达。

该基准方案从过去较长历史上采用的股债65/35模式发展到目前的股债78/22模式，并一直在修正和更新。参考组合的实施意味着

CPPIB 在进行长期投资决策时，关注的是基金整体的收益风险特征，而不是单个资产类别或单个投资部门的绩效。具体投资项目也是围绕着参考组合进行内部融资。在实际操作过程中，如在进行私募股权投资时，需要卖出公开市场股票以获得相应的资金。例如，投资 100 加元的私募股权基金在经济风险敞口上等同于买入 130 加元的公开市场股票基金，并同时卖出 30 加元的债券（作为对私募股权杠杆投资的融资成本记账）。

以此类推，在进行投资决策时就需要将拟进行的投资和拟出售的资产进行风险收益比较，只有前者的风险收益特征优于后者时，才会进行投资。简单来说，参考组合需要配合因子分析操作，追求在因子化后的机会成本上获得超额收益，即所谓的阿尔法。

CPPIB 在内部组织机构的设置和职能配置方面也充分体现了整体资产配置评估方法的理念，即通过部门间的分工合作，以实现效益最大化。比如，从分工角度来看，投资决策委员会确定整体资产配置的管理方法，然后在资产类别之间分配风险限额；组合设计与风险管理部负责向投资决策委员会提供有关整体资产配置的建议；公开市场投资部、私募投资部和不动产投资部负责建立具体的子策略资产配置方案。

1. 参考组合的选择考量

参考组合本质上也反映了董事会和管理团队的职责分工，如表 1-5 所示。董事会一旦批准简单易懂的参考组合，则表示其对基金的长期业绩负责，承担参考组合业绩与基金长期收益目标的偏离。而管理团队对基金的年度业绩负责，承担实际组合与参考组合的业绩偏离。

是否采用这套框架基于以下两个考虑。

一是中期（如 3 年）跨资产的择时操作能否带来超额收益？CPPIB 认为，跨资产的择时操作难以带来超额收益。因此，采用参考组合

表 1-5 董事会、资产配置规划部门和投资管理团队的分工架构

负责主体	收益 / 风险
董事会	参考组合、战略组合
人力与薪酬委员会	薪酬与激励框架
投资决策委员会	投资的资产目标区间，部门的资产与风险目标，授权机制，总组合的风险管理
投资部门	积极投资
总组合管理部门	整体收益率和风险水平的平衡

模式，根据自身风险承担能力确定好股债比例，坚持再平衡，不进行总组合层面的跨资产择时操作。

二是非流动资产投资应该由管理团队负责还是由董事会负责？例如，CPPIB 的董事会对参考组合负责，管理团队则对组合中非流动资产（私募股权、对冲基金、房地产、基础设施）的收益 / 风险负责。不过也有业内专家指出，非流动资产投资周期较长，基础设施类资产投资甚至长达 20 年，而管理团队在位时间有限，因此，非流动资产的收益 / 风险与投资决策应该由董事会负责。

2. 参考组合在操作上的挑战

参考组合的主要优点有：（1）确定了总组合的市场贝塔敞口，稳定了总组合的收益 / 风险特征；（2）对长期资产采取软配置，有利于把握投资进度，选择优秀项目。

在实际运作中，参考组合存在不少挑战。一是投资团队和资产配置部门之间存在明显的基准博弈空间。融资组合（funding mix，即上述举例的投资项目融资，卖出股票、买入债券的组合）形成了投资项目的门槛收益率，投资团队都想选择低股权贝塔（低股权比例）的融资组合，以降低业绩基准，在贝塔确定上有显著的博弈倾向。二是很多项目难以确定股权贝塔，选择融资组合具有较大的主观性。

如果所有私募股权基金都假定为1.3的股权贝塔，则难以服众。三是对冲基金组合带来额外的股权风险更加难以量化。例如，CPPIB通过股指期货复制股票敞口，从而节省出现金投资对冲基金（假设其对冲基金的股权贝塔约为0.3）。业内采用参考组合的机构在不断研究、完善参考组合模式，以期解决以上问题。

在整体基金的业绩上，过去10年的名义年化收益率为6.7%，成绩优异，如表1–6所示。

表1–6　2017年年报关于收益率部分摘要

	名义	实际
5年年化收益率	11.8%	10.3%
10年年化收益率	6.7%	5.1%

（四）风险平价的简版构建

这里的简版风险平价的构建过程相对简单，与业内投资机构实施的内部操作或商业机构提供的第三方管理产品也存在应用上的差异。这里的例子只能起到示意作用，构建流程如下。

1. 选择彼此不相关的资产（因子）

可以选择三类最基本的资产，如全球股票、国债和大宗商品。在最简单的情境下，单个资产就是单个因子。如果在这个基础上做出延伸，当使用四因子模型（三因子+信用类产品）或五因子模型［三因子+信用类产品+通胀挂钩债（inflation-linked bond）］时，所构建组合的长期夏普比率会有一定程度的增加；但与此同时，由于信用类产品和通胀挂钩债的尾部风险较大，所构建组合的最大回撤也会有所增加。

2. 计算各资产（因子）的风险值

对于风险平价组合来说，风险决定了资产的配置，因此对风险预测的准确与否对于风险平价组合的业绩有重大影响。每个风险平价的管理人都有自己的风险预测模型，在简版风险平价组合的历史测试中，应用的是最简单的风险预测，即为过去 36 个月的资产收益率的波动率。在实践中，使用更为先进的风险模型会使策略的业绩得到进一步的改善。

3. 等风险贡献地分配各资产（因子）

某资产每个月的年化波动率估计为：

$$\sigma_i^t = \sqrt{12} \times \mathrm{std}(r_i^{t-36}, \ldots, r_i^{t-1})$$

这里使用 3 年滚动波动率。其中 r_i^t 为资产 i 在第 t 个月的月收益率。于是，在第 t–1 个月月末，资产 i 的权重应该调整为：

$$w_i^t = \frac{(\sigma_i^t)^{-1}}{\sum_j (\sigma_j^t)^{-1}}$$

假设资产间的相关系数矩阵在策略实施期间恒定，即 $p_{ij}^t = p_{ij}$（关于 p_{ij}，也可以单独采用过去较长的时间段来估算）。经过简单计算可知，投资组合在第 t 个月的年化波动率为：

$$\sigma_p^t = \frac{\sqrt{\sum_{ij} p_{ij}}}{\sum_j (\sigma_j^t)^{-1}}$$

记 σ_{target} 为在策略实施期间的目标年化波动率，为了使投资组合的预期波动率在这个水平，需采用杠杆，于是在第 t–1 个月月末，投资组合的杠杆比率应该调整为：

$$L^t = \frac{\sigma_{\text{target}}}{\sigma_p^t}$$

在引进杠杆后，在第 t–1 个月月末，资产 i 的权重应该调整为：

$$w_i'^t = L^t w_i^t = \frac{\sigma_{\text{target}}}{\sqrt{\sum_{ij} p_{ij}}} (\sigma_i^t)^{1}$$

于是，投资组合在第 t 月的月收益率为：

$$r_p^t = \sum_i w_i'^t \bullet r_p^t - (L^t - 1) f_t$$

其中，f_t 为第 t 个月的短期融资利率。

举例来说，假设组合预期夏普比率为 0.6，而最低超额收益目标为 6%，那么把总组合风险控制在 10%，我们就可以（在概率上）达成任务，并且容易算出组合的资产配置。

由于组合构建以控制总组合波动率为前提，所以组合构建中的风险分散效果会更加直接地影响到收益率。为了进一步阐述其作用，本章最后部分会通过分解模板来做示例。

（五）风险平价的实际应用：ATP 发挥其原则，降低股权风险

据了解，业内较少在整体组合上全盘应用风险平价来管理，更多的是把风险平价类别投资放在单一资产类别中进行操作，如风险规避、绝对收益或另类资产配置实验等类别，这里展示的机构案例比较特别。ATP 在业内享有盛名，屡获权威机构欧洲投资与养老基金（Investment & Pensions Europe）颁发的“欧洲最佳养老金”殊荣。虽然 ATP 整体资产规模庞大（目前约为 1 000 亿欧元），但是一直获得稳健且较高的回报。其投资部分采用以风险平价为基础的模式操作，ATP 是应用这种策略的翘楚。

ATP 成立于 1964 年，其接受政府养老金机构的委托，通过市场化运作，为丹麦国民提供基础性养老回报。目前，ATP 中大概 85% 的资产采用养老金界常见的资产负债管理，目标是充分匹配

负债现金流。其余的配置则被视作无负债的绝对收益投资组合，目标是争取较好的风险调整后收益。2006 年，ATP 开始正式采用以风险平价为基础的资产配置原则进行组合构建，其历史业绩优秀，2007—2016 年的平均年回报率为 7.8%，在 2008 年金融危机的亏损也只有 3.4%。

在组合改革后多年，ATP 实施多年的风险平价配置一直走在同业的前沿，从 2016 年开始，更是进一步提出了因子化组合管理，勇于创新。

相对于上述集中配置股票风险的传统 60/40 模式和捐赠基金模式而言，因为 ATP 的管理模式以科学地分散系统性风险为主，在 2008 年金融危机的冲击中能避开大幅亏损，所以此类策略随后受到越来越多的机构关注。

1. 绝对收益投资组合框架

ATP 的投资组合分为两个部分：一是贝塔组合；二是阿尔法组合。其中贝塔部分的风险配置通常高达 95% 以上，所以下面重点介绍贝塔组合构建实践的成功之处。虽然 ATP 在 2016 年以后开始有序转移到以因子为基础的风险平价应用，但是这里我们做出业绩回顾的是业内更熟悉的以大类资产为基础的操作，其历史业绩也更具有代表性。

2. 贝塔组合配置理念：以风险平价为基础，并做出延伸应用

2006 年，ATP 转向风险平价模型后，采取了五大风险因子配置资产。五大因子包括大宗商品、通胀挂钩债、信用、股票和利率，其构建贝塔组合的目的是通过均衡的风险配置对这些因子进行动态管理获取风险溢价，抵抗由经济环境改变造成的资产偏向性波动。无论是传统组合（60% 的股票 + 40% 的债券）还是高配另类资产的捐赠基金模式，其股票因子的风险配置均在 90% 以上。ATP 认为，以风险平价为基础的贝塔组合能进一步脱离组合

对牛市经济周期的依赖，并且对资产类别之间不稳定的相关性做出规避。

ATP 以风险而不是金额做出自上而下的配置，争取尽可能地享用分散风险带来的“免费午餐”。例如，在组合中，股票的风险占比最高不会超过 50%，远低于传统组合和捐赠基金的股票类资产配置。

ATP 认为，风险平价构建模式优于传统配置的主要原因在于现代投资组合理论提出的均值 – 方差优化法。该方法依赖于以下两个方面。

（1）各个资产类别的预期回报，但是这些预期的准确性非常差。

（2）资产类别之间相关性的假设。实际上，资产类别间的相关性不够稳定，不仅数值因数据的长短、间隔而异，而且数据正负都会随经济增长和产生通货膨胀发生变化。

如图 1–5 所示，2016 年以后，ATP 的风险因子平价有两个重要转变。一是 ATP 将风险因子概括为利率因子、通胀因子、股票因子和其他因子；二是 ATP 将风险平价的对象从资产变为因子。因子表达有两点变化值得关注：一是传统的大宗商品、信用和债券分别融入利率因子和其他因子；二是丰富了其他因子的内容，为另类投资和风格投资等提供精确表达。ATP 为了保证因子映射的精确性，强

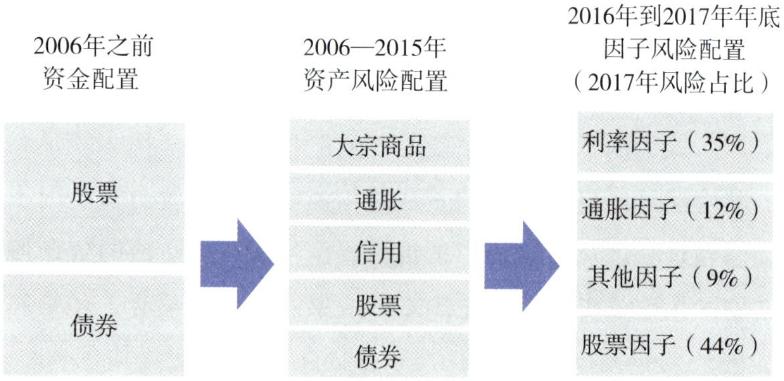

图 1–5　ATP 资产配置模型框架变化

调了因子要有三个方面的特性：可投资、可交易、流动性。从 2000 年之后的回测分析来看，因子和资产之间的映射关系表现较好，其中公开市场类资产的表达最为精确，私募类次之，不动产投资精确性不如前两者。

3. 收益与风险目标

经过深思熟虑，ATP 在大约 10 年前决定摈弃投资基准，将投资目标定为争取绝对收益最大化。这主要是因为，一旦设立基准，管理人的主要精力大多局限于如何复制指数、超越基准，往往忽视了基准的选择是否正确这一更加重要的问题。例如，信用团队可以在投资级公司债券和高收益债券中自由选择，争取更好的风险调整后收益，不必过度关注评级，不必被迫因评级变化而买卖债券或是因担心跟不上指数董事会制定的风险容忍度。风险容忍度定义如下：在未来 12 个月内，ATP 净市值（资产减去负债）达不到监事会最低要求的可能性要小于某个概率。ATP 为了使得其收益与风险相匹配，引入了每天监控的动态风险预算模式和尾部对冲。

4. 以风险平价为基础的操作

（1）动态风险预算。ATP 的实际持仓额度建立在动态风险预算的基础上。ATP 团队每天对不同类别风险资产的风险特性进行紧密监控，高效的执行力和有纪律的组合管理相结合，使 ATP 能够根据监事会既定的风险容忍度对投资组合进行连续调整。

（2）尾部对冲。ATP 在完善风险平价的基础结构的同时，还明确了对尾部风险的规避，采用主动的对冲策略，并从极端市场环境中获利。

ATP 不对组合整体层面进行系统性风险的尾部对冲，而是在各风险资产类别内，积极实施尾部风险对冲，并从极端市场环境中获利。例如，基金如果发现股票价格大幅上升且波动率处于历史低点，则可以买入看跌期权以保护收益。2008 年年中，当石油价格处于

140美元以上的历史高价时，ATP买入执行价格较低的长期看跌期权。这些头寸在之后的全球金融危机中对整体组合起到了保护作用。

5. ATP对业内其他机构的启示

传统智慧告诉我们，大型资产池很难在波动市场赚钱，但是ATP管理着1 000亿欧元的庞大规模能够一枝独秀，足以让同业敬畏。

（1）在风险控制上，ATP的再平衡方式在触发了临界线的时候就立即增加或降低整体组合头寸。能够实时进行杠杆调整，是因为提前跟组合利益相关方（stakeholder）明确沟通了组合目标。实际的操作也变得直观，组合经理不用等待烦琐的授权程序。

（2）在获取风险溢价上，ATP进行动态风险目标的积极调整，这需要较大的支持平台、及时的组合信息和有纪律的交易执行，成熟高效的平台建设为ATP从资产类别发展到因子配置的改进提供了有利条件，图1–6为因子风险配置框架下的因子映射。

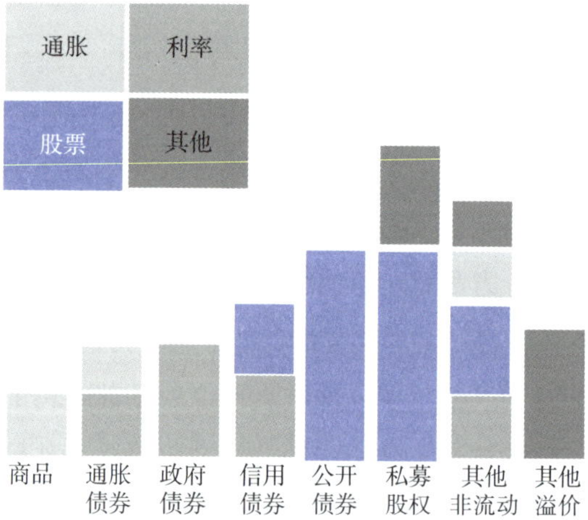

图1–6　因子风险配置框架下的因子映射

（3）在尾部风险的控制上，由于风险容忍度较低，比如一年净市值达不到监事会最低要求的可能性要小于0.5%，ATP有可能采用显性对冲工具，付出保险费用。

实际上，对于风险平价类组合的尾部风险控制，业内的理论和实践也是众说纷纭，莫衷一是。有商业机构采用“水晶球”式保护，利用各种量化指标来提前规避和砍仓，在崩盘后再建仓，甚至额外加仓。这类操作在2008年的效果并不显著，但如果1929年大萧条重现，应能提供较好的保护。也有机构提倡“快跑”式保护，利用硬性的止损界限（stop-loss limit）来砍仓，这适用于2008年全球金融危机时的持续下跌，而在1987年的股灾中则效果欠佳。

ATP 2007—2016年的年度回报率如图1-7所示。

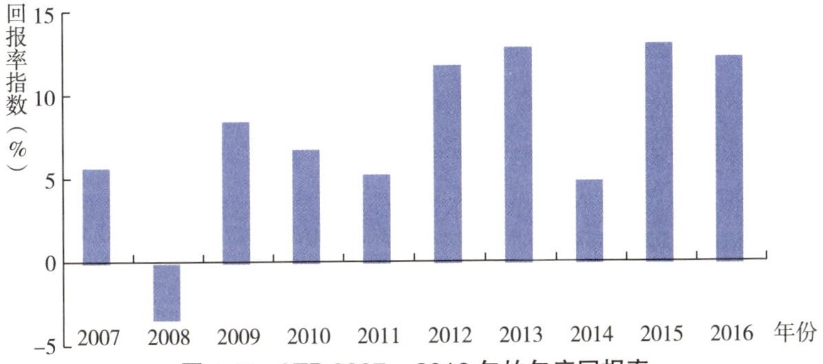

图1-7 ATP 2007—2016年的年度回报率

三、挪威模式、耶鲁模式、加拿大模式和风险平价模式对其他机构的借鉴意义

（一）机构特点与投资模式

各投资管理模式没有优劣之分，就如衣服，关键在于合身。选定投资管理方式，关键是思考自身特点，明确自身投资哲学，达成机构共识，形成自身最合适、最有效的投资模式。

挪威政府全球养老金作为近10 000亿美元的巨型基金，最合适的就是以公开市场贝塔收益为主，组合管理力求简洁、透明和低成本，挪威议会、财政部和央行投资管理公司的分权保障了投资管理的纪律性，于是形成了挪威模式。

而对于耶鲁捐赠基金来说，每年 5.25% 的现金支出压力迫使它寻求更高的回报，因此采取股权导向型的分散组合配置，并充分磨砺其另类资产投资能力，从而成就了耶鲁模式。

CPPIB 在行政上独立于政府，在公司治理上有更高的要求，需要在有效沟通与组合复杂性之间做出平衡，其采用参考组合就兼顾了各方需求，并且也符合科学化的绩效考核目标。

对于丹麦 ATP 来说，丹麦独特的监管要求迫使 ATP 实行总组合杠杆化，由于组合蕴含了很大的杠杆风险，必然要求降低组合中的股权风险，于是形成了以绝对收益为导向的、风险分散化的、低股权风险的动态因子配置，同时由于其风险承担能力有限，于是采取了动态风险预算和尾部风险保护，这属于风险平价操作的升级版。

四个机构根据自身特点在投资模式上做出了不同的战略取舍。例如，在对尾部风险上，挪威政府全球养老金资产规模大、风险承担能力强，因而决定不但承担尾部风险，而且通过再平衡在市场危机时向市场提供流动性，以获取市场尾部带来的投资机会；而 ATP 风险承担能力有限，有时候选择向市场购买尾部保险，增加组合的安全性。又如，对于另类资产，挪威政府全球养老金出于自身规模的考虑，决定以公开市场资产为主构建组合；而耶鲁捐赠基金由于收益要求、投资能力以及比较自信，则大规模投资另类资产，寻求高收益。

图 1–8 为四种资产配置模式的偏股程度和对积极管理能力的要求。

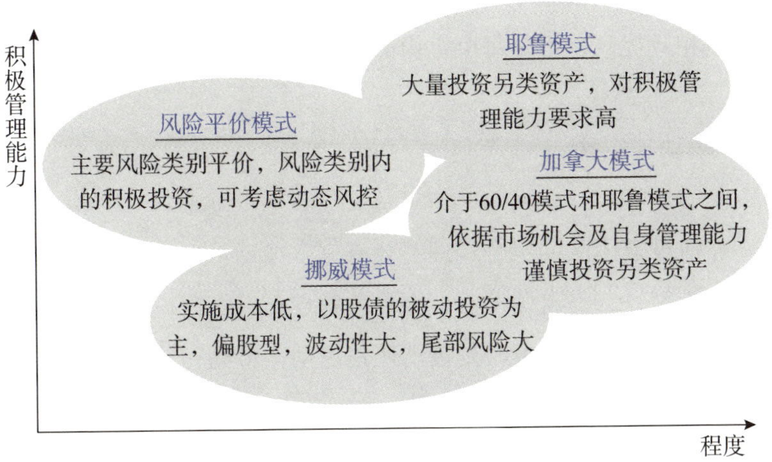

图 1–8 偏股程度和对积极管理能力的要求

（二）多元化与过度多元化

风险分散是组合构建中唯一的“免费午餐”，可以降低组合波动率，提高组合夏普比率。但是，多元化和过度多元化之间只有一线之隔，多元化带来了组合风险分散的同时，也增加了组合管理的复杂性和难度。

因此，很少有机构投资者采取“全谱作战”投资，更多的是根据自身组合特性要求，选择适宜的资产类别。正如前面讲过的组合构建中，挪威政府全球养老金只投三类资产，即股票、债券和少量房地产；耶鲁捐赠基金对另类资产分类细致，但公开市场组合极为简单；ATP 偏重流动性风险溢价，对非流动资产投资很少，组合很简单，也公开表示过对非流动资产不太感兴趣。

相比同业，就投资范围而言，CPPIB 拥有最复杂的组合，公开市场方面有各类区域股票、各类债券，另类资产涵盖私募股权、直投、房地产、基础设施等。这样复杂的组合结构一方面必然造成实际组合与参考组合的大幅偏离，另一方面高度复杂的组合对管理质量的要求也相应提高，不是每个机构都能效仿。

（三）被动与主动

任何投资团队的组合经理一般有三个冲动：一是积极冲动，想做积极策略；二是自营冲动，想自营管理；三是规模冲动，想扩大投资规模。决定一个策略是被动还是主动，市场有效性是重要的考虑因素，耶鲁和挪威提供了范例。

图 1–9 是 1981—2012 年私募股权基金管理人内部回报率（IRR）的分位情况，相比而言，欧美国家的私募股权基金表现分布比亚洲以及全球新兴地区的更窄，但第 1 象限平均与第 4 象限平均的相差

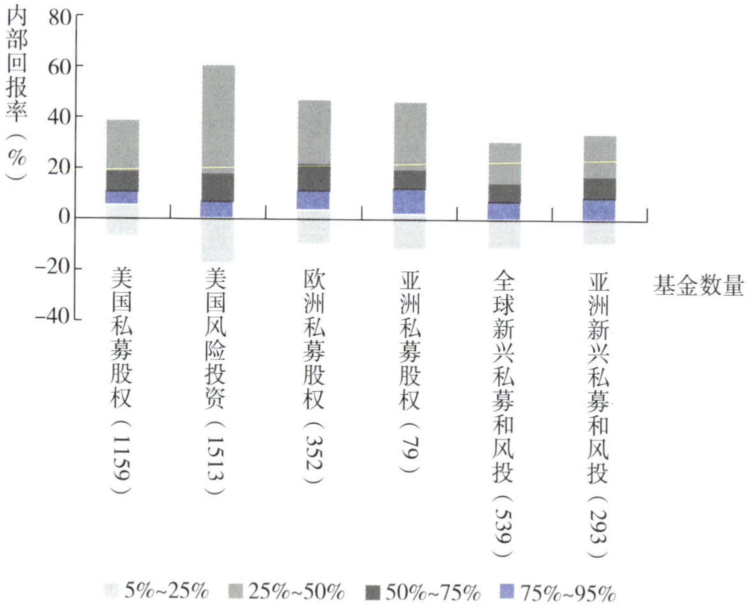

图 1–9　各类私募股权基金管理人内部回报率

数据来源：康桥汇世投资顾问，纵轴的业绩为剔除费用后的数据。

也可超过 30%，即超额收益能力迥异。而美国风险投资的收益分布很广，同类相差值甚至超过 50%。显然，私募股权基金的市场难言有效，但是将带来更多机会与挑战。富有经验的投资者更应考虑专注于低效市场，利用市场非有效性，争取超越其他投资者。在这种理念的指引下，耶鲁投资的重点集中于自下而上的深度价值挖掘。

挪威认为发达股票、债券市场效率较高，因此大量开展被动投资，并不断改进投资技术，节约管理成本，但没考虑通过市场择时（market timing）取胜。公开市场类资产管理人能获得超额收益的能力，也取决于资产策略的分组和其中的横截面离差。[1]

就捐赠基金模式而言，资产配置并非决定基金之间业绩差异的主要因素，而积极投资的经验和技能才是耶鲁等捐赠基金成功的主要因素。积极投资包括选择证券和选择优秀基金管理人的能力。如果缺乏足够的积极管理经验，仅仅在资产配置比例上简单地模仿捐赠基金，并不能保证实现相应的收益目标。这是由于捐赠基金的成功源于对另类资产的投资。而与对股票和债券的投资不同，另类资产的投资收益关键不在于对资产类别的选择，而在于对有潜力的基金的挑选。后者远比前者重要。对另类资产的投资不应重量，而应重质。

学术研究发现，机构投资者对私募股权基金的收益差别很大，尤其是捐赠基金选取的私募股权基金年收益率高于公营养老基金选取的私募股权基金约有 14%，而通过理财顾问和投行选取的私募股权基金的业绩则更是严重落后。[2] 其原因不仅在于捐赠基金有更广的途径可以接触到已有良好表现的成熟基金，而且捐赠基金也有实力和信心在刚成立不久或者未成名的基金上进行投资。各类机构的私募股权投资业绩如表 1–7 所示。

1 关于不同分解方式，可参考 Yu et al.（2007）。

2 参见 Lerner et al.（2007）。

表 1–7　各类机构的私募股权投资业绩

机构类型	市值加权内部回报率（%）
公营养老基金	2.6
私人养老基金	3.1
捐赠基金	16.9
私人捐赠基金	19.1
公营捐赠基金	3.2
基金会	23.3
理财顾问	–3.0
保险公司	2.1
银行与融资公司	–4.1

（四）顺周期投资与反周期投资

金融学原理告诉我们，追涨杀跌的顺周期投资往往会导致机构投资者获得负超额收益，在危机时买入、在市场疯狂时卖出的反周期投资理念，与机构投资者投资周期长、风险承担能力强的特点匹配，可以获得超额收益。

想要实施反周期投资等投资理念，一是要达成机构共识，二是要将投资理念以制度化的方式固化在投资框架中，避免感情因素导致人为主观判断的影响。比如挪威政府全球养老金治理结构中的分权设置，挪威议会和挪威财政部负责组合贝塔结构，挪威央行投资管理公司必须执行。再如，ATP 动态风险管理制度由董事会批准，只要组合的在险价值超过预算，就会降低风险，反之就会增加风险，这便避免了人为主观判断的扰乱。

（五）与现代投资组合理论的关联

现代投资组合理论虽然是一个简单的环境假设，但也是一种重要的分析手段，我们对比其与实际情况不同角度的偏离，就可以发现哪个假设未被现实世界证实，如表 1–8 所示。

表 1–8　现代投资组合理论所需假设与现实的偏离

序号	假设	现实
1	投资者对不同资产的预期回报、风险值和相关系数都有一致共识	没有共识，每个投资者的可投资标的范围也不同
2	完全资本市场，在融资上，贷方和借方都没有限制	大多有杠杆限制（法规或自身安排的指引）
3	投资期限等同	期限不同，导致对无风险资产也有不同定义
4	所有财富都可以证券化并且可以等价互换	大多数财富难以证券化（如人力资源），信息与交易成本阻碍互换
5	投资者都是均值 – 方差优化者	大多不是

在某种意义上，这里介绍的各种配置流派可以说是现代投资组合理论的改良后操作，比如把某些限制条件松绑，或是加入新的假设。例如，耶鲁模式会在年报和网站上开宗明义地指出，其投资理论框架是建立在现代投资组合理论之上，实际操作是结合历史数据与投资经验，对传统类别以外的资产做出波动率、预期收益和相关性的估算，也就是把资产属性的矩阵“做大做实”。挪威模式也可以被理解为现代投资组合理论中有效前沿上的单一点，或唯一解，可以理解为风险偏好或风险容忍度曲线与有效前沿的相切点。加拿大模式更多的是操作模式，但其参考组合思路可以简化组合构建，并在满足杠杆要求上给出简单量化证据。风险平价是假设了各类资产

存在相同夏普比率和相关性条件下的均值–方差最优方案。[1] 各种模型在理论层面上的关联如图 1–10 所示。

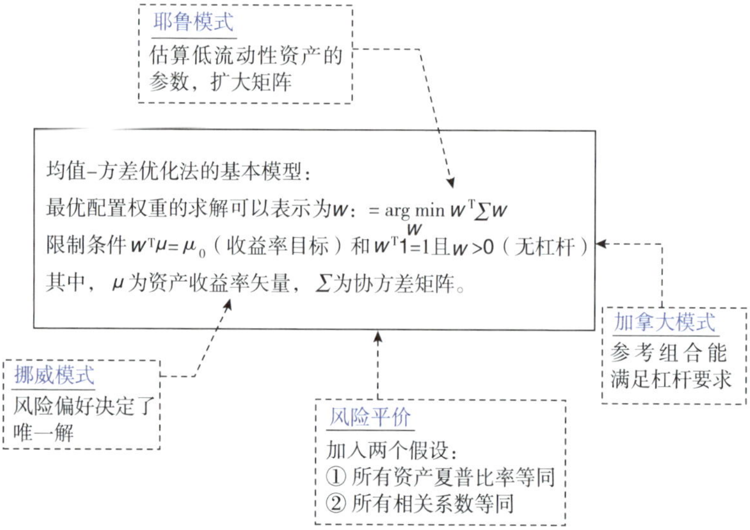

图 1–10 各种模型在理论层面上的关联

（六）哪种模式最优

要回答哪种模式最优，首先是知己，知道自身的目标、自身的能力范围、自身的约束条件和自身的发展方向；其次是知彼，知道金融市场的规律、各类资产的特性、同业机构的情况和合作伙伴的能力特长。只有根据自身特点，在自身能力范围内选择适合的投资产品和投资模式，才能最大限度地扬长避短，获得自身能力所能达到的成功极限。

如前文所述，不同机构开展不同配置模型的做法，就像在现代投资组合理论上“私人订制”操作方案，这无非就是在机构特征上

---

1 参见 Maillard et al.（2010）。

扬长避短。这也正如瞎子摸象的故事（见图 1–11），大家手上只拿着片面了解的或局部的经验，但被要求对主题做出全面判断，大家怎么可能同时都是正确的？

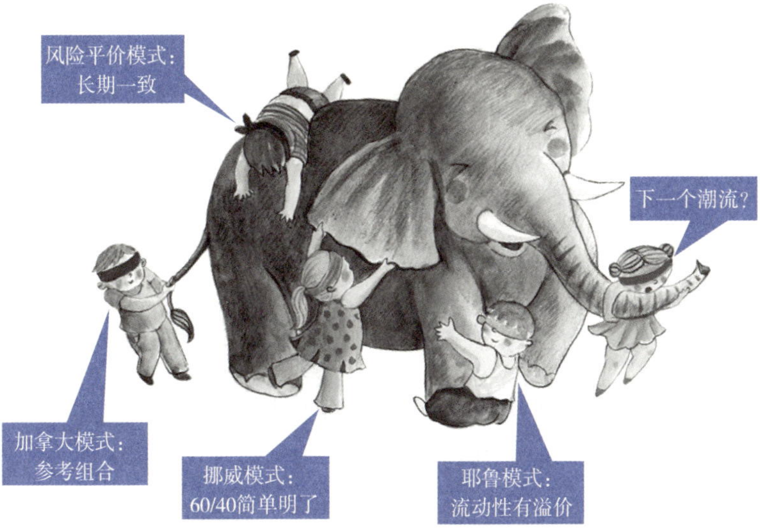

图 1–11　现代投资组合理论的大象

四、组合的风险因子分析及配置模式的选择

对四种常见资产配置流派的比较也突出了投资机构的几条重要决策考虑。(1) 整体组合是否以股票为轴心来做组合管理？(2) 如果不是这种轴心，那么怎样衡量多资产组合中的均衡性？

要回答第二个问题，最好采用定量的多资产风险因子分析框架，组合的贝塔测算也不再仅针对股票，还应包含利率、信用和流动性等风险因子。

总体而言，风险因子可以分为三个层次：宏观经济因子、资产类因子、策略型因子。

（一）关于风险因子的定义和分类

在理想情况下，投资组合应该由一系列产生收益的单元组成。每个单元都有风险，但互相独立。这样的组合能够充分体现分散化的优势，从而取得较高的夏普比率。然而，现实情况是，很多资产之间有高度相关性，尤其在市场经济下行时，这是由于资产是一系列风险因子的集合和载体。资产之间的高度相关性是由于这些资产有很多共同的风险因子[1]，而风险因子之间的相关性则相对稳定而且较小。这就要求我们对资产的认识必须深入风险因子的层次。

对风险因子的理解是理论研究和实际投资的核心课题。理解了风险因子也就等于厘清了收益的来源：预期收益是承受风险的函数。我们应该清楚，存在哪些基本的风险因子？长期投资是否都有正的回报？为什么有正的回报？以下是风险因子的三个层次。

1. 宏观经济因子（不可交易）

追根溯源，经济中最根本的因素有两个：经济增长和通货膨胀。从长期来看，这两个因子再加上跨资产的整体的风险溢价，可以解释大部分的经济周期和资产收益变化。

遗憾的是，宏观经济因子虽然是资产收益的根本驱动因素，但投资者是无法直接投资经济增长和通货膨胀的，除了通胀挂钩债以外，极少有其他资产类别的定价成分会直接绑定在经济指标上。如果想在这个因子层次上构建组合，常见的做法是通过用不同资产构建“高敏感度”子组合来间接实现。尽管各种资产对宏观经济因子

1 很多资产和对冲基金策略可能有共同的风险，如股票多空、事件驱动等策略都有较高的股票敞口，可被归于股票风险一类。

的敏感度有比较客观的方向性判断，但是由于具体敏感度的度量在时序上并不稳定，所以这种子组合的构建只有应用于长期投资才能清楚地反映宏观经济因子的功效。

2. 资产类因子（可交易）

五大资产类因子包括股票、利率、信用、大宗商品和通胀挂钩债。资产类因子大多都可在公开市场直接交易，很多资产类因子都有相应的期货，一般情况下，其流动性较好。

3. 策略型因子（可交易）

比如股票类的智能贝塔，包括“价值”（value）、“成长”（growth）、“动量”（momentum）等。价值因子的构建是通过做多估值低的股票和做空估值高的股票。其他种类的构建方式与此类似。

长期历史数据表明，非市值加权的指数型投资能带来更高的风险调整后收益，能提供更深一层的风险溢价。这类策略型因子的优点在于，具备可交易性质，是对第二层资产类因子的补充。

总之，风险因子应该是有清晰定义并可测量的经济变量。如图1–12所示，第一层宏观经济因子帮助我们理解组合收益的根本来源。实际组合的风险敞口管理则需要通过调整第二层资产类因子来实现。第三层策略型因子为组合提供了不同的收益来源类型，是有

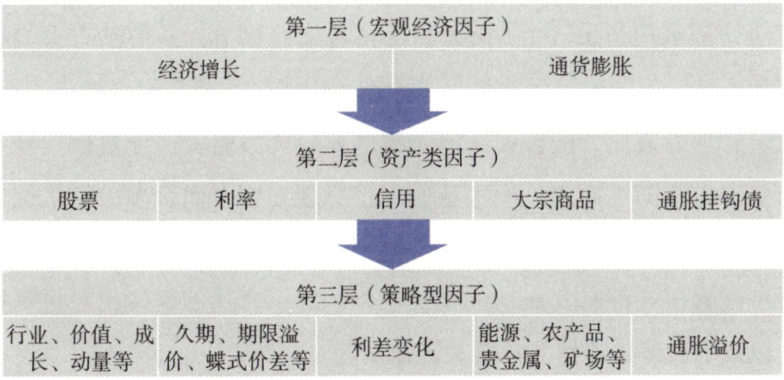

图 1–12 风险因子层次结构与配置管理

益的补充。当然，各种分类并不矛盾，比如从长期来看，策略型因子的风险溢价可以归结为资产类因子，甚至是宏观经济因子的具体表达。

机构投资者在实践中对这些因子的应用也各有不同。在对机构案例的分析中也可以看出，ATP 在第二层资产类因子的层面上进行风险配置投资，然后有专业的团队在第三层策略型因子层面上进行精耕细作式的组合管理。而挪威模式和加拿大模式是在第二层资产类因子上建立双因子模型，CPPIB 甚至从建立参考组合开始，就把其他资产 / 项目都分解成对股票和债券的敞口，然后用一个股票和债券的组合来模拟其风险收益特征。

（二）采用因子分析对投资考核的应用

传统的主流配置模式主要包括股债 60/40 模式和捐赠基金模式，但在 2008 年全球金融危机后，投资者开始对偏股型捐赠基金模式做出反思。以风险为配置基础的资产配置产品由于股性较弱，就经常成为讨论热点，其中包括风险平价及风险因子配置。

无论采用哪种模式，都必须“从长计议”。事实上，很多投资机构的考核期限都超过 10 年，目标收益率大多以绝对值［如 CPI（居民消费价格指数）+*x*%］来表达。在具体操作上，它们结合自身基础和条件，不同配置模式包含了资产（因子）选择、组合构建方法、风险管理等方面。配置模式确定后，相应的战略资产配置框架及业绩基准也就随之而定。事实证明，没有放之四海而皆准的最优配置模式，只有最适合当前市场形势及自身基础和条件的配置模式，而每种配置模式都有其成功的先决条件。选用合适的框架，对投资操作以及事后考核评估都具有关键作用。

第三节 配置框架在实际应用上的若干思考

一、资本市场研究

业内大多数的资产管理公司的研究体系基本上都有一定的相似性，都是定量分析和定性分析相结合的研究分析框架。定量分析包括跨资产估值体系和中短期市场指标体系等，定性分析包括对宏观情景的设置和判断等。在每次组合再平衡操作之前，投资者会使用这些分析结果来对组合权重做出恰当额度的主动偏离。下面简要介绍一下资产估值体系。

对于长期投资者来说，价值投资是其应该奉行的宗旨。历史数据表明，资产价格在短期可能偏离其基本价值，但在中长期终将反映其基本价值，因此资产估值在判断长周期资产走势时具有重要意义。

然而，对于中短期投资者来说，资产估值也有着重要的参考价值。首先，在任何市场环境中，投资者在决策前都应该搞清楚准备投资的资产是贵了还是便宜了，即估值的水平。然后，当某一类资产的估值出现严重高估或低估时，估值往往对价格的中短期走势也能起到很好的预判效果。因此，建立具有内在一致性的系统的方法来评估主要资产的价值是中期市场研究体系的重要基石。目前，业界使用比较多的是现金流折现（discount cash flow，简称 DCF）的框架和其他变体，主要针对具有现金流的股票和固定收益资产，而商品和货币由于无明显现金流，因此估值模型较少。

（一）公开市场股票

公开市场股票的估值通常通过股票风险溢价这个指标来体现。

股息折现模型（dividend discount model，简称 DDM）是估算股票风险溢价最传统的方法之一。具体测算方法是，找到适当的折现率，使得股票在未来要派发股息的现值总和等于现在的股价。该折现率超过长期国债收益率的部分为股票风险溢价。作为一种经典的分析框架，股息折现模型被各家机构普遍采用，但各家机构在资产估值模型的设置和输入参数的来源等方面有所差别。其中最重要的参数是对股息或盈利的预测，为了提高模型效能，有些机构对于盈利的预测不再单纯使用 I/B/E/S 数据库提供的数据，而是综合考虑宏观因子对盈利的影响，以提高模型结果的周期预测性。

但由于股息折现模型自身存在一定的缺陷，比如对输入参数比较敏感、对盈利预测的依赖度较高等，因此部分机构已经开始寻找新的估值方法。

（二）固定收益

1. 现金 / 短债

从长期来看，均衡状态下的短期利率应与 GDP 增长率和通货膨胀挂钩，因为经济活动是资产回报率的基础。与其他资产不同，现金是资本结构中最高级和流动性最好的资产，其收益率小于整个资本结构（包括长期国债、股票等）要求的收益率。同时，由于很多国家的短期收益率被央行货币政策控制，因此各机构主要将现金收益作为估值体系的一个输入参数。

2. 长期债券

债券期限溢价（term premium），即长期国债的收益率与短期利率的差价。影响一个国家长期均衡期限溢价的主要因子有短期利率水平、预期通货膨胀、预算赤字、信用等级等。很多机构使用这些因子来判断不同国家债券期限溢价的变化和估值水平。其中一个方法是通过面板数据分析（panel data analysis）进行多元回归分析，计算利率期限溢价的公允价值，并判断目前债券价格是处于高估还是低估位置。

3. 公司信用

公司信用溢价是公司债收益率与国债收益率之间的价差，该价差反映了投资者对公司偿债的不确定性所要求的补偿。影响公司信用溢价的最主要的因子是破产率，而破产率又受到宏观环境和企业自身状况的驱动。通常的方法是使用多元回归模型对价差/破产率进行量化分析，计算公允价值，从而判断目前资产的估值水平。

在计算得出各主要资产的估值水平后，就可进行跨资产的估值比较。例如，20 世纪 90 年代，股票风险溢价下跌，但是信用溢价保持稳定，这可以视为股票相对于信用被逐渐高估；2004—2007 年，情况相反，股票风险溢价保持稳定，信用溢价下跌，因此信用相对于股票被高估。对于资产估值模型的输入参数及其设置，业内没有定论，但采用溢价比较作为估值基础加强了资产配置的统一性。

二、再平衡概述

资产配置过程包括战略（战术）的制定、执行、监控和后续的调整，上述步骤不断地动态循环，没有终结。其中，再平衡是重要且不可或缺的部分，有助于确保贝塔敞口在市场波动的情况下仍基本维持稳定，如果不存在特定的高确信度观点，就应该执行再平衡操作。

资产组合的再平衡泛指投资者将分别管理的各个投资组合汇总，在整体组合层面进行统一管理，通常以实际投资的加仓或减仓为主，同时辅以衍生工具交易。

对于重视投资纪律的大型谨慎投资者来说，进行再平衡不但有助于加强投资纪律，而且可以降低组合的跟踪误差风险。实际上，既不改变对于基本面的看法也不进行再平衡，这在本质上相当于一种主动投资决策。在不同的市场环境下，各种再平衡投资策略有着不同的表现。在震荡市场中，坚持再平衡策略理论上可以获得优于大市的回报，而在趋势市场中则可能正好相反。再平衡的成本包括显式成本和隐式成本，因此在考虑再平衡方案的同时必须保证收益/成本的有效性。

在实施方法上，主要可以分为定期再平衡和临界再平衡两大类。定期再平衡按照特定频率（如每月、每季度、每半年、每年）实施，而临界再平衡则是在资产配置超过了制定的容忍范围后实施。对于提高可操作性而言，可以采用季度或半年度检查，同时保持连续监控的再平衡方式。

（一）再平衡的理论基础及业内常见做法

1. 再平衡的优点

对于机构投资者来说，实施再平衡管理是投资政策中必要且有效的一部分，它不但有助于严肃投资纪律，而且能及时降低组合跟踪误差的风险。

（1）严肃投资纪律。实施再平衡的首要目的是减少投资组合相对于战略和战术资产配置组合的风险。虽然再平衡的实施过程看起来有点像散户或是投机者的行为——频繁地卖出升值资产和买进贬值资产，但是必须看到由于资本的逐利性和流动性，某一个资产类别不可能长期强于大盘走势。如果只是被动地长期持有该类资产组合，最终只能获得等于市场的平均收益。因此，再平衡要强调的是投资纪律：基于最新的基本面分析，如果对于资产类别的看法没有变化，谨慎的资产配置者有责任将过高的敞口再平衡到资产配置策略预先设定的水平。但正如前面所说，既不改变对于基本面的看法也不进行再平衡，这在本质上相当于另一种主动投资决策，即允许投资组合增加跟踪误差和风险，以减弱分散化投资的效果。换句话说，如果一个组合不进行再平衡，那么这个组合实际上是采取了一种动量策略，极大地依赖于明确的、持续向上的市场趋势。

（2）降低风险。从定义上讲，再平衡降低了组合的跟踪误差风险，并可能降低总体波动性，至少也能够保持预期的收益 / 风险情况与最新的资产配置决策所做的预期一致。再平衡的效果是减少由“风险更高”的资产带来极好或极坏的结果的可能性。从这个角度来看，再平衡也可以降低投资组合总体波动性。

风险期望的总体效果取决于两个主要因素：资产的波动性和相关性。如果资产的波动性全部相对较高，那么再平衡将会减少组合的总风险。如果资产类别之间的相关性相对较低，那么再平衡同样也将会减少组合的总风险。

2. 再平衡的成本

从基本的投资理念来讲，进行再平衡应当以边际收益不小于边际成本为限度。这里的成本既包括显性成本（交易成本），也包括隐性成本（机会成本）。交易成本为战术资产配置创造了一个无套利区间，在这个区间内，实施再平衡策略的成本大于收益。交易成本越高，这个区间就越大。

因此，只有在收益超过成本的情况下才去实施再平衡策略。具体来说，可以把交易成本分解为显性成本和隐性成本，如图 1–13 所示。其中，显性成本包括交易佣金、托管费用、税费等，这部分成本相对透明，易于衡量；隐性成本主要包括市场的冲击成本、价差成本等，这部分成本取决于当时的市场表现情况，因此相对难以衡量。

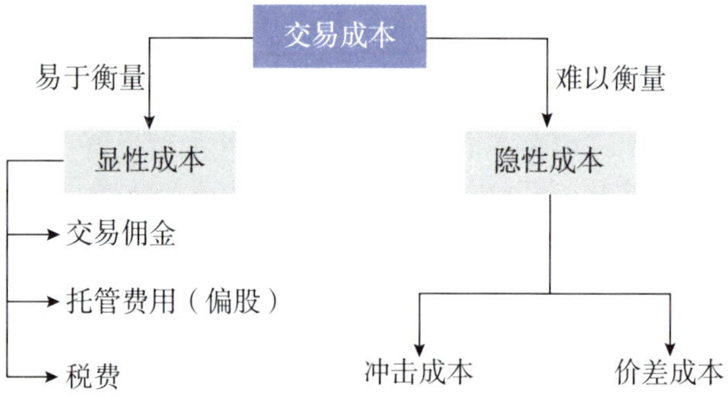

图 1–13　交易成本结构

在进行定期、计划内再平衡的情况下，这些成本通常相对较小；但是在进行临时性、紧急再平衡的情况下，它们或将成为沉重的负担，比如冲击成本一般产生于成交量较高的临时性交易。

如前文所述，交易成本将围绕战术资产配置形成一个无套利区间，在此区间内，由于成本大于收益，实施再平衡会直接使投资组合出现亏损。然而，成本因素不应当作为全盘放弃任何再平衡计划的理由。

3. 再平衡的类型

根据实施再平衡策略的动因不同可以将再平衡的方法分为两大类。每一种方法中的参数必须结合再平衡的频率和程度加以确定。需要注意的是，这些方法之间并不是互斥关系，而是可以相互结合使用的。后文将结合公司自身的情况，对如何实施这些做法进行详细的介绍。

（1）定期再平衡。定期再平衡是指按照特定频率（如每月、每季度、每半年、每年）实施再平衡操作。单纯的定期再平衡法则要求在预定的时间间隔实施再平衡，无论资产组合是否与战略或战术资产配置所确定的目标组合发生偏离。

再平衡的频率和交易成本之间存在一种天然的权衡关系。过于频繁的实施再平衡操作不但会增加交易成本，而且会导致其成本超过收益。

（2）临界再平衡。临界再平衡是指当资产配置超过了设置的容忍范围时所启动的再平衡措施。容忍范围描述了资产配置可以承受波动的程度，容忍范围过低的临界再平衡策略要求只要资产权重超过范围就应该进行再平衡（可能每天都会发生），虽然这在现实中是很难做到的。

再平衡范围的确定应考虑交易成本和每种资产类别的波动性。例如，这个范围应当足够宽，以避免由正常市场波动触动的不必要的再平衡警戒；同时，这个范围应当足够窄，以防止非计划内的大幅超配或低配。

以上给出了两种足以增强资产配置过程投资纪律性的方法。当然，每一种方法都不是完美的，因此，两种方法的结合将成为一种评估成本 / 收益状况、控制风险更有效的途径。

事实上，还有一种可以帮助减少实际资金配置变动的因素，即现金流。例如，现金流入被用以增持目前低配的资产类别，这里的现金流入是指新资金、利息收入（或息票、股息）或来自私募股权投资的其他现金流等投资收入。

从上述分析可以看到，尽管用来决定再平衡的时机和环境的方法有很多，但从效果上看都只是大同小异。决定是否实施再平衡（主动改变各资产类别的资金配置或运用衍生工具调整风险敞口到目标水平）比决定使用何种方法更重要。

（二）再平衡的多种实施措施及其优劣

1. 再平衡的实施措施

确立再平衡策略需要做的一个重要判断是距离再平衡还有多远。因为再平衡需要付出相关成本，因此将全部资产再平衡到资产配置策略目标的做法未必是最优的。与再平衡有关的风险容忍度和成本对不同的资产类别和不同的投资者都是特定的，因此应该从单个资产类别的层面上进行评估。以下是几种最常见的做法。

（1）再平衡到战术资产配置策略目标。再平衡到战术资产配置策略目标减少了相对于政策的跟踪误差，与最优风险控制一致，但是对某些资产类别可能造成成本高于收益的结果。

（2）再平衡到临界值。再平衡到临界值减少了交易成本且不会对现有敞口造成影响，但可能会产生次优的收益 / 风险特征，尤其是当围绕目标权重的区间正在被充分运用时。

（3）再平衡到目标的一半。再平衡到目标的一半是以上两种方法的折中，虽然操作更频繁，但是具有符合心理上“减少后悔”可能性的作用。

2. 评估不同的再平衡策略

对再平衡策略进行的评估和回测包括以下两个方面。

（1）不进行再平衡（作为比较的基准）。

（2）进行定期再平衡（月度、季度、半年、年度）。

比较重要的分析角度是资产换手率（turnover）与跟踪误差之间的关系，如图 1-14 所示，实际操作模式可以用这类权衡分析来提供主要参考依据。

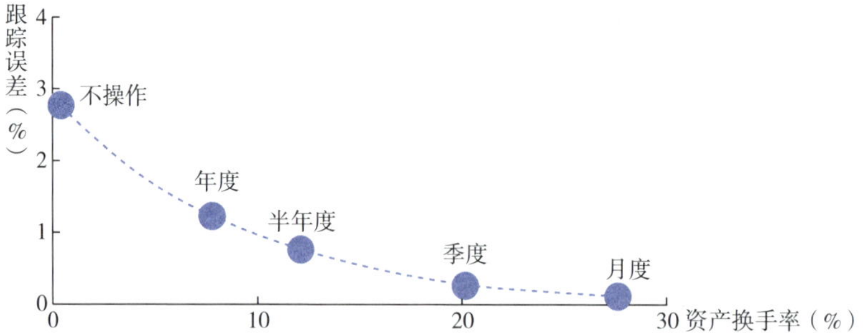

图 1-14 不同再平衡操作上的资产换手率与跟踪误差分布

从效果上看，投资组合是否进行再平衡这一政策对整体的投资结果具有决定性的作用，而实施再平衡的具体方式，如时点、频率或幅度的选择，与是否进行再平衡的决定相比，影响较小。最关键的可能会是，争取在资产换手率与跟踪误差之间做出一个合适的权衡，而资产换手率恰恰就是交易成本的一个重要指标。

（三）能控制成本的再平衡方案

有效的再平衡方案不仅需要战略和战术的视角，还要依靠完善的基础制度，比如建立更加实时的头寸汇总体系等。

动态再平衡框架结合了定期再平衡和临界再平衡两者的优势，且不存在过于机械化的问题。在控制总成本的条件下，机构投资者可以考虑以下操作。

1. 每季度对组合敞口进行检查，实施再平衡

以季度为周期对再平衡标准进行修订。正如上文所提及的，频繁实施再平衡的成本很高，反而可能会超过收益，且过于机械化。以季度为周期既有助于把握市场的最新动态，也有助于实现成本最小化。除非持续存在支持“购买 – 持有”（趋势）策略超过一个季度的强有力的基本面观点，否则拖延太久将违背投资纪律，并偏离降低风险的初衷。

2. 持续对组合敞口和相关再平衡进行连续监控

应当对某些超出预定容忍范围的资产配置进行临界再平衡。容忍范围规定了资产类别可以波动的范围。精确的容忍范围有待于以后进行具体规定，但它必须足够宽泛以至于能够涵盖每种资产类别的“自然”波动变化，同时足够狭窄以避免计划外的市场敞口。

作为经验法则，资产 i 的容忍范围可以用以下形式给出：

容忍度上限：

$$w_{i,t=0} \cdot (1+\sigma_{i,t=T} \cdot \lambda_i^{\text{upper}})$$

容忍度下限：

$$w_{i,t=0} \cdot (1+\sigma_{i,t=T} \cdot \lambda_i^{\text{lower}})$$

其中，$w_{i,t=0}$ 表示资产 i 的期初权重；$\sigma_{i,t=T}$ 表示资产 i 当前波动率（预测值或实际值）；λ_i^{upper} 和 λ_i^{lower} 表示对资产 i 进行定量分析和定性分析给出的比例系数，在再平衡方案的初期确定，本质上是体现投资者对交易成本和个别资产类别相关风险容忍度的主观理解，因此不同资产类别的比例系数会有所不同。

第四节　延伸阅读：组合回报分解模板

风险平价的组合大多采用杠杆工具，并且盯着目标波动率来计算实际杠杆率。由于组合构建以控制总组合波动率为前提，所以组合构建中的风险分散效应直接影响收益率。简单来说，在组合总风险预算不变的条件下，资产之间的风险分散效应越大，就越可以通过放大相应的杠杆来提高收益率，而这种效果几乎是线性关系（杠杆部分需要减去融资成本）。

这里举例 1970—2015 年美国资产的简版风险平价结果，A 为大宗商品，B 为美国通胀挂钩债，C 为美国国债，D 为标普 500 指数，如表 1–9 所示。[1]

不妨假设，在这单一投资期限中风险模型能准确预判资产波动率，那么要控制总组合波动率的平均杠杆率就很容易计算，这个例子的杠杆倍数是 1.63。如果需要量化风险分散对收益率带来的增益，

1　相关系数：A~B 0.10，A~C –0.08，A~D 0.10，B~C 0.87，B~D 0.18，C~D 0.11。

表 1-9　简版风险平价结果（长期数据经过年化，单一投资期限）

	回报率（%）	波动率（%）	权重（%）	压力测试下回报率贡献（%）	降低波动率（%）
A	7.4	20.0	20	0.9	−1.8
B	7.0	7.6	52	2.3	−1.2
C	7.5	6.0	66	3.1	−1.3
D	10.3	15.3	26	1.7	−1.6
分散效果				4.7	
组合	12.7	10.0	163	12.7	−5.8

简单的方法是对组合进行压力测试（假设所有相关系数均为 1，但组合总风险预算不变），测试结果与实际结果之差即为风险分散的增益，如图 1-15 所示。[1]

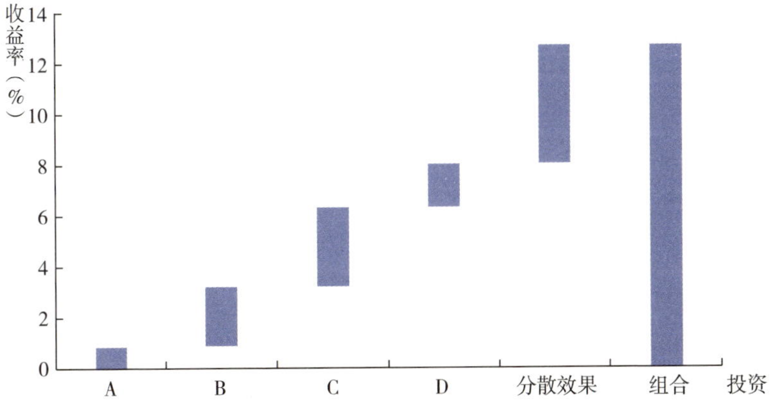

图 1-15　在压力测试下的风险分散效果

1　风险分散带来的超额收益来自更低的组合内平均相关系数，度量为$1-\frac{L'\cdot(r_0-f)+f}{L\cdot(r_0-f)+f}$，其中 f 是融资成本，r_0 是无杠杆下组合回报率，L' 是压力测试下的杠杆率，少于实际组合的 L。压力测试是把所有相关系数设为 1，那么回报率协方差矩阵就变为 $\boldsymbol{\Sigma}':=\mathrm{diag}(\boldsymbol{\Sigma})^{1/2}\cdot(\mathbf{1}\cdot\mathbf{1}^{\mathrm{T}})\cdot\mathrm{diag}(\boldsymbol{\Sigma})^{1/2}$。如果融资成本（相对组合回报率）较低，那么$1-\frac{L'\cdot(r_0-f)+f}{L\cdot(r_0-f)+f}$接近$1-\frac{\sigma}{\sigma'}$，其计算方法简单直接。这类组合回报分解模板是在盯着目标波动率来操作的组合上，才有分析意义。

在这长期投资的案例中，风险分散作为“免费午餐”对收益率的增益明显，甚至超过任何单一资产的贡献。

- 风险平价可以被视为现代投资组合理论延伸的特例。
- 其他大类资产配置流派也可被视为同样的特例，是否采用风险平价需要根据机构特点与约束来决定。
- 风险预算、资产分散化和因子处理都是风险平价在操作上的关键考虑因素。

本章参考文献

[1] Barber B M，Wang G. Do (Some) university endowments earn alpha[J]. Financial Analysts Journal，2013，69(5)：26–44.

[2] Blyth S，Szigety M C，Xia J. Flexible Indeterminate Factor-Based. AssetAllocation [J]. The Journal of Portfolio Management，2016，42(5)：79–93.

[3] Brinson G P，Hood L R，Beebower G L. Determinants of portfolio performance [J]. Financial Analysts Journal，1995，51(1)：133–138.

[4] Lerner J，Schoar A，Wongsunwai W. Smart institutions，foolish choices：The limited partner performance puzzle [J]. The Journal of Finance，2007，62(2)：731–764.

[5] Maillard S，Roncalli T，Teïletche J. The properties of equally weighted risk contribution portfolios [J]. The Journal of Portfolio Management，2010，36(4)：60–70.

[6] Markowitz H. Portfolio selection [J]. The Journal of Finance，1952，

7（1）：77–91.

[7] Markowitz H. The utility of wealth [J]. Journal of Political Economy, 1952，60（2）：151–158.

[8] Michaud R O. The Markowitz optimization enigma：Is "optimized" optimal [J]. Financial Analysts Journal，1989，45（1）：31–42.

[9] Statman M. The 93.6% question of financial advisors [J]. The Journal of Investing，2000，9（1）：16–20.

[10] Yu W，Sharaiha Y M. Alpha budgeting：Cross-sectional dispersion decomposed [J]. Journal of Asset Management，2007，8（1）：58–72.

关于作者

余家鸿（Wallace Yu）

余家鸿现任中投公司多资产投资团队负责人，此前任职于摩根士丹利公司（英国伦敦）、德意志银行（英国伦敦）以及对冲基金 Citadel（中国香港），从事量化投资研究及交易。他先后毕业于香港大学和英国帝国理工学院，分别获得精算专业学士学位和数学金融专业硕士学位，持有 CFA 及 FRM（金融风险管理师）资格证书，是香港大学亚洲环球学人、北京市青联委员、香港专业人士（北京）协会理事、"一国两制"青年论坛理事以及《中国保险报·资管周刊》学术顾问。

第二章　风险平价投资综述

风险平价策略的历史业绩证明了真正分散化的投资组合的优势。传统的分散化侧重于资本配置，但由于股票的资本占比与风险占比并不成比例，传统投资组合的整体风险往往以股票风险为主，风险平价多元化则关注风险配置。我们发现，投资者通过大量投资非股票类资产，能够实现真正的多元化，期待在各种潜在的经济环境下获得更稳定的表现。

第一节　真正分散化的必要性

风险平价策略自 2008 年起之所以受到越来越多的关注，主要是因为几点：第一，该策略已展现出比传统投资组合更加稳定的长期表现；[1] 第二，在经历了 2008 年金融危机后，很多投资者都关注自身投资组合的尾部风险；[2] 第三，尽管人们普遍认为分散化在次贷危机中失效，但风险平价策略在 2008 年通过了严峻的考验，与传统投资组合相比，它表现良好。

1　对比 1971 年 1 月—2009 年 12 月“简单的风险平价”投资组合的模拟回报与 60% 的标普 500 指数 /40% 的巴克莱美国综合债券指数的均衡投资组合的模拟回报。

2　尾部风险被定义为投资组合回报低于正态分布均值 3 个标准差以上的风险，即资本突然大幅快速回撤。

如今，股票资产配置通常占了 60% 或者更高比例。由于股票的风险约为债券的 3~4 倍，这种配置将导致投资组合约 90% 的风险预算专门用于股票。[1] 换句话说，从风险的角度来看，传统资产配置高度集中于股票市场，而非实际上的分散化。传统投资组合的集中度风险将导致风险调整后收益率更低，在不同经济环境下的稳定性更弱，以及尾部风险更高。

图 2-1 展示了传统投资组合的资本和风险构成。显然，这种传统的投资组合以股票风险为主，这意味着其长期表现将主要由股票市场决定。债券市场时好时坏，大宗商品价格或涨或跌，但对投资组合的影响却很小。传统投资组合会产生分散化的错觉，而实际上却集中投资于股票市场。

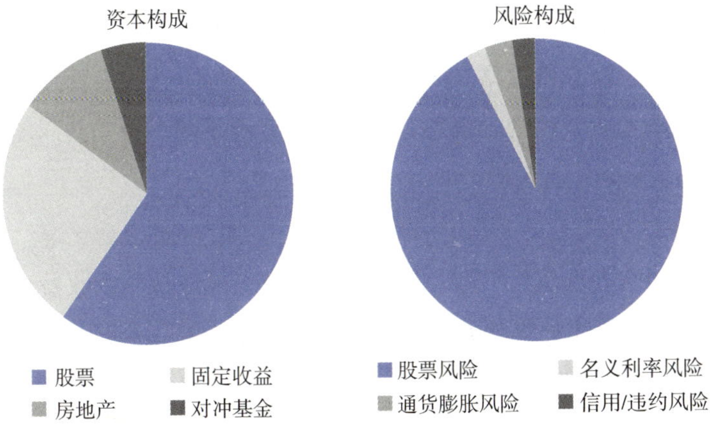

图 2-1　传统投资组合的资本和风险构成

1 投资组合的“风险预算”被定义为投资组合经理为追求其目标回报愿意承担的风险额度。其波动率与风险不同，但该波动率是确定资产风险的重要参照信息。在本章中，“风险”始终按回报的波动率（标准差）衡量，但所提出的概念也适用于其他风险衡量指标，如边际风险贡献、在险价值、基于压力测试的损失估算以及其他风险衡量指标。

第二节 风险平价投资组合的核心

风险平价投资组合的核心是基于风险的分散化，以寻求产生更高、更稳定的回报（更分散化的投资组合具有更高的夏普比率）。典型的风险平价投资组合与传统的投资组合相比，股票投资减少，而对其他资产类别的投资明显增多。因此，风险平价投资组合的风险预算并未集中于股票，而是均衡地分散于其他资产类别。

风险平价的关键是将投资分散于在各种经济环境下有不同表现的资产类别。一般情况下，股市在高增长、低通胀环境下表现良好，债券在通货紧缩或经济衰退环境下表现出色，而大宗商品往往在通货膨胀环境下表现最佳。均衡地投资三种主要资产类别能产生更稳定的长期效果。

虽然风险平价策略之间可能存在重大差异，比如所使用的资产类别范围和所采用的投资组合构建方法有所不同，但其共同的理念是更加均衡地配置风险。

图 2-2 显示了三种资产类别在 1971—2009 年的夏普比率。[1] 虽然这在短期内表现较为分散，但从长期来看，风险调整后收益率几乎相同。无论是哪种资产类别，投资者承担风险的平均回报大致相同，因此构建每类资产的风险得到同样重视的投资组合从长远来看才有意义。相比之下，更常见的风险集中于股票的投资组合，这说明股票的风险调整后收益率远远高于其他资产类别的风险调整后收益率，尽管数十年来的证据表明并非如此。

---

1 这些实际夏普比率基于 MSCI（摩根士丹利资本国际公司）全球股票指数、巴克莱美国综合债券指数和标普高盛商品指数（S&P GSCI Index）超过 3 个月短期国库券回报的月度收益率。我们从 1971 年开始计算，因为这是所有数据均可用的时间。

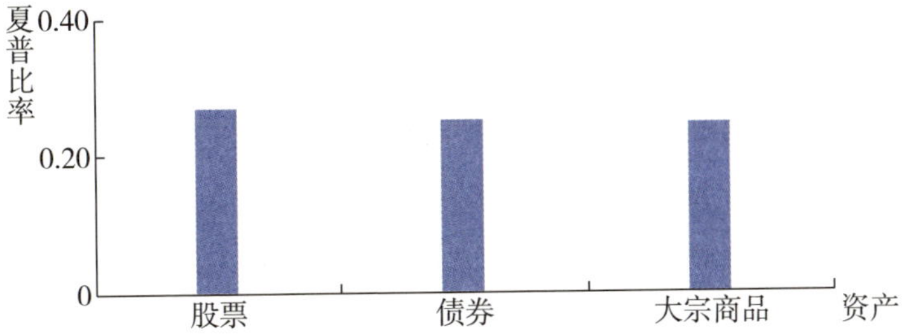

图 2-2 1971—2009 年各类资产的风险调整后表现接近

为了说明这一点，我们提出了一项程式化的只投资三类资产的“简单的风险平价策略”，如图 2-3 所示。结果很简单：投资者应该分散投资，使风险更加均衡，并期望更稳定的回报和更低的尾部风险，而非将大量风险单一地集中在股票上。

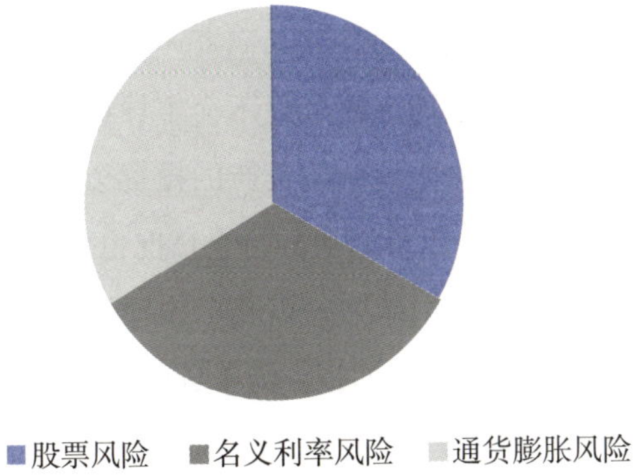

图 2-3 简单的风险平价策略提供各资产的均衡配置

第三节 构建和测试简单的风险平价策略

为了说明这些策略如何发挥作用，我们构建了一项“简单的风险平价策略”（或“策略”），并将这种模拟投资组合与典型的股债

60/40 模拟投资组合进行对比。[1] 实际上，许多风险平价策略会投资更广泛的资产类别。这里，为了简单起见，我们仅使用三个广泛提供的市场指数构建策略：MSCI 全球股票指数、巴克莱美国综合债券指数[2]和标普高盛商品指数，分别代表股票、债券和大宗商品投资。这三个指数能够使我们分析早至 1971 年的风险平价，我们可以通过许多不同的市场周期和市场环境考察历史表现的特点。

根据定义，“风险平价”是在各种资产类别上平均分配风险。基于此，我们以每种资产类别每月产生相近的波动率作为目标。[3] 为了做到这一点，我们首先确定每类资产的预期波动率。[4] 每个月月初计算的头寸权重则是每种资产类别的目标年化波动率与该资产类别的预期波动率之比。我们每月重复这个过程，并重新调整新的权重。为了更好地进行比较，我们按比例调整投资组合，使该投资组合的平均年化波动率与同期的股债 60/40 投资组合的波动率一致。[5]

这种方法可以确保配置到高波动率资产类别（如股票）的资金大幅减少。这些高波动率资产的风险不会主导投资组合的风险，因为为了平衡风险，对波动率较低的资产的投资会相应增加。由于波动率估算改变，风险平价投资组合的持仓情况也会相应地发生改变，以维持所需的分散化。我们认为，以整个投资组合波动率为目标并进行控制也可以带来更稳定的回报。随着资产的波动率增加（减少），

---

1 投资组合的 60% 为标普 500 指数，40% 为巴克莱美国综合债券指数，每月再平衡。虽然股债 60/40 投资组合明显比如今大多数投资组合更为简单，但它确实代表了与如今更广泛的投资组合相类似的风险敞口，并提供了可供使用的更长的历史记录。

2 在巴克莱美国综合债券指数诞生之前，我们使用 Ibbotson（伊博森）美国中期国债总回报指数计算债券收益率，直至 1973 年 1 月。

3 在实际的风险平价组合中，目标风险通常会将各种资产类别的相关性假设以及波动率之外的其他风险衡量指标计算在内。

4 具体而言，对于简单的风险平价策略来说，我们的波动率预测是各指数此前连续 12 个月月度收益率的年化标准差。

5 1971—2009 年，股债 60/40 组合实现了 10.1% 的平均年化波动率。

投资组合中的持仓规模会相应减少（增加）。与此形成鲜明对比的是传统的投资组合，这类投资组合通常按照固定的资本配置比例进行再平衡。这意味着传统投资组合的波动率可能会随着时间的推移而发生显著变化，这主要是由于市场波动率发生了变化。

表 2–1 对比了简单的风险平价策略与传统的股债 60/40 组合的历史表现。简单的风险平价策略在 39 年中以相同的年化波动率实现

表 2–1 简单的风险平价策略的模拟风险调整后收益情况

1971 年 1 月—2009 年 12 月	简单的风险平价策略	股债 60/40 组合	简单的风险平价策略相比股债 60/40 组合的超额收益
年化收益率	11.2%	9.6%	1.7%
年化波动率	10.1%	10.1%	
夏普比率	0.45	0.28	61%
特定期间段累计收益			
尼克松价格管制 (1971 年 8 月—1974 年 4 月)	53.5%	8.1%	45.5%
1982 年牛市（1982 年 9 月—1984 年 3 月）	38.0%	48.0%	–10.0%
1987 年股市崩盘（1987 年 10 月）	–1.8%	–11.5%	9.7%
美联储突然加息（1994 年 2 月—1994 年 3 月）	–9.0%	–5.8%	–3.2%
科技泡沫（1999 年 1 月—2000 年 3 月）	16.4%	14.7%	1.7%
科技泡沫破裂（2000 年 4 月—2003 年 2 月）	22.5%	–17.6%	40.1%
信贷宽松（2002 年 8 月—2004 年 3 月）	28.7%	21.8%	6.9%
信贷危机（2007 年 7 月—2009 年 3 月）	–0.5%	–26.0%	25.5%

注：由于四舍五入，超额收益可能与简单相减存在微小偏差。

了更高的收益率（年化收益率超过股债60/40组合1.7%），夏普比率高出股债60/40组合61%。由于优异的投资组合构建技巧和显著提升的风险分散水平，风险调整后收益率得以显著提高。

由于分散化水平的提高，简单的风险平价策略可以提供更稳定的表现和更小的回撤，但并不一定在每种环境下都有更出色的表现。表2–1通过特定历史情景展示了简单的风险平价策略可能的表现。20世纪70年代初期，通货膨胀失控导致时任美国总统尼克松于1971年8月15日实施工资和价格管制措施。尽管通货膨胀率最初下降，但大宗商品价格持续攀升，1973年石油输出国组织（Organization of the Petroleum Exporting Countries，简称OPEC）的石油禁运使情况加剧。这说明了投资一定的比例到受益于通货膨胀的资产（如大宗商品）的重要性。简单的风险平价策略在此期间跑赢股债60/40组合45.5%。

1982年的牛市是股债60/40组合跑赢简单的风险平价策略的例子。这是可以预见的，因为在此期间，股票是风险调整后收益最好的资产类别。虽然表现不如股债60/40组合，但是简单的风险平价策略的绝对收益仍会表现良好。重要的是，简单的风险平价策略在牛市中未必会跑输大市，科技泡沫和2000年中期宽松信贷期间的结果可以印证这一点。

1994年2月，美联储突然加息是大多数投资组合面临艰难环境的一个例子，这也是风险平价可能跑输传统资产配置的例子，因为从风险调整后收益角度来看，固定收益受到比股票更多的冲击。

除了提供更好的风险调整后收益外，风险平价投资组合在不同的经济环境下比传统的股债60/40组合的适应性更强。图2–4显示了1971—2009年股票、债券和大宗商品的夏普比率。从中期（最长10年）来看，这些资产类别的收益可能有显著的差异，集中于

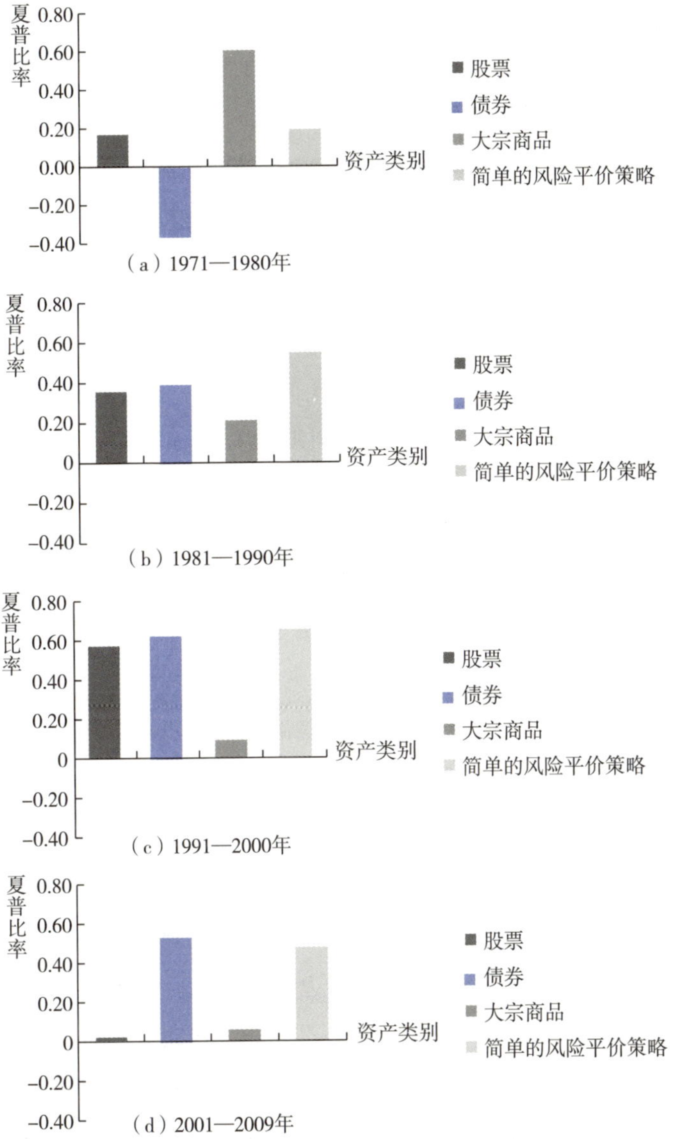

图 2–4　简单的风险平价策略在各种经济环境下表现

一种风险来源的投资组合将承受显著的集中度风险。如果该资产类别在很长时间内的收益率较低或者为负，集中型投资组合将受到影响。

例如，在20世纪70年代发生滞胀的10年中，大宗商品是表现最佳的资产类别。20世纪80年代是所有三类资产表现普遍良好的10年。在20世纪90年代通货紧缩时期，股票和债券表现良好，而大宗商品表现乏力。2001—2009年，受到两次经济衰退以及资产和信贷泡沫的影响，只有债券为投资者提供了稳健回报。

综上所述，简单的风险平价策略因广泛分散风险一直保持了正回报。

第四节　构建风险平价投资组合

到目前为止，我们只介绍了简单的风险平价策略。在本节中，我们将首先回顾风险平价策略可以跑赢集中化的投资组合背后的原理，然后讨论实际执行风险平价策略常用的更高级的投资组合构建与风险管理技巧。

由于风险调整后收益率较高且尾部风险较低，非杠杆化风险平价投资组合具有一定吸引力，但名义预期收益率也可能偏低，无法满足投资者的回报期望。为了解决这一问题，可对分散化的风险平价投资组合进行按比例调整，以满足投资者的回报期望。

这种想法始于20世纪50年代，哈里·马科维茨（1952）首次描述了配置不同的资产以形成有效边界的概念，如图2–5中的A线和B线所示。詹姆士·托宾（James Tobin，1958）随后证明，所有投资者应该持有分散化的投资组合［即B线与C线有效边界线相切处，或切点投资组合（tangency portfolio）］和现金。借贷和杠杆已经存在了很长一段时间，但流动性强的期货市场的出现和低成本融资渠道的增加已经使得风险平价投资组合通过沿着C线（资本市场线）上移，并得到了延伸。这使投资者能够在寻求更高的收益率时维持分散化投资组合的较高夏普比率及其他优势。

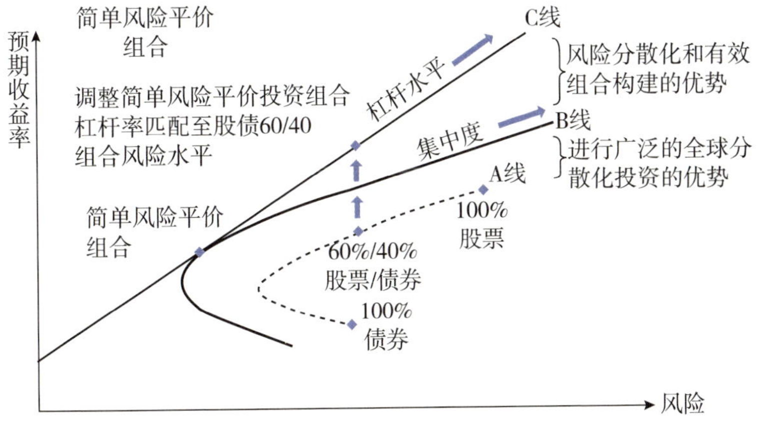

图 2-5　风险平价组合可以在更低的集中度风险水平下提供更高的收益

注：图片仅供说明，并非基于实际组合。

图 2-5 中，我们假设风险平价组合是 B 线和 C 线之间的切点。[1] 这一未使用杠杆的风险平价组合的风险显著低于传统的股债 60/40 组合，但问题在于，其预期收益率同样也较低。解决方案是，使用杠杆来提高风险平价投资组合的预期收益率，同时达到股债 60/40 组合的波动率。由此产生的风险平价组合基于更有效的投资组合构建而拥有更高的预期收益率。[2]

投资者寻求更高的回报就必须承担更高的风险，问题在于，要如何承担这种风险。传统的做法是集中于投资风险较高的资产，尤其是股票。相比之下，风险平价方法从分散化的较低风险投资组合开始，然后利用杠杆来提高预期收益率（当然，使用杠杆本身具有风险，对欠缺流动性的投资尤其如此。为了缓解这一点，风险平价投资组合倾向于投资流动性工具，如金融期货合约）。风险

1　风险平价组合实际上并非真正的切点投资组合，但鉴于旨在实现最大的多元化，它很可能接近真实的切点投资组合。为了使阐述更加简明，该区别已被忽略。

2　我们很容易看到，C 线有机会以相同的风险提供更高的回报，或以更低的风险提供更高的回报，或是两者的某种组合。

平价投资者认为，对更具分散化和流动性的投资组合加一些杠杆是获取比集中于投资风险最高的资产这一传统方式更好的收益率的根本方法。

接下来，我们将讨论用于管理风险平价投资组合的更高级的投资组合构建与风险管理技巧。

一、所使用的工具范围

虽然简单的风险平价策略仅投资三种资产类别，但实际的风险平价策略可以纳入更多的资产类别。由于这些工具并非完全相互关联，所以这进一步增强了风险的分散水平和整体投资组合的效率。

二、相关性和波动率预测

简单的风险平价策略的目标是在每种资产类别中平均分配风险，实际的执行将涉及不同资产类别的相关性，以使风险贡献保持相等。此外，良好的风险模型可以用于改进波动率预测，这有助于维持各种资产类别的风险平衡和在长期保持更稳定的投资组合层面的波动率。

三、战术性超配 / 低配

到目前为止，我们所介绍的简单的风险平价策略是为三种主要的资产类别分别配置相同的风险。事实上，在一些具体的实施过程中会使用这种“被动”方式制定不同类别的风险预算，但也有可能使用“各种类别风险相同”的投资组合作为中性配置，然后根据投资经理的战术观点进行风险超配或低配。

四、不同的目标波动率

在上一节的论述中，我们使用约 10% 的年化目标波动率，近似于股债60/40组合的平均波动率。然而，通过更改所使用的杠杆量级，很容易构建任意波动率水平的投资组合，比如与股债 70/30 组合、股债 80/20 组合，甚至是 100% 股票投资组合的风险水平相接近的风险平价组合。[1] 我们认为，风险平价是比传统方式更好的构建“目标风险”投资组合的方法。

五、交易系统和风险控制

投资经理可以使用自有的算法交易系统，以便在调整仓位规模的同时按照模型进行交易，并尽量减少交易成本或市场影响。投资经理还可以采用投资组合整体层面的系统性的回撤控制机制，在对策略具有挑战性的环境下尽量减少投资组合的损失。

第五节　投资风险平价

当投资者询问使用风险平价投资的资金源从何而来时，一个自然而然的反应是来自现有股票配置的一部分。使用股票作为资金来源的理由是，大多数投资组合的股票风险过高，而风险平价的主要好处之一是有助于降低股票集中度风险，同时仍然保持较为均衡的市场风险敞口。

---

1 值得注意的是，如果风险平价投资组合使用四类资产，那么即使其目标波动率与 100% 的股票投资组合的波动率相同，仍然只有 25% 的风险来自股票。

以下是投资机构在使风险平价适应其投资方案时所使用的各种方式。

一、核心 / 卫星方式

风险平价的风险收益特征使其有资格成为投资组合的核心持有方式。图 2–5 中的 B 线与 C 线有力地说明了无论投资者的风险偏好或收益目标如何，拥有适当杠杆水平的风险平价投资组合可以提供更好的预期风险调整后收益率。其中核心投资组合也可以通过其他不相关的策略进行补充，如另类投资。一些大型机构已采用这种核心 / 卫星方式来构建自己的投资组合。

二、另类投资

杠杆和衍生品的使用以及构建投资组合的新方法使许多投资者将风险平价归为另类投资。应当指出的是，鉴于风险平价组合与股票的相关性约为 0.5，风险平价组合应该被归类为方向性另类策略，而不是零贝塔和非方向性另类策略。

三、机会型或灵活配置

一些投资者设有机会型或灵活投资类别，风险平价投资组合被归为此类的情况也不少见。

四、全球战术资产配置

由于广泛使用了全球范围内的资产类别以及不同资产类别之间

的权重动态变化，全球战术资产配置（global tactical asset allocation，简称 GTAA）投资组合通常是与风险平价组合最相似的可比组合。事实上，一些咨询顾问甚至创造了全球战术资产配置类别下的风险平价子类别。然而，大多数投资者目前没有如此精细的资产配置分类。

我们认为，无论风险平价如何被归类，它都能成为改善整个投资组合的风险收益特征的有用工具。

- 传统投资组合存在集中度风险，而风险平价组合的核心在于分散风险。
- 简单的风险平价策略在近 40 年的历史数据回测中持续跑赢大市。
- 在实际操作中，需要更高级、更精细的投资组合构建技巧与风险管理技巧。

本章参考文献

[1] Markowitz H. Portfolio selection [J]. The Journal of Finance，1952，7（1）：77-91.

[2] Tobin J. Liquidity preference as behavior towards risk [J]. Review of Economic Studies，1958，25（1）：65-86.

关于作者

黄耀华（Yao Hua Ooi）

黄耀华是 AQR 资本管理公司合伙人，是全球资产配置部门主管，专注于包括商品、风险平价和管理期货（managed futures）在内的宏观策略研究和投资组合管理。他的研究成果大多发表于国际一流学术期刊，如《金融经济学》（*Journal of Financial Economics*）、《投资管理》（*Journal of Investment Management*）等。2013 年，他凭借管理期货方面的工作，被美国晨星公司（Morningstar）评为年度另类投资基金经理；同年，由于在时序动量方面的出色工作，他还获得了对冲基金 Whitebox 研究奖。他是宾夕法尼亚大学杰罗姆·费希尔管理及技术项目（Jerome Fisher Program in Management & Technology）优秀毕业生，拥有经济学和工程学双学士学位。

布赖恩·赫斯特（Brian K. Hurst）

布赖恩·赫斯特是 AQR 资本管理公司合伙人，是两项全球资产配置策略管理期货和风险平价的投资组合经理兼交易联席主管。他拥有 20 多年为机构投资者管理资金的经验，不仅擅长传统投资策略，也擅长另类投资策略。2013 年，他凭借管理期货的工作成绩，被美国晨星公司评为年度另类基金经理。此外，他还撰写过多篇关于风险平价和管理式期货的论文，并多次在行业会议上发表演讲。其中，他撰写的《揭秘管理期货策略》（Demystifying Managed Futures）一文发表于国际一流学术期刊《投资管理》（*Journal of Investment Management*）。在加入 AQR 前，他是高盛公司资产管理部量化研究团队资深成员和帝杰证券公司（Donaldson, Lufkin & Jenrette）卖方投行分析师。他毕业于宾夕法尼亚大学沃顿商学院，获经济学学士学位。

布赖恩·约翰逊（Bryan W. Johnson）

布赖恩·约翰逊是 AQR 资本管理公司董事总经理，担任顾问解决方案团队美国西部地区区域总监，负责为财务顾问和家族办公室提供咨询与培训，内容主要涉及 AQR 的研究以及公司对资产配置和另类投资策略的想法。在加入 AQR 前，他是德明信基金管理公司（Dimensional Fund Advisors）区域总监，并曾在半导体行业多个管理岗位担任主管。布赖恩·约翰逊拥有亚利桑那州立大学化学工程学士学位和南加利福尼亚大学工商管理硕士学位，持有 CFA 和 CAIA（特许另类投资分析师）资格证书，经常发表另类投资方面的演讲。

第二部分

构建风险平价组合

第三章　投资工具的选择

“工欲善其事，必先利其器。”投资工具的选择是一个风险平价策略能否成功的决定性因素。在之前的章节中，我们已经简述了如何构建一个风险平价组合，主要分为两大步骤：第一步，选择合适的投资工具；第二步，科学合理地配置这些投资工具。在本章中，我们不打算重复教科书里的知识，我们从风险平价策略投资经理的实际操作视角讨论与大类资产投资工具有关的内容。

第一节　投资工具概况

投资工具的选择可以概括为三个关键词：有效性、分散性和流动性。

有效性是指投资工具的经济属性和风险溢价来源。例如，股票、债券这些大类资产是资本市场的关键工具，其经济属性不言而喻，其风险溢价在理论和实证方面都有可靠基础，长期回报可期。

分散性是指投资工具间的相关性。投资工具间的相关性越低，投资组合的分散化程度就越高，而分散化是投资活动的唯一“免费午餐”。

流动性是指投资工具的交易成本和变现能力。对于不同的投资者来说，他们对流动性的考虑角度也不同。有的投资者重视交易成本，有的投资者重视持有成本，有的投资者则重视资产在极端情形下的变现能力。

我们在选择投资工具时，会综合考虑有效性、分散性和流动性三方面因素。不难想象（也可以证明），一个投资组合中的有效资产种类越多，资产相关性越低，这个投资组合的夏普比率就越高。这就好比一桌丰盛的饭菜，首先要保证饭菜的质量，其次要保证饭菜种类的多样性。饭菜质量越高，种类越丰富，人们的满意度也就越高。下面，我们将从这三方面讨论风险平价策略使用的投资工具大类。

风险平价策略是资产配置策略的一种。广义的资产配置策略可以投资所有的资产类别，从公开市场到非公开市场，从流动性优良的股指期货到流动性较差的艺术品，都是资产配置策略的投资范围。

与广义的资产配置策略相比，风险平价策略有其特殊性：风险平价策略基于资产波动性和资产间的相关性等风险指标配置资产；风险平价策略通常会采取杠杆投资的方式放大组合头寸，使得投资组合能达到预期波动率；风险平价策略对流动性的要求较高，一般需要投资组合内的投资工具每日都可以进行交易。

基于这些特殊性，风险平价策略的投资工具需要：（1）可以计算和比较的风险指标；（2）可以进行杠杆投资；（3）可以每日交易。满足上述属性的投资工具集中在流动性良好的二级市场，包括全球股票、发达市场国债、发达市场通胀挂钩债、新兴市场国债、信用债、高收益债、大宗商品等。

从有效性来说，这些大类资产都蕴含着不同种类的风险溢价。例如，全球股票资产的主要风险溢价来源为经济增长风险，而发达市场国债的主要风险溢价来源为名义利率（nominal interest rate）风险。经济增长和名义利率增长在不同经济环境下则呈现不同的相关性，比如，当经济高增长时，二者多为正相关；而当通货膨胀进入下行通道时，二者则为负相关。因此，同时投资全球股票和发达市场国债可以获得两类不同的风险溢价，对投资组合有分散化的效果。

表 3–1 和表 3–2 中，我们总结了几类主要资产的相关属性，包括资产的长期有效性以及它们之间的分散性等。我们从表 3–1 中可以发现，这几类资产的长期夏普比率都超过 0.30（除大宗商品外），表明了大类资产具有长期有效性。同时，我们从表 3–2 中可以发现，资产间的相关性较低，表明了大类资产间的分散性较好。

表 3–1 主要资产的长期有效性

资产	主要风险溢价来源	夏普比率	波动率
全球股票	经济增长风险	0.41	13.60%
发达市场国债	名义利率风险	0.51	3.50%
发达市场通胀挂钩债	实际利率风险	0.61	4.40%
新兴市场国债	新兴市场信用风险 / 货币风险	0.32	19.40%
信用债	公司信用风险	0.42	6.90%
高收益债	公司信用风险 / 破产风险	0.49	9.10%
大宗商品	供需风险 / 通胀风险	0.18	19.80%

数据来源：彭博资讯公司和自有数据，1970—2017 年。

表 3–2 主要资产的分散性（相关系数）

资产	全球股票	发达市场国债	发达市场通胀挂钩债	新兴市场国债	信用债	高收益债	大宗商品
全球股票	1.00	0.41	0.14	0.23	0.31	0.68	0.11

续表

资产	全球股票	发达市场国债	发达市场通胀挂钩债	新兴市场国债	信用债	高收益债	大宗商品
发达市场国债	0.41	1.00	0.58	0.09	0.67	0.28	–0.15
发达市场通胀挂钩债	0.14	0.58	1.00	0.19	0.56	0.31	0.12
新兴市场国债	0.23	0.09	0.19	1.00	0.14	0.21	0.12
信用债	0.31	0.67	0.56	0.14	1.00	0.60	–0.03
高收益债	0.68	0.28	0.31	0.21	0.60	1.00	0.10
大宗商品	0.11	–0.15	0.12	0.12	–0.03	0.10	1.00

数据来源：彭博资讯公司和自有数据，1970—2017 年。

表 3–1 和表 3–2 是各类资产的长期属性，而各类资产在不同的历史时期（经济周期）表现差别很大。图 3–1 中，我们按照 10 年一个阶段，将 1970 年以来的历史分为五个阶段，然后分别展示各个阶段中资产的夏普比率。可见，大类资产在各个历史阶段表现不一。例如，1970—1979 年，发生了能源危机和金本位崩溃等事件，全球通胀高企，因此在这一阶段中大宗商品和发达市场通胀挂钩债是夏普比率最高的两类资产。自 2010 年以来，全球央行为消除经济危机、提振经济实施了前所未有的低利率和量化宽松政策，在这一阶段，除了大宗商品以外，各类资产均表现良好，夏普比率处于历史高位。

这些大类资产均拥有众多的投资工具，包括实物资产和各种衍生品。不同的投资工具有着不同的特点，例如实物资产（股票个股、现金债券等）可以实现高颗粒度的精细化投资，而期货等衍生品流动性充沛且可以获得杠杆。在下面几节中，我们将分别介绍主要大类资产的投资工具。

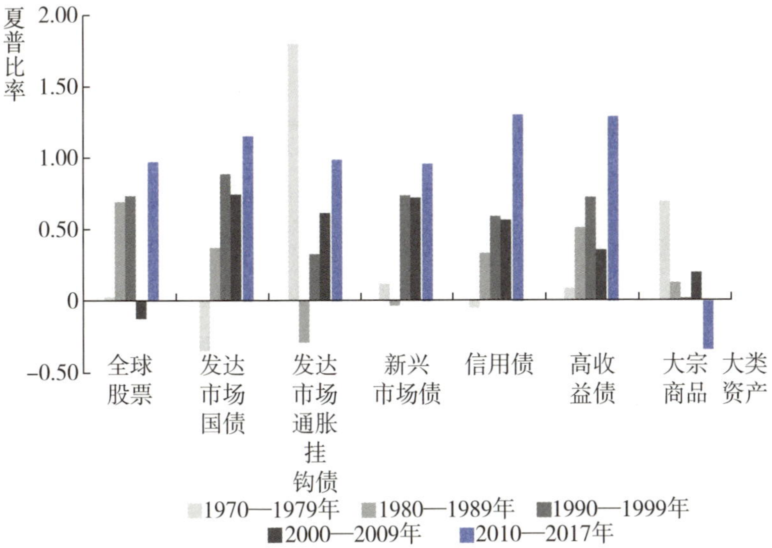

图 3-1 大类资产的各个时期夏普比率比较

数据来源：彭博资讯公司和自有数据，1970—2017 年，月度回报数据年化结果。

第二节 全球股票

在任何配置模型中，股票都是最重要的一个资产类别。从有效性来看，股票类资产获得的是经济增长风险溢价，其表现与全球经济增长呈正相关。换句话说，只要世界经济不停止发展，股票类资产都是值得持有的。

对全球股票最简单的投资方法，就是购买全球股指相关的产品，如 iShares MSCI ACWI ETF[1]（安硕摩根士丹利资本国际全球基准指数交易所交易基金）等。

单一的全球股指投资虽然简单，但也有其缺陷性：（1）分散

1 ACWI 是 all country world index 的简称，即全球股票指数；ETF 是 exchange traded funds 的简称，即交易所交易基金。

性不够，主要的成分股集中在美国；（2）流动性不足，例如 MSCI ACWI ETF 的总市值为 80 亿美元，日均交易量为 140 万美元，[1] 这种流动性不足以满足机构投资者的配置需求。

因此，机构投资者通常都会更细化地去投资全球股票，而细化的方法可以通过多个维度，包括国家或地区维度、行业维度、股票市值（大盘股、小盘股）维度等。

其中，国家或地区维度是最常用的划分办法。在此维度下，全球股票可以划分为多个市场，主要包括美国、英国、法国、德国和日本等发达国家，以及中国等发展中国家。从长期历史数据来看，发达国家股票市场的夏普比率相近（多数处于 0.30~0.40），都是有效的投资标的，如图 3–2 所示。

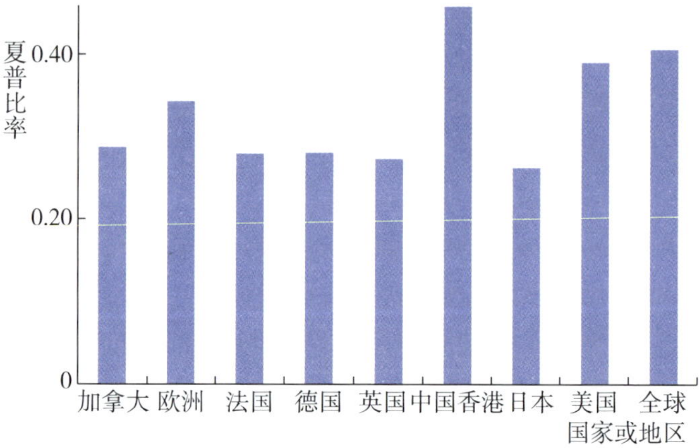

图 3–2 全球股指的长期夏普比率比较

数据来源：彭博资讯公司和自有数据，1970—2017 年，月度回报数据年化结果。

对于大类资产配置类策略的管理人而言，这些国家或地区的股指投资工具主要包括指数期货（index futures）、交易所交易

1 数据来源：彭博资讯公司，2017 年 11 月数据。

基金、总收益互换（total return swap）等。除了这些工具外，也有投资人通过买卖个股的方式获得相应敞口，购买个股的好处是可以更灵活地在各个维度进行配置，但这种投资方式对交易和中后台业务的要求更高。

国家或地区常用的股指期货活跃合约的持仓和交易信息如表3–3所示。

表 3–3 股指期货活跃合约

国家或地区	标的股票指数	持仓量（万张）	合约日均交易量（亿美元）
澳大利亚	S&P/ASX 200	30	34
加拿大	S&P/TSX 60	27	24
欧洲	Euro Stoxx 50	344	337
法国	CAC 40	21	51
德国	DAX 30	12	283
中国香港	恒生	14	228
意大利	FTSE MIB 40	4	29
日本	Nikkei 225	32	95
日本	TOPIX	65	79
新加坡	MSCI Singapore Free	23	7
西班牙	IBEX 35	5	20
瑞士	Swiss Market	23	31
英国	FTSE 100	64	81
美国	DJIA E-mini	16	150
美国	NASDAQ 100	27	328
美国	Russell 2000	2	13
美国	标普 500	325	1 408
中国	沪深 300	2	4

数据来源：彭博资讯公司，2017 年 12 月数据。

从流动性的角度来看，我们通过表 3–3 不难发现，股指期货无论持仓量还是交易量都可以满足相当大资金的配置需求。而且，期货投资采用的是保证金制度，占用资本金少，还可以便捷地获得投资杠杆。

在选择用什么维度划分股票市场的问题上，不同的投资人会有不同的考虑，比如有的投资人希望通过择时获得风格轮换的风险溢价，因此将股票市场基于市值或者估值进行划分。从风险平价投资的角度来看，我们希望划分出的股票市场具有相关性低的特点，因为投资于众多相关性低的股票市场可以帮助我们产生最大化的分散化效应。因此，分散性是风险平价投资者考察划分维度的一个重要指标。

从分散性的角度来看，不同国家或地区之间的股指相关性较低，有利于分散单一国家或地区风险。表 3–4 展示了主要国家或地区股指间的长期相关性。

表 3–4 主要国家或地区股指间的长期相关性

国家或地区	美国	澳大利亚	欧洲	日本	英国	中国	中国香港
美国	1.00	0.67	0.82	0.58	0.84	0.11	0.59
澳大利亚	0.67	1.00	0.66	0.63	0.71	0.18	0.66
欧洲	0.82	0.66	1.00	0.60	0.88	0.11	0.59
日本	0.58	0.63	0.60	1.00	0.58	0.18	0.60
英国	0.84	0.71	0.88	0.58	1.00	0.11	0.62
中国	0.11	0.18	0.11	0.18	0.11	1.00	0.36
中国香港	0.59	0.66	0.59	0.60	0.62	0.36	1.00

数据来源：彭博资讯公司，各个国家或地区主要股指相关性（美国标普 500 指数、澳大利亚 S&P/ASX 200 指数、欧洲 Euro Stoxx 50 指数、日本 TOPIX 指数、英国 FTSE 100 指数、中国沪深 300 指数、中国香港恒生指数），2002—2017 年周度数据。

以国家或地区作为维度，各个国家或地区股指间的长期相关性较低（相关系数均值为0.53）。与此相比，不同行业指数间的相关性较高，同期的平均相关系数均值为0.74，如表3–5所示。从这个角度来说，以国家或地区作为配置维度的分散化效果更好。因此，在实际操作中，通常也是以国家或地区作为全球股票配置的第一层，在更细化的配置中会考虑行业和市值等因素。

表3–5　行业指数相关性

行业	能源	公用事业	日常消费	可选消费	医疗保健	材料	电信服务	金融	房地产	工业	信息技术
能源	1.00	0.70	0.67	0.71	0.61	0.84	0.66	0.71	0.65	0.78	0.63
公用事业	0.70	1.00	0.80	0.67	0.70	0.67	0.76	0.67	0.69	0.70	0.58
日常消费	0.67	0.80	1.00	0.80	0.78	0.69	0.80	0.74	0.74	0.78	0.70
可选消费	0.71	0.67	0.80	1.00	0.73	0.82	0.77	0.87	0.82	0.94	0.89
医疗保健	0.61	0.70	0.78	0.73	1.00	0.62	0.73	0.71	0.64	0.72	0.66
材料	0.84	0.67	0.69	0.82	0.62	1.00	0.69	0.79	0.78	0.90	0.74
电信服务	0.66	0.76	0.80	0.77	0.73	0.69	1.00	0.74	0.70	0.76	0.70
金融	0.71	0.67	0.74	0.87	0.71	0.79	0.74	1.00	0.84	0.89	0.75
房地产	0.65	0.69	0.74	0.82	0.64	0.78	0.70	0.84	1.00	0.83	0.69
工业	0.78	0.70	0.78	0.94	0.72	0.90	0.76	0.89	0.83	1.00	0.84
信息技术	0.63	0.58	0.70	0.89	0.66	0.74	0.70	0.75	0.69	0.84	1.00

数据来源：彭博资讯公司，MSCI全球股票指数，2002—2017年周度数据。

表3–6和表3–7分别展示了按照市值划分的全球指数和美国指数之间的相关系数，可见按照市值维度划分的指数间的长期相关性较高，但从分散化角度考虑不如国家或地区维度和行业维度。

表 3-6 全球市值指数相关性

	全球大盘	全球中盘	全球小盘
全球大盘	1.00	0.97	0.95
全球中盘	0.97	1.00	0.98
全球小盘	0.95	0.98	1.00

表 3-7 美国市值指数相关性

	美国大盘	美国中盘	美国小盘
美国大盘	1.00	0.95	0.92
美国中盘	0.95	1.00	0.97
美国小盘	0.92	0.97	1.00

数据来源：彭博资讯公司，MSCI 全球市值指数，标普美国市值指数，2002—2017 年周度数据。

第三节 发达市场国债

债类资产是另一种重要的大类资产，主要的可投资债券市场包括发达市场国债、新兴市场国债、投资级（investment grade）信用债、高收益（high yield）债等。不同市场的债券蕴含的风险溢价也不同，发达市场国债的风险溢价来源主要是利率风险和汇率风险，信用债和新兴市场国债需要额外考虑信用风险（违约风险）和政策风险等。在本节中，我们主要讨论发达市场国债。

一般认为，发达国家的违约概率很低，评级机构也通常会给予发达国家债券最高的信用等级。因此，发达国家债券的主要风险溢价源于利率风险和汇率风险。在实际组合管理中，投资人通常将利率风险和汇率风险分开管理，投资国债主要是获得利率风险溢价，因而会将其汇率风险进行对冲操作。如果想获得汇率风险的敞口，投资人可以直接投资货币资产。

众所周知，利率是投资领域最重要的变量之一，利率风险广泛地存在于各个资产类别中，比如股票投资也受利率变化的影响。一个国家的利率环境主要由这个国家所处的经济周期决定，并且和该国的经济增长以及通货膨胀都有紧密关系。风险平价策略会对各个发达国家的国债市场进行均衡配置，从而避免在个别国家的风险敞口过大。

从有效性的角度来看，在一个较长的投资期里，多数发达国家债券市场的夏普比率相近，如图 3-3 所示。因此，对这些债券市场使用风险平价策略是高效的配置方法。

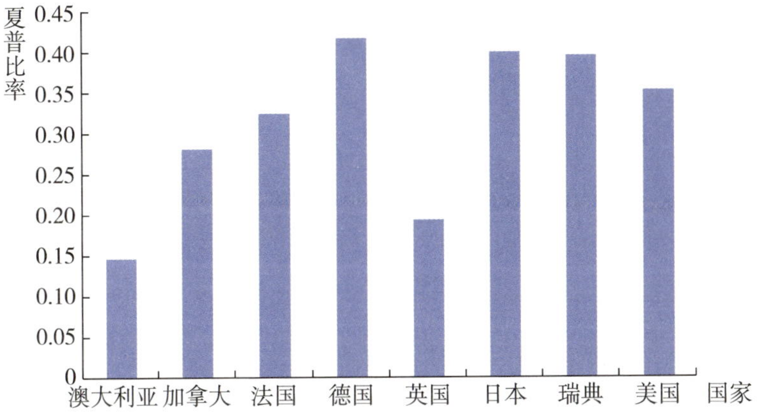

图 3-3 发达国家债券指数的长期夏普比率比较

数据来源：彭博资讯公司和自有数据，1970—2017 年，月度回报数据年化结果。

和股票投资类似，投资人也有多种可以获得发达市场国债头寸的工具，如投资现货债券（cash bond）、国债 ETF、国债期货、国债基金和国债收益互换等。由于投资策略不同，投资人使用的工具也不相同，比如债券基金的投资人通常会以现货债券作为主要的投资工具，以达到精细化管理的目的。

对于资产配置策略的投资人而言，其投资发达市场国债的目的主要是获得相应国家的利率风险敞口，而非债券组合的精细化管理。国债期货由于流动性高、占用资金少等特点，是配置类策略最常用的工具（在本章的第七节中，我们简单介绍了国债期货的特性）。

从流动性的角度来看，国债期货可以满足机构投资者配置策略的投资需要。表 3–8 是主要国家 10 年期国债期货活跃合约的持仓和交易情况。

表 3–8 国债期货活跃合约

国家	标的国债	持仓量（万张）	合约日均交易量（亿美元）
美国	美国 10 年期国债	340	1 389
德国	德国 10 年期国债	173	1 039
澳大利亚	澳大利亚 10 年期国债	114	38
日本	日本 10 年期国债	10	401
英国	英国 10 年期金边债券	75	245
加拿大	加拿大 10 年期国债	56	72
中国	中国 10 年期国债	6	43

数据来源：彭博资讯公司，2017 年 12 月数据。

除了 10 年期国债期货外，各个国家还有其他期限的国债期货。例如，美国有 2 年期、5 年期、10 年期、20 年期和 30 年期国债期货，而且这些国债期货流动性都很好。选择投资什么期限的国债期货，取决于投资目的和组合限制。短期限国债期货的久期和波动率都低，为了达到长期限国债期货的同等风险水平，投资短期限国债期货需要使用更高的杠杆率。因此，出于控制组合杠杆和节约保证金的目的，风险平价策略通常投资期限较长（大于 10 年）的债券期货。当然，利率曲线上的各个期限都蕴含了不同的风险溢价，为了获得这些风险溢价，有的风险平价策略管理人也会投资各个期限的国债期货。

从分散性的角度来看，虽然同为发达国家，但是各个国家的经济周期和货币政策却大相径庭。

表 3–9 是主要发达国家债券指数的长期相关性，可见不同国家的债券指数相关性较低。对于风险平价策略来说，投资多个国家的国债有助于获得均衡的利率风险溢价。

表 3–9　主要发达国家债券指数的长期相关性

	澳大利亚	加拿大	法国	德国	英国	日本	瑞典	美国
澳大利亚	1.0	0.3	0.3	0.3	0.2	0.2	0.3	0.3
加拿大	0.3	1.0	0.4	0.4	0.4	0.3	0.4	0.7
法国	0.3	0.4	1.0	0.6	0.3	0.3	0.5	0.4
德国	0.3	0.4	0.6	1.0	0.4	0.4	0.9	0.4
英国	0.2	0.4	0.3	0.4	1.0	0.2	0.4	0.3
日本	0.2	0.3	0.3	0.4	0.2	1.0	0.4	0.3
瑞典	0.3	0.4	0.5	0.9	0.4	0.4	1.0	0.4
美国	0.3	0.7	0.4	0.4	0.3	0.3	0.4	1.0

数据来源：彭博资讯公司和自有数据，1970—2017 年周度数据。

相比股票和大宗商品等资产，国债资产风险较低。因此，在风险平价策略中，债券所占的资本权重（capital weight）往往较大。但是，这并不意味着风险平价策略等同于杠杆化债券组合，债券所占资本权重大是为了能使其风险贡献和股票等高风险资产相当，从而均衡地获得各类风险溢价。

还需要指出的是，期货投资并不能完全复制现货的走势。股指期货和国债期货都是金融期货，期货价格和现货价格之间的价差受到融资成本、分红（派息）等多种因素的影响。融资成本由无风险短期利率和期货到期时间决定。在最简单的情况下，期货回报相当于在投资阶段内的现货回报减去融资成本：在低利率环境中，期货和现货回报接近；在高利率环境中，期货的回报就会落后于现货。对于股指期货来说，由于股指本身的价格波动较大，因此在相对较短的时期内，融资成本造成的期货、现货回报差异相对较小；而国债期货则不同，由于其价格波动小，所以国债期货的收益和融资成本关系较大。

第四节　发达市场通胀挂钩债

通胀挂钩债是另一种重要的固定收益资产。通胀挂钩债的本金和息票会根据通胀的变化定期调整，其定价利率被称为实际利率（real interest rate）。

从有效性的角度来看，发达市场通胀挂钩债蕴含的风险溢价是实际利率风险和货币风险（如果投资非本币通胀挂钩债）。风险平价策略投资通胀挂钩债主要是为了获得实际利率风险溢价，对货币风险通常会进行对冲管理。很多国家（地区）都会发行通胀挂钩债，如美国、德国、法国、英国、澳大利亚等。主要国家的通胀挂钩债指数的长期夏普比率普遍高于0.3。如图3–4所示，可见该资产类别有长期投资价值。

通胀挂钩债可以使用的工具主要是现货债券、交易所交易基金和总收益互换等。名义利率国债有流动性极高的期货合约，通胀挂钩债则没有类似的期货。美国通胀挂钩债的现货市场交易活跃，基本可以满足机构投资者的交易需求；而其他国家（如德国、英国等）通胀挂钩债的现货市场交投活跃度相对较弱，大额资金买卖可能会对市场产生较大的冲击。从这个意义上说，通胀挂钩债的流动性相对较差，特别是在市场流动性紧张的时候，投资者想要大规模买卖通胀挂钩债现货，会承受一定的流动性风险和交易成本。此外，通

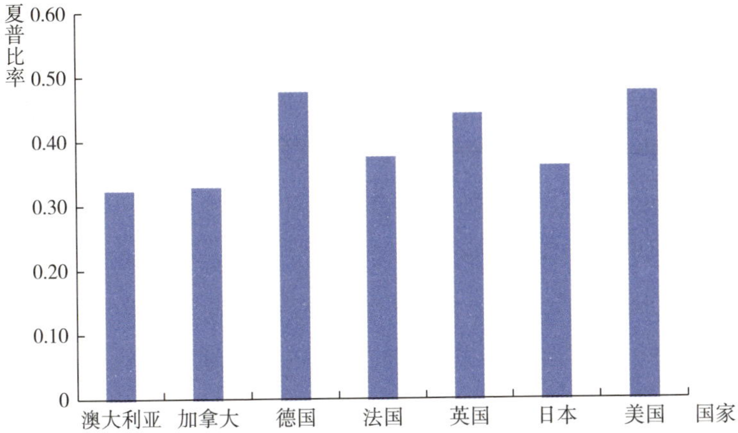

图 3–4　发达市场通胀挂钩债指数的长期夏普比率比较

数据来源：彭博资讯公司和自有数据，1970—2017 年，月度回报数据年化结果。

胀挂钩债现货投资占用资金较多，不利于使用杠杆。

也有不少投资者使用总收益互换获得通胀挂钩债敞口。这种投资方式对中后台要求较高，同时有一定的交易对手风险。使用总收益互换的好处是可以采用保证金交易，有利于使用杠杆。

从相关性的角度来看，几个主要发达国家的通胀挂钩债相关性较低，适合进行风险平价投资，如表 3–10 所示。

表 3–10　主要发达国家通胀挂钩债指数的长期相关性

国家	澳大利亚	德国	英国	日本	美国
澳大利亚	1.00	0.28	0.36	0.06	0.41
德国	0.28	1.00	0.58	0.29	0.47
英国	0.36	0.58	1.00	0.30	0.57
日本	0.06	0.29	0.30	1.00	0.27
美国	0.41	0.47	0.57	0.27	1.00

数据来源：彭博资讯公司和自有数据，2002—2017 年周度数据。

通胀挂钩债和上一节介绍的以名义利率计价的国债有相似的地方，但也有很大的区别。名义利率国债没有随通胀调整现金流的特性，其定价利率被称为名义利率。名义利率和实际利率的差值称为通胀平衡点（inflation break-even）。所以，名义利率风险溢价可以分解为两个部分：实际利率风险溢价和通胀平衡点风险溢价。一般认为，实际利率主要取决于经济增长水平和央行政策，而决定通胀平衡点的主要因素是通胀预期的变化。图 3-5 是美国 10 年期实际利率和 10 年期通胀平衡点的走势图，可见实际利率和通胀平衡点是两种相关性很低的风险溢价因子（长期相关性为 -0.1）。名义利率债券里蕴含的这两种风险溢价可以分开投资：使用通胀挂钩债获得实际利率风险溢价；构造对冲投资工具（或者使用场外衍生品），将通胀平衡点作为单独的资产类别进行投资。一些投资管理人就会采用这种风险溢价因子化管理的办法。

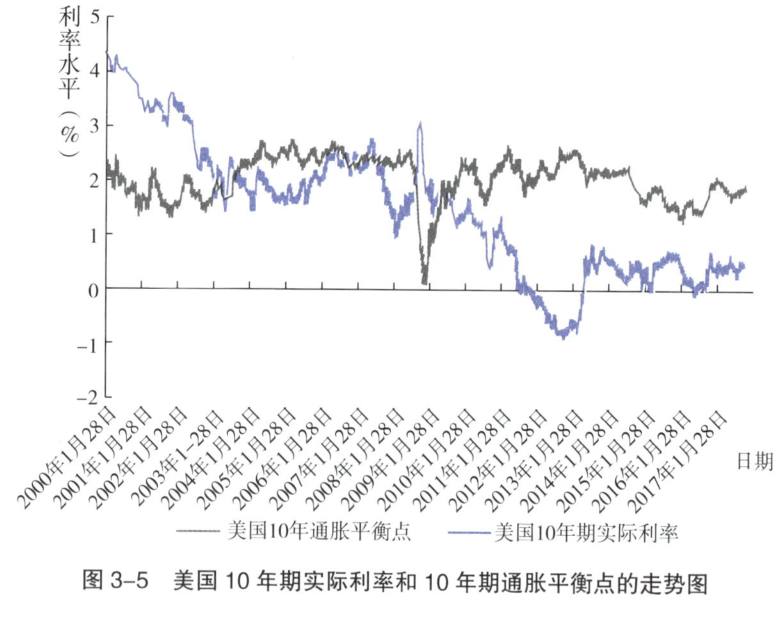

图 3-5　美国 10 年期实际利率和 10 年期通胀平衡点的走势图

第五节 大宗商品

大宗商品包含的可投资商品种类非常广泛，不同种类商品的属性区别明显。从功能和行业方面来看，大宗商品可分为能源、贵金属、基本金属、牲畜和农产品等类别。每一类都有若干可交易的标的，如能源类包含原油、汽油和天然气等投资标的。

从有效性的角度来看，大宗商品主要的（共同的）风险溢价来源是通货膨胀风险。受供求关系和季节性因素等影响，商品期货还有期限结构等风险溢价来源。

主要商品和商品指数的长期夏普比率如图 3–6 所示，商品指数、黄金和原油的夏普比率约为 0.20，天然气的夏普比率约为 0.10。

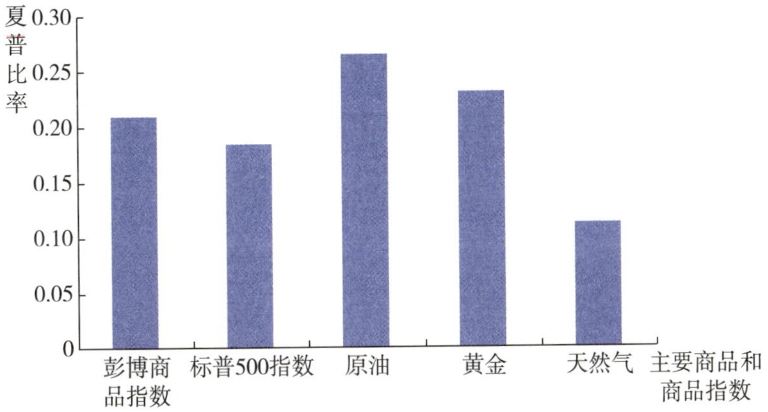

图 3–6 主要商品和商品指数的长期夏普比率比较

数据来源：彭博资讯公司和自有数据，1970—2017 年，月度回报数据年化结果。

和之前介绍的资产类别相比，大宗商品的长期夏普比率偏低。这其中的原因有很多。例如：债券和股票都有定期收入（分红 / 派息），而大宗商品不仅没有定期收入，还需要支出仓储费用；商品期货的期限结构导致商品期货的滚动回报为负值；等等。不过，即使大宗商品的长期夏普比率偏低，考虑其市场容量和对其他大类资产的分散化效果，大宗商品还是配置策略里的有效资产（有些风险平价策略管理人会适当低配大宗商品）。

大宗商品的投资工具有很多，主要有现货、交易所交易基金、期货和总收益互换等。其中，交易所交易基金一般追踪主要商品指数，而主要商品指数一般都是产量和交易量加权指数，这导致主要权重集中在原油等商品上，配置比例偏离风险平价策略很多；商品期货流动性高，无交易对手风险，是经常使用的工具；总收益互换可以比较灵活地定制互换标的（如定制的商品指数），但是有一定交易对手风险和流动性风险。

表 3-11 是主要的商品活跃期货的持仓和交易信息。其中，能源类和贵金属类商品活跃期货的流动性很好，其他商品活跃期货的流动性也可以满足配置类组合的交易需求。我国的商品期货市场已经非常活跃，上海期货交易所的各类基本金属期货交易量都超过了老牌的伦敦金属交易所（London Metal Exchange，简称 LME）。相信随着我国经济实力的进一步提升，以及资本对外开放程度的进一步提高，我国的期货市场会更加繁荣，将会成为世界商品价格体系形成的重要力量。

从分散性的角度来看，大宗商品内部的各个类别属性差异很大，这就造成了很好的分散性。从这个意义上说，对于相对权重集中度高的大宗商品指数来说，风险平价策略对大宗商品内部进行均衡的配置，可以获得更高的夏普比率。表 3-12 在各个类别的大宗商品中选取了有代表性的商品，计算了 2002—2017 年主要商品期货的相关性。

表 3-11 主要的商品活跃期货的持仓和交易信息

商品期货	持仓量（万张）	合约日均交易量（亿美元）
	基本金属	
LME 铝	8	14.99
沪铝	34	20.17
LME 铜	3	22.91
沪铜	21	55.49
LME 锌	3	10.65
沪锌	23	41.28
LME 镍	3	6.35
沪镍	47	106.20
	牲畜	
生猪	10	4.01
活牛	14	9.50
	能源	
原油	14	357.53
天然气	15	79.10
	农产品	
咖啡	12	10.17
大豆	36	45.08
豆油	22	10.78
白糖	38	9.56
小麦	29	12.25
棉花	17	7.65
玉米	82	24.74
	贵金属	
CMX[1] 黄金	31	373.59
沪金	26	42.30
白银	14	70.39

数据来源：彭博资讯公司，2017 年 12 月数据。

1 CMX 是指纽约商业交易所。

表 3–12 主要商品期货的长期相关性

商品期货	原油	黄金	铜	活牛	大豆
原油	1.00	0.24	0.36	0.14	0.26
黄金	0.24	1.00	0.29	–0.04	0.17
铜	0.36	0.29	1.00	0.10	0.32
活牛	0.14	–0.04	0.10	1.00	0.12
大豆	0.26	0.17	0.32	0.12	1.00

数据来源：彭博资讯公司和自有数据，2002—2017 年周度数据。

第六节 信用类资产

企业和新兴市场国家发行的债券有可能产生违约事件，因此这些债券除了包含利率风险外，还包含信用风险。信用类资产就是获取信用风险溢价的工具。

信用类资产主要包括三大类：发达国家投资级公司信用类资产、发达国家高收益公司信用类资产和新兴市场信用类资产。标普信用评级在 BBB-（含）以上或者穆迪信用评级在 Baa3（含）以上的公司债为投资级，评级低于上述标准的为高收益级。

从有效性的角度来看，发达国家企业信用类资产的主要风险溢价来源是违约风险和破产风险，与经济周期关系密切。新兴市场信用类资产的主要风险溢价来源是新兴市场国家的违约风险，与该国的经济周期和政策变化都有密切关系。

最普通的信用类资产是企业债和新兴市场债。1970—2017 年，美国投资级公司债指数的夏普比率为 0.42，美国高收益级公司债指数的夏普比率为 0.49，新兴市场债指数的夏普比率为 0.32。这些信用类资产的长期夏普比率可以和其他大类资产相比，是配置策略的有效组成部分。但是，这些债券指数包含了利率风险溢价，回报来源并不全是信用风险溢价。

有多种衍生品可以投资企业信用风险溢价，最常用的（也是市场占比最大的）是信用违约互换（credit default swap，简称 CDS）。信用违约互换的标的可以是单一实体（如特定企业债券），也可以是由多个实体组成的指数［如北美投资级指数（Markit CDX North America Investment Grade Index）］。[1] 对于配置策略来说，投资信用违约互换指数是获得企业信用风险的有效途径。

信用违约互换交易起始于 2001 年。经过多年发展，该交易逐步标准化。美国洲际交易所（Intercontinental Exchange，简称 ICE）接受该产品的主要合约，并向投资者提供清算服务。信用违约互换是关于公司违约保护的交易品种。甲方以固定价格从乙方购买违约保护，乙方收取甲方支付的溢价，但需承担标的公司在有效期限内发生违约时对甲方的赔偿义务。一个标准化的信用违约互换对标的实体（公司或国家等）、有效期限（5 年或更久）、承担的义务（对违约的“保险”）、信用事件（触发违约保护的条件）等均有明确详尽的定义。在风险溢价的获取上，常见的信用违约互换交易是乙方为市场提供信用风险的保护（sell protection）。

由 Markit 公司推出的北美投资级指数（含 125 家公司）和北美高收益指数（Markit CDX North America High Yield Index，含 100 家公司），是最为广泛接受的发达国家互换产品。美国洲际交易所将其列为可清算的场外交易产品，其清算所向投资者提供清算服务，即把交易产品“半场内化”（清算所作为投资者的交易对手，在最大程度上降低了交易对手间的信用风险）。详情参见表 3-13。

1　Markit 是美国一家金融信息服务提供商。

表 3–13 CDX（信用违约指数）产品

	指数	信用违约互换数量	息票（基点）	回收率（%）	滚动日	到期时间（年）
CDX	投资级	125	100	40	3/20—9/20	1,2,3,5,7,10
	高收益	100	500	30	3/27—9/27	3,5,7,10

获取新兴市场信用风险溢价的工具包括新兴市场国债现货、新兴市场信用违约互换、总收益互换和新兴市场国债 ETF 等。和其他资产类别类似，投资现货或者 ETF 会占用资金，缺乏杠杆；投资场外衍生品可以获得杠杆，但是有一定的流动性风险和交易对手风险。

新兴市场国债又可分为以美元计价的新兴市场美元债和以当地货币计价的新兴市场本币债。新兴市场本币债还蕴含了新兴市场货币风险（有投资者认为，新兴市场货币风险也是新兴市场信用风险的一种）。

如果配置比例不高，可以使用 ETF 获得新兴市场国债头寸。美元债和本币债都有流动性不错的 ETF 可供选择。选择 ETF 时，可以关注以下几点：（1）投资标的；（2）跟踪误差；（3）基金规模；（4）日均交易量；（5）管理费用；（6）买卖价差。

表 3–14 中，我们以 ETF A 和 ETF B 两支流动性较高的新兴市场美元债为例来观察这些要素。相对于 ETF B 来说，ETF A 的跟踪误差较小（体现管理技能），基金规模和日均交易量较大（流动性好），管理费用偏低（持有成本低），买卖价差小（交易成本低）。

第七节 国债期货

我们前面介绍了各大类资产经常使用的投资工具。其中，期货

表 3-14 ETF 示例

	ETF A	ETF B
跟踪标的	摩根大通新兴市场债券核心指数	德意志银行新兴市场债券流通平衡指数
跟踪误差	5.00%	5.60%
基金规模	120 亿美元	51 亿美元
日均交易量（20 日）	180 万美元	120 万美元
管理费用	0.40%	0.50%
最新价	115.74 美元	29.43 美元
买卖价差	0.02 美元	0.06 美元

由于具有流动性好、可以使用保证金交易等特点，是风险平价策略管理人经常使用的工具。在本节中，我们以国债期货为例介绍期货的特点。

简单地说，期货就是未来的买卖合同。在某交易所购买一份国债期货合约，意味着购买者承诺在约定的日期以约定的价格购买约定数量的标的国债；相反，卖出一份国债期货合约，意味着卖出者承诺在约定的日期以约定的价格卖出约定数量的标的国债。不难看出，一份标准化的国债期货合约有如下要素：合约标的、交易单位（trading unit）、交易方向、交易价格、交易场所、交易时间、交割时间、交割方式、保证金。

一、合约标的与交易单位

国债期货中约定的标的通常是满足一定期限的国债，如美国 10 年期国债期货的标的是期限在 6.5 年以上、10 年以下的美国国债。满足交割条件的国债往往不止一种，这些债券的息票率（coupon rate）和期限也不尽相同。为了让这些债券有可比性，需要通过转换系数（conversion factor）把它们转换成名义息票率相同（美国 10 年期国债期货使用的名义息票率为 6%）的虚拟标准债券。

例如，有一只剩余期限为 10 年、年息票率为 3%、每半年支付一次利息的美国国债。为了使这只国债转换为息票率为 6% 的标准债券，其价格需为 77.68 美元，从而这只国债的转换系数为 0.776 8（价格 /100）。

其他的国债期货也有转换系数和名义息票率的设定。需要指出的是，有些国债期货的名义息票率并不是维持不变的，比如英国 10 年期国债期货的名义息票率在 2004 年由 7% 调整到 6%，在 2011 年由 6% 调整到 4%。

交易单位是指合约的面值，如美国 10 年期国债期货的交易单位为 10 万美元。

我们以流动性最好的发达国家 10 年期国债期货合约为例，考察其合约标的与交易单位，如表 3–15 所示。

表 3–15　国债期货合约标的与交易单位

10 年期国债期货	彭博代码	合约标的与交易单位
美国	TY	期限在 6.5 年以上、10 年以下的 10 万美元面值的美国国债，名义息票率为 6%
英国	G	期限在 8.75 年以上、13 年以下的 10 万英镑面值的英国国债，名义息票率为 4%
德国	RX	期限在 8.5 年以上、10.5 年以下的 10 万欧元面值的德国国债，名义息票率为 6%
加拿大	CN	期限在 8 年以上、10.5 年以下的 10 万加元面值的加拿大国债，名义息票率为 6%
日本	JB	期限在 7 年以上、11 年以下的 1 亿日元面值的日本国债，名义息票率为 6%
澳大利亚	XM	期限为 10 年的 10 万澳元面值的虚拟国债，年息票率为 6%。

二、交易方向与交易价格

国债期货的买入者，持有期货的多头头寸（long position）；国债期货的卖出者，持有期货的空头头寸（short position）。

交易价格通常是合约标的（虚拟标准债券）的价值除以某个系数。美国国债期货报价的小数部分以 1/32 为基础计算，如一张报价为 132–11 的合约表示价格为 132.34（=132+11/32）美元，期货合约的乘数为 1 000，该合约的总价值为 132 340（=132.34 × 1 000）美元。其他多数国债期货的报价的小数部分都是普通的两位小数。

澳大利亚国债期货的报价方式较为特殊。澳大利亚 10 年期合约的标的为面值 10 万澳元、年息票率为 6%、每半年付息一次、期限为 10 年的虚拟国债。该合约的报价以虚拟国债的收益率为基础，具体为（1− 收益率）× 100。若合约的报价为 96.7 澳元，意味着虚拟国债的年收益率为 3.3%（=1–96.7/100）。该合约的实际价值可以根据以下公式计算：

$$P=1\ 000\times\left[\frac{100c(1-v^{20})}{i}+100v^{20}\right]$$

其中，i = 收益率 /2，$v=1/(1+i)$，c= 息票率 /2。依然假设合约的报价为 96.7 澳元，则根据上面的公式可以计算出合约价值约为 122 838.54 澳元。

三、交易场所

国债期货通常都是在交易所公开上市交易，例如美国国债期货是在芝加哥期货交易所（Chicago Board of Trade，简称 CBOT）交易，英国国债期货在伦敦国际金融期货期权交易所（London International Financial Futures and Options Exchange，简称 LIFFE）交易。这就意味着国债期货的投资者们的交易对手就是各大交易所（清算所）。国债期货交易通过交易所集中清算以及交易保证金制度把交易对手的违约风险降至最低。另一种债券衍生品债券远期（forward），在很多方面都与债券期货相似。但是，债券远期的合约是非标准化合约，并且是场外交易市场（over-the-counter，简称 OTC）交易，因而需要承担一定的交易对手风险。主要的国债期货交易场所如表 3–16 所示。

表 3–16　国债期货交易场所

国债期货	交易所
美国国债期货	芝加哥期货交易所（CBOT）
英国国债期货	伦敦国际金融期货期权交易所（LIFFE）
德国国债期货	欧洲期货交易所（EUREX）
加拿大国债期货	蒙特利尔交易所（MSE）
日本国债期货	东京股票交易所（TSE）
澳大利亚国债期货	悉尼期货交易所（SFE-ASX）

四、交易时间

因为每个交易所所在的时区不同，全球国债期货也是在各个时间段交易。因为交易电子化的发展，有的交易所除了传统的场内交易时段（pit trading hours）之外，还加入了电子盘交易时段（electronic trading hours）。表 3–17 是各大国债期货的交易时段（交易所当地时间）。

如果组合里有多个国家的国债期货，由于国债期货的交易跨越多个时区，那么最好使用 2 个工作日来衡量组合的损益，这样可以

表 3–17 国债期货交易时段

国债期货	交易时段（交易所当地时间）
美国国债期货	电子盘 17:00—16:00 场内 07:20—14:00
英国国债期货	08:00—18:00
德国国债期货	08:00—22:00
加拿大国债期货	06:00—16:30
日本国债期货	电子盘 15:30—23:30 场内 08:45—11:02 场内 12:30—15:02
澳大利亚国债期货（10 年期）	电子盘 17:12—07:00 场内 08:32—16:30

充分反应各个国家的国债期货表现。

对于多数国债期货的投资者来说，他们都不会进入合约的交割环节（之后我们会介绍交割的细节），通常在合约到期前就使用反向交易的方式平仓，或者对将到期的合约进行滚动操作从而持有下一期合约。以 2017 年 12 月交割的美国 10 年期国债期货（彭博代码：TYZ7）为例，该合约的未平仓合约峰值约为 300 万张，而被交割的合约只有 2.6 万张，也就是说只有不到 1% 的峰值合约被交割。

为了避免进入交割环节，投资者需要特别注意两个日期：第一个通知日（first notice day）和最后交易日（last trading day）。投资者必须在这两个日期前进行平仓或滚动，否则就可能进入期货的交割环节。

另外，需要特别注意的是，国债期货在最后交易日的交易时段与平时不一样，通常会更短，如表 3–18 所示。

表 3-18 国债期货最后交易时段

国债期货	最后交易日的交易时段（当地时间）
美国国债期货	07:20 — 12:01
英国国债期货	08:00 — 11:00
德国国债期货	08:00 — 12:30
加拿大国债期货	06:00 — 13:00
澳大利亚国债期货	08:32 — 12:00

五、交割时间与交割方式

国债期货合约上会约定交割的月份，通常交割月份为每个季度的最后 1 个月，即每年的 3 月、6 月、9 月、12 月。以美国 10 年期国债 2013 年 6 月合约（彭博代码：TYM3）为例，该合约会在 2013 年 6 月交割，交割日可以是 6 月的任何一个工作日。

多数国债期货都采用实物交割的方式，即多头付现金、空头出现券。具体的交割流程较为复杂，我们以芝加哥期货交易所交易的美国 10 年期国债期货为例，交割流程共需要 3 天。

第一天称为“仓位日”（position day），最早的仓位日是期货合约交割月份的第一个工作日前的两天；第二天称为“通知日”（notice day），在通知日，交易所从众多的未平仓的多头之中选择买方，一旦选定买方，卖方就会对某特定的交割债券开出发票（invoice），买方则准备支付款项；第三天称为“交割日”（delivery day），即实际交割和付款日。

在通知日，空头决定交割所用的债券，确定后根据转换系数计算发票价格（invoice price），即：

发票价格 = 期货结算价格 × 转换系数 ×1 000+ 应计利息

在之前的介绍中我们知道，满足交割条件的债券可以有很多，由于息票率和到期日不同，它们之间的区别也是很大的，存在相对便宜和昂贵的交割债券。空方可以选择最便宜的债券进行交割，该债券通常称为最便宜可交割债券（cheapest-to-deliver bond，简称 CTD）。对于每个可供交割的债券来说，其成本为：

购买债券的成本 = 债券的报价 + 应计利息

最低交割成本债券就是“购买债券的成本 – 发票价格”最小的债券。逐个计算每个可用来交割的债券，通过比较就可以找出交割成本最便宜的债券。图 3–7 是在彭博资讯公司系统中查询的美国 10 年期国债在 2018 年 3 月合约（彭博代码：TYH8）的最便宜可交割债券。

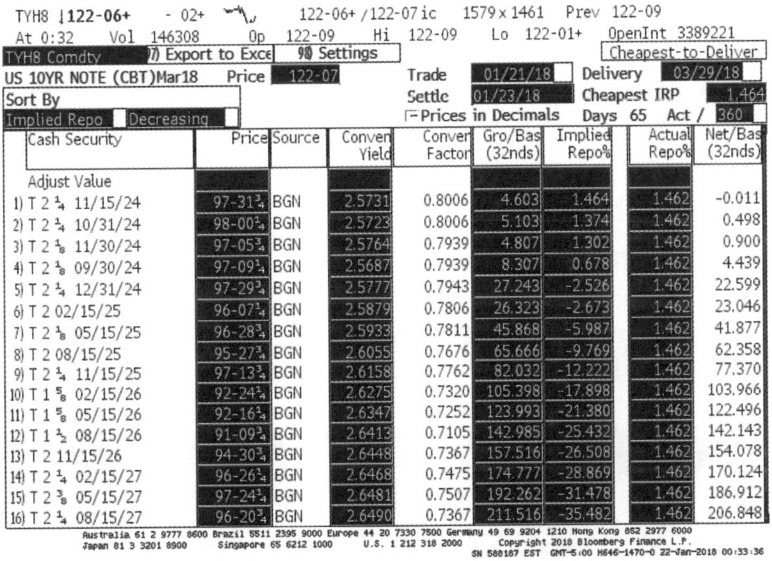

TYH8 ↓122-06+ - 02+ 122-06+ /122-07 ic 1579 x 1461 Prev 122-09
At 0:32 Vol 146308 Op 122-09 Hi 122-09 Lo 122-01+ OpenInt 3389221
TYH8 Comdty 97) Export to Exce 98) Settings Cheapest-to-Deliver
US 10YR NOTE (CBT)Mar18 Price 122-07 Trade 01/21/18 Delivery 03/29/18
Sort By Settle 01/23/18 Cheapest IRP 1.464
Implied Repo Decreasing ⌐Prices in Decimals Days 65 Act / 360

Cash Security	Price	Source	Conven Yield	Conver Factor	Gro/Bas (32nds)	Implied Repo%	Actual Repo%	Net/Bas (32nds)
Adjust Value								
1) T 2¼ 11/15/24	97-31¾	BGN	2.5731	0.8006	4.603	1.464	1.462	-0.011
2) T 2¼ 10/31/24	98-00¼	BGN	2.5723	0.8006	5.103	1.374	1.462	0.498
3) T 2⅛ 11/30/24	97-05¾	BGN	2.5764	0.7939	4.807	1.302	1.462	0.900
4) T 2⅛ 09/30/24	97-09¼	BGN	2.5687	0.7939	8.307	0.678	1.462	4.439
5) T 2¼ 12/31/24	97-29¾	BGN	2.5777	0.7943	27.243	-2.526	1.462	22.599
6) T 2 02/15/25	96-07¼	BGN	2.5879	0.7806	26.323	-2.673	1.462	23.046
7) T 2⅛ 05/15/25	96-28¾	BGN	2.5933	0.7811	45.868	-5.987	1.462	41.877
8) T 2 08/15/25	95-27¾	BGN	2.6055	0.7676	65.666	-9.769	1.462	62.358
9) T 2¼ 11/15/25	97-13¾	BGN	2.6158	0.7762	82.032	-12.222	1.462	77.370
10) T 1⅝ 02/15/26	92-24¼	BGN	2.6275	0.7320	105.398	-17.898	1.462	103.966
11) T 1⅝ 05/15/26	92-16¼	BGN	2.6347	0.7252	123.993	-21.380	1.462	122.496
12) T 1½ 08/15/26	91-09¾	BGN	2.6413	0.7105	142.985	-25.432	1.462	142.143
13) T 2 11/15/26	94-30¾	BGN	2.6448	0.7367	157.516	-26.508	1.462	154.078
14) T 2¼ 02/15/27	96-26¼	BGN	2.6468	0.7475	174.777	-28.869	1.462	170.124
15) T 2⅜ 05/15/27	97-24¼	BGN	2.6481	0.7507	192.262	-31.478	1.462	186.912
16) T 2¼ 08/15/27	96-20¾	BGN	2.6490	0.7367	211.516	-35.482	1.462	206.848

Australia 61 2 9777 8600 Brazil 5511 2395 9000 Europe 44 20 7330 7500 Germany 49 69 9204 1210 Hong Kong 852 2977 6000
Japan 81 3 3201 8900 Singapore 65 6212 1000 U.S. 1 212 318 2000 Copyright 2018 Bloomberg Finance L.P.
SN 588187 EST GMT-5:00 H646-1470-0 22-Jan-2018 00:33:36

图 3–7 美国 10 年期国债在 2018 年 3 月合约的最便宜可交割债券

需要特别指出的是，多数发达国家的国债期货也是采用实物交割的方式，只有澳大利亚采用现金交割的方式。

六、保证金

与其他期货相似，国债期货也采用保证金交易制度，是一种杠杆交易。保证金通常为合约价值的一定比例，由于国债的波动性相对较低，所以国债期货的保证金比例相对于股指期货、商品期货也较低。表 3-19 是一些主要期货的初始保证金（initial margin）比例。

表 3-19　期货保证金

期货种类	初始保证金比例
美国 10 年期国债期货	0.94%
德国 10 年期国债期货	1.62%
澳大利亚 10 年期国债期货	2.03%
日本 10 年期国债期货	0.30%
英国 10 年期国债期货	1.77%
加拿大 10 年期国债期货	1.58%
标普 500 股指期货	3.69%
石油期货	3.94%

数据来源：彭博资讯公司，2017 年 12 月 26 日数据。

- 风险平价属于多资产投资，投资标的包括全球股票、国债、通胀挂钩债、高收益债、大宗商品等。
- 公开市场投资工具的特点是：有可以计算和比较的风险指标，可以每日交易。
- 衍生品的正确使用可以形成杠杆投资，并作为风险管理手段。

本章参考资料

[1] 芝加哥期货交易所：www.cmegroup.com.
[2] 美国洲际交易所：www.theice.com.
[3] 欧洲期货交易所：www.eurexchange.com.
[4] 蒙特利尔交易所：www.m-x.ca.
[5] 东京股票交易所：www.tse.or.jp.
[6] 悉尼期货交易所：www.asx.com.au.

关于作者

吴鹏

吴鹏是中投公司多资产策略组高级经理，拥有多年风险平价策略组合管理经验，此前就职于该公司资产配置与战略研究部，从事战略 / 战术资产配置工作。在加入中投公司前，他先后就职于晨星资讯和国投瑞银基金，从事量化投资工作。他毕业于中国科学技术大学，获得少年班理学学士学位和粒子物理博士学位。

第四章　风险平价投资组合构建实务

在本书中，“风险平价”一词通常是指该种投资策略。然而，这个词的本质其实描述了一种投资组合构建的方法论。这种投资组合构建的逻辑避免了传统方法可能带来的一些问题。在本章中，我们将就投资组合构建的相关实务问题及处理方法进行简要介绍。

第一节　构建风险平价组合框架的核心逻辑

投资者选择一个投资组合构建的合理框架，应该基于他们对投资组合中资产的三种重要属性（风险[1]、相关性和收益）的认知以及自身对这些认知的信心。如果投资者对这些资产的认知、重要属性做出的假设信心不大，那么对所有资产进行等权重配置是最合理的。相反，如果投资者对这些资产的核心属性有高度的信念，那么他们应该使用均值 - 方差优化法。风险平价是介于这两种极端情景中间的一种解决方案，同时假定各种资产的夏普比率是相等的。

如图 4–1 所示，风险平价可以采取两种模式进行应用，通常取决于是否应用不同资产间的相关性。如果不应用相关性假设（或者在所

1　在本章中，我们将交替使用“风险”和“波动性”这两个术语来表示收益率的年化标准差。风险当然是比这一定义更广泛的概念，但是这一简化符合行业惯例。

有资产间的相关性相同的特殊情况下），各个资产在投资组合中的权重与该资产本身的风险成反比。例如，如果假设三种资产的预期风险分别为 5%、10% 和 20%，则第一种资产需要具有第二种资产的两倍权重和第三种资产的四倍权重，从而使得每种资产都在最终的投资组合中贡献相同的风险敞口。当考虑相关性时，虽然最优化结果中的权重配比会发生变化，但是最低波动率资产仍然倾向于最高权重。

认知/对资本市场假设的信心	风险	低	可接受的	可接受的	可接受的
	相关性	低	低	可接受的	可接受的
	回报	低	低	低	可接受的
	投资组合构建：	相同加权配置	风险平价（不加入相关性考量）	风险平价（加入相关性考量）	均值-方差优化法

图 4-1 资产类别认知与投资组合构建

事实证明，对于未来收益的低认知假设是相当合理的。首先，均值 - 方差优化法对输入的假设值具有相当高的敏感度。如图 4-2

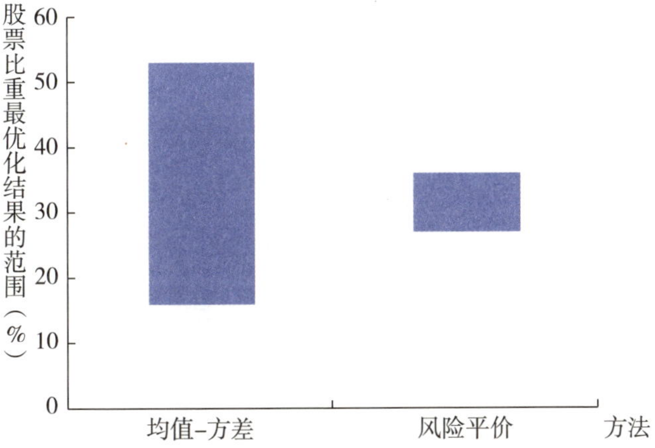

图 4-2 均值 - 方差优化法与风险平价的比较

注：基础情景假设股票年化波动率为 15%，债券年化波动率为 7%，夏普比率均为 0.3。其他情景变化限制波动率变化为 ±1%、夏普比率变化为 ±0.1。

所示，在限制波动率变化为 ±1%、夏普比率变化为 ±0.1 的条件下，会导致均值 – 方差优化法最优分配结果分布在一个极大的范围。在同一条件下，我们用风险平价组合作为对照组进行对比。

关于预测与假设，投资者应该具有做出足够准确的预测并获得最佳投资组合这种能力，始终保持谦逊保守的态度。众多针对“专家做出决策”这一课题的学术研究可以作为我们参考的依据。作为最知名的决策研究者，菲利普·泰洛克（Philip Tetlock）曾经阐述过一个著名的结论：与扔飞镖的黑猩猩相比，专家们作为一个整体并不能做出更好的投资决策。虽然谁都不愿承认，但这一论述却有着详尽的数据支持。数十年来，菲利普·泰洛克跟踪了数百名专家做出的数以千计的决策。许多专家先预设了世界运作的框架，再将发生的事件在他们预设的框架中进行解释，而不是使用（更合理的）相反的分析方法。我们每天都会在电视上看到这个现象，因为专家们总是在辩论各种事件的意义。菲利普·泰洛克的《专家的政治判断》中有一个很有意思的例子，这一例子显示了所谓的“乐观主义者”和“悲观主义者”如何表现出他们的偏见。如图 4–3 所示，“乐观主

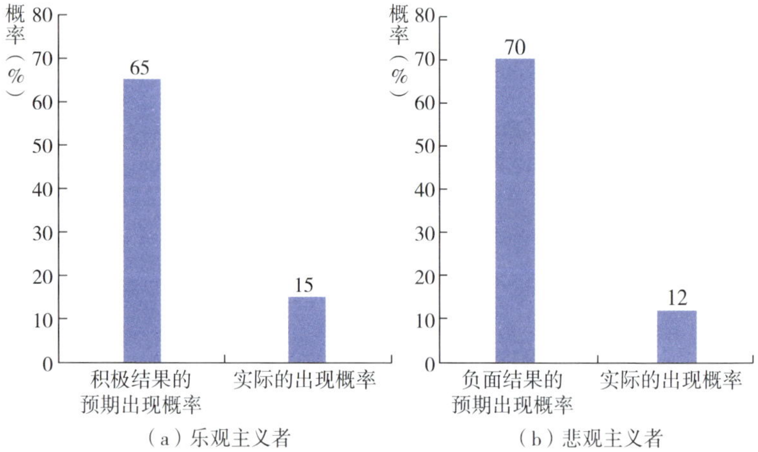

图 4–3　估计的准确性

义者”明显高估了积极结果的可能性，而“悲观主义者”对负面结果的估计也是如此。

随着各项研究的突破与应用，业界与学界现有各种可以将不确定性纳入预测的技术或方法，如布莱克－利特曼模型等。但核心的问题依然存在，即这些具备潜在改进能力的方法，是否能与人类脆弱的判断力相匹配？

第二节 平衡什么

风险平价的概念可以应用于任何一组资产，既可以在单一资产类别中应用，也可以横跨多个资产类别应用。提到风险平价，大多数投资者可能会更多地联想到后者。

即使均衡配置风险这一逻辑被人们接受，“平衡什么”这一问题依然存在。风险平价策略的大多数管理人选择根据经济周期来平衡风险。这需要确定一个整体经济周期的定义框架，进而确定在某一周期阶段中更有机会表现良好的资产类别。如图 4–4 所示，我们用股票、债券和大宗商品三类资产做一个简单的示意。

最重要的是，不同资产类别在不同经济环境中的表现不同，提供了源自基本面的分散化可能，这种方式与纯粹应用简单统计结果

资产类别	在经济增长周期中的表现	在通货膨胀上升周期中的表现
债券	▼	▼
股票	▲	▼
大宗商品	▲	▲

图 4–4 不同资产类别在不同经济周期中的表现

注：债券由巴克莱美国综合债券指数代表，股票由标普 500 指数代表，大宗商品由标普高盛商品指数代表。过往业绩并不代表将来表现。

获得的“分散化”有本质上的不同。利用源自基本面的基本逻辑，资产价格变动的趋势会得到合理的经济解释。例如，在经济衰退周期（实际增长和通货膨胀率下降），名义政府债券历来表现良好。这一现象符合市场规律，因为当名义 GDP 下降时，名义债券的固定票息能够特别体现其价值。在同样的经济周期中，股票可能会下跌，这是由于投资者通常会将经济下滑所带来的企业收益下降计入股票估值中。图 4–5 总结了在不同的经济环境中会得到价值体现的各类资产。

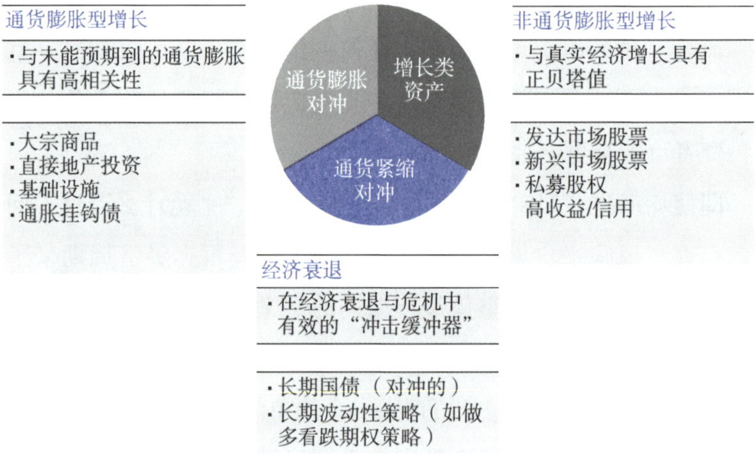

图 4–5　在不同的经济环境中得到基本面支持的资产类别

注：仅为展示目的，资产配置 / 分散化并无法承诺收益或去除损失风险。

因此，投资者可以选择用增加对某种资产的投资来体现他们对经济环境的判断。图 4–5 中，每个经济环境中都会有一些适用的大类资产，但最终投资者所选择的资产应取决于投资者的具体情况和他们的流动性偏好。例如，私募股权恰好适合非通货膨胀型的增长环境，但只有无短期流动性要求的投资者会比较倾向这种另类资产的投资。

第三节　选择风险平价的原因

为什么选择风险平价？因为风险平价提供了一种防御未知和意外的投资框架。基于经济周期的分散化框架，意味着投资组合应该配置足够的权重在经济动荡周期可能表现良好的资产，以便在该周期中尽量多地抵消股票资产的损失。此外，这种广义上的多元化方式能够更加优化配置策略，从而获得比传统平衡型投资组合（股债60/40 组合）更佳的风险调整后收益。

一、波动性风险

从波动性的角度来看，传统投资组合最显著的特点就是对股票类投资风险敞口的过度集中。虽然传统平衡型投资组合的波动率低于全股票投资组合，但是股票市场的波动性对整个组合的波动性是有决定性影响的。例如，图 4–6（a）显示了传统平衡型投资组合中股票风险的贡献大约占 90%，主要有股票权重较高以及股票波动性高于债券两个原因；图 4–6（b）则显示 1973—2017 年，全球股票和传统股债 60/40 组合的滚动一年期回报率的相关性非常高。

图 4–6 中，我们仅选用了国债指数作为代表，但是有不少投资者会在实际的债券投资中加入信用债 / 公司债作为投资标的。这将会进一步加剧股票风险集中度的问题。任何具有信用风险的债券都会实质性地增加对于股票的风险敞口，因为股票价格下跌时债券息差通常会随之上升。因此，在加入信用债的传统组合中，股票风险的贡献度会超过 90%。

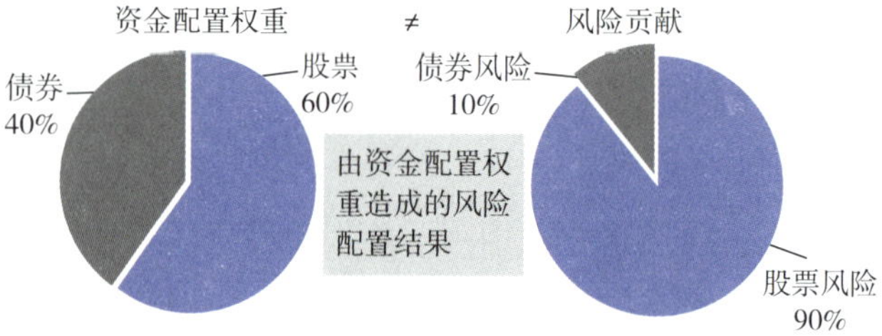

（a）传统平衡型投资组合缺少“真正”的分散化

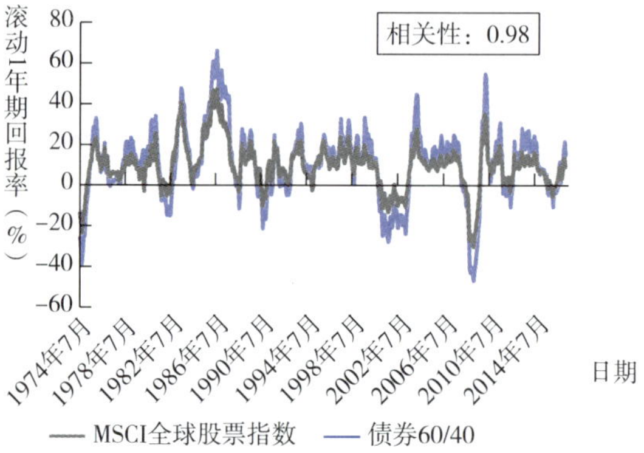

（b）股票风险引导整个组合表现

图 4–6　传统股债 60/40 组合的“股票型”风险回报概况

注：使用 1973 年 3 月 31 日—2017 年 9 月 30 日的相关数据。传统平衡型股债 60/40 组合由 60% 的股票（MSCI 全球股票指数）及 40% 的债券（巴克莱美国综合债券指数）代表。风险贡献根据时间段中历史相关性与标准差进行计算。指数无法作为直接投资载体，过往业绩并不代表将来表现。

二、与单一资产投资的比较

相比之下，风险平价策略在不利于股票投资的经济衰退环境中更具有防御性。除了经济衰退的环境之外，在对股票和债券回报产生不利影响的通货膨胀环境中也具备安全性。综合起来，这两个特性使风险平价组合在股票市场表现不佳的周期中的损失大大减少。图 4–7 比较了 HFR[1] 风险平价指数与传统投资组合在历史上的峰谷损

1　HFR 为美国对冲基金研究公司（Hedge Fund Research）。

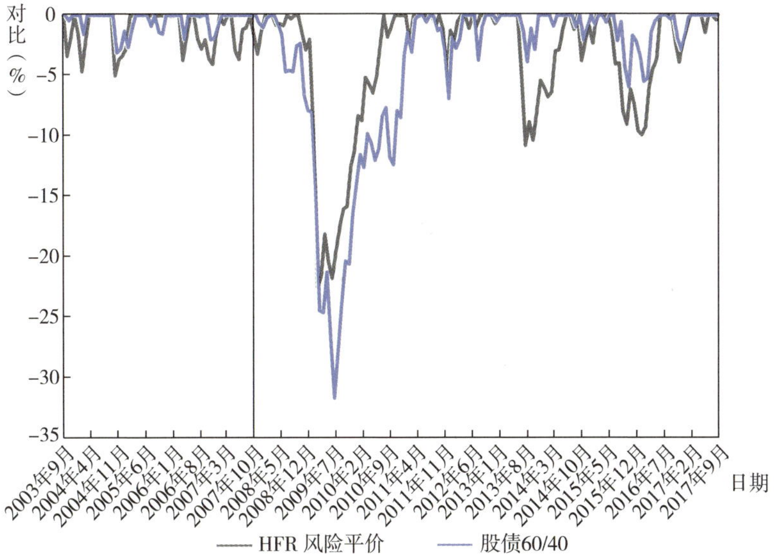

图 4–7　风险平价与传统投资组合峰谷损失对比

注：使用 2003 年 2 月（HFR 风险平价指数起始日）至 2017 年 9 月的相关数据。传统平衡型投资组合 60/40 由 60% 的股票（MSCI 全球股票指数）及 40% 的债券（巴克莱 10 年期国债 Bellwether 指数 [1]）代表。

失数据。该图清晰表明，几次全球性或区域性的金融危机主导了整个市场的回撤数据。正因为风险平价组合强调防御性，使其损失在数次危机中相较于传统组合低约 10 个百分点。

在熊市中减少损失，使得风险平价策略在牛市时也能游刃有余。原因在于，在熊市中受到较大损失的其他投资策略只能通过在牛市中承担额外的风险以博取与风险平价同样的收益。实际上，投资者的最终目标应该是创造一条平滑的、从起始到终点的财富之路。

三、跨周期的考虑

从历史角度来看，风险平价在各种经济环境中都表现良好，但

1　巴克莱 10 年期国债 Bellwether 指数的成分债通常是新近发行的 10 年期债券。

是该策略相较于传统投资组合表现最佳的一个经济环境应该是通货膨胀。这是因为在经济环境调整的短时间里，股票和债券都没有显示出很强的抵御通货膨胀的能力。有些人认为企业盈利会随实际货币价值而变化，因此得出股票在通货膨胀环境下应该会体现实际调整后的价值。这个论点如果从长期来看是正确的，但是忽略了短期内的一些重要的现实影响。例如，在最近一次有代表性的通货膨胀爆发中，绝大多数国家的企业实际盈利并没有变好。同时，因为通货膨胀导致的未来收益折现率上升，意味着股票价值（特别是相对于现金）的下降。

风险平价的另一个好处是具有灵活性。正如将在下一节详细解释的那样，在该策略底层资产应用金融衍生工具，使得投资者能够有效地调整策略的风险，以满足整个投资组合的特定需求。

第四节　调整风险水平目标

一、积极的波动性考虑

在多资产组合所包含的各类资产中，政府债券具有最低的波动性。这一资产又会在经济受压期间倾向于上涨，从而与投资组合中其他资产的相关性较低，甚至呈负相关关系。自然而然地，政府债券会获得比其他资产类别更大的配置比重。这一低波动率、低相关性（相对于股票）的可观资产配置，会产生较高夏普比率（较高的夏普比率是分散化度较高的自然结果）、低波动率的投资组合。可以从图 4–8（a）中一个（极度）简化的例子中看到这一点。债券获得的权重需超过三分之二，才会产生一半的组合风险（见“风险占比”一栏）。与本例中的传统投资组合（股债 60/40 投资组合）相比，风险平价组合预期夏普比率较高（0.48 ： 0.40），股票风险（50% ： 97%）和投资组合风险（6.2% ： 9.2%）都较低。但是，我们可以看到尽管风险平价组合夏普比率高出 20%，但是波动率较低意味着承担较低的风险，因此其总体预期收益率会低于股债 60/40 组合。

风险平价组合	资产	比重	波动率	相关性		风险占比	夏普比率	预期收益
	全球股票	31%	16%	1.0	-0.2	50%	0.30	4.7%
	10年期国债	69%	7%	-0.2	1.0	50%	0.30	2.1%
		100%	6.2%			100%	0.48	2.9%
股债60/40组合			波动率			股票风险占比	夏普比率	预期收益
			9.2%			97%	0.40	3.7%

（a）简单的股票/债券风险平价组合：100%比重

风险平价组合	资产	比重	波动率	相关性		风险占比	夏普比率	预期收益
	全球股票	51%	16%	1.0	-0.2	50%	0.30	4.7%
	10年期国债	111%	7%	-0.2	1.0	50%	0.30	2.1%
		162%	10.0%			100%	0.48	4.8%
股债60/40组合			波动率			股票风险占比	夏普比率	预期收益
			9.2%			97%	0.40	3.7%

（b）简单的股票/债券风险平价组合：目标波动率

图 4–8　风险目标与组合构建

二、常见处理方法

由于风险平价策略中使用的大部分资产类别的头寸都可以通过衍生工具来获得，所以投资者发现将杠杆应用于整个投资组合可以直接使组合保持在特定风险水平。风险平价的这一特性是至关重要的，因为夏普比率不会随着杠杆比例的变化而变化，因此将组合调整至更高的目标风险水平可以按比例放大收益率。在实际投资管理中，我们的经验和结果支持夏普比率恒定的命题。

这与通常依赖现金证券的传统投资组合形成鲜明对比，在传统投资组合中增加杠杆通常需要依靠更昂贵且脆弱[1]的交易结构。因此，

1　这种脆弱性源于出借人在某些特定情况下具有收回贷款的权利。

改变传统投资组合风险或回报的唯一可行方法是变动不同资产的配比。如果投资者发现传统投资组合中的夏普比率期望值较高，但他希望提高波动率水平，从而提高预期收益，那么他将面临两难的局面，因为每个变化都会产生连锁反应。在传统投资组合中，风险水平的变化将改变预期的夏普比率。而风险平价框架提供了在维持预期夏普比率的同时改变风险水平所需的灵活性。图 4–8（b）中，另一个（极度）简化的例子显示了这是如何实现的。图 4–8（b）中的夏普比率与图 4–8（a）中的夏普比率相同，但现在权重总和超过100%，风险水平移动到 10% 的目标。风险平价组合 0.48 的夏普比率导致预期的超额收益率为 4.8%，这一收益率在相似的风险水平下高于传统投资组合。

第五节　在应用上的演变

和大多数投资风格一样，风险平价涵盖了广泛领域中的不同应用。如同价值投资者不仅仅只是购买市净率最低的股票一样，风险平价投资者也绝不只是简单地应用前面简述的基本概念，他们以不同的方式完善着这一投资框架。以下为一些主要的处理方式，不同的管理人会根据自己的理解进行调整。

一、定制风险水平

我们在前文阐述过，风险平价管理人经常通过调整杠杆比例来达到特定的风险目标，而这一灵活度使得不同的投资人都能找到适合自己的风险平价产品。业内最常见的风险水平范围是 8%~10%，如果以波动率 10% 的投资组合为例，该投资组合持有的现金会比交易所最低要求的衍生品抵押品多几倍。基于风险平价策略的夏普比率的恒定性，管理者可以轻松地上调或下调风险以满足客户的要求。大部分定制化的策略风险水平可以达到 6%~15%。

二、定义风险框架

迄今为止的论述只是简单地提到了“风险”和“波动性”。大多数管理者通常是基于历史回报的标准差来定义这些风险的。然而，不同的管理人在如何更好地计量、选用风险衡量因子方面存在很大差异，这也是投资哲学的核心之处。

三、确定时间框架

当管理者选择使用历史风险作为未来风险的最佳估计时，他们需要确定哪个历史时间框架最能反映未来的可能性，这一选择需要非常慎重的权衡。最近期的历史表现会与短期的未来表现对应最为密切，但是这会产生（潜在的、无意的）趋势跟踪偏差。由于上涨的市场通常伴随着波动性下降，而下跌的市场则相反，所以使用短期波动率的风险平价管理人倾向于出售亏损的资产并买入表现正佳的资产；反之，选择长期波动率则会产生均值回归偏差。无论选择长期或短期波动率都会存在一定弊端，这就需要由管理人来进行解释及抉择。

四、回溯指标与前瞻指标

如前文所述，风险衡量标准通常是以过去的结果作为未来的指标，这是一种风险的回溯衡量。随着资产的上涨，其波动性通常会下降。这导致反直觉的结果，即不断上涨的资产（可能已经是昂贵的）被视为风险较低。债券在2011—2012年的市场表现是这种现象的经典案例，全球债券收益率创下新低，而多项历史波动衡量因子也随之下降。那么，历史性的低收益率确实是低风险吗？如果认为这个结论不合理，那么就可以考虑转向使用前瞻性的风险衡量因子——久期。通过使用久期等风险衡量因子，管理者可以在债券收益率下降的市场中提高对未来风险的正确估计。在股票和大宗商品中也有类似的做法。

五、如何平衡风险

如何平衡风险？这可能听起来很奇怪，但不同的管理者对此有不同的定义。例如，一些管理者倾向于系统性地偏好某些经济环境或资产类别，这往往反映了某些类型环境的历史频率。从时间长度来看，非通货膨胀的增长期历来超过了伴有通货膨胀的增长期，因此管理者可以选择在风险分配中反映这一点。

六、如何“归类”风险

如何“归类”风险？虽然这是一个看起来比较偏技术的问题，但这是对投资组合有非常大影响的一个关键点。例如，假设有四个资产类别，分别是美国股票、非美国发达市场股票、新兴市场股票和美国国债。我们考虑两种方案：一是三种股票资产与国债投资平行并分别获取四分之一的风险敞口；二是作为统一的股票投资获取与国债投资相同的二分之一风险配置。这两种方案在股票风险敞口方面会造成巨大的差异，如图4-9所示。

资产	比重	风险	相关性 1	2	3	4	风险占比
美国股票	16%	14%	1.0	0.8	0.7	0.2	25%
非美发达市场股票	14%	16%	0.8	1.0	0.8	0.2	25%
新兴市场股票	11%	22%	0.7	0.8	1.0	1.2	25%
美国国债	59%	7%	0.2	-0.2	-0.2	1.0	25%
	100%	6.9%					100%

（a）风险平价配置（不归类股票风险）

资产	比重	风险	相关性 1	2	风险占比
全球股票	31%	16%	1.0	-0.2	50%
美国国债	69%	7%	-0.2	1.0	50%
	100%	6.2%			100%

（b）风险平价配置（归类股票风险）

图 4-9　不同的风险归类会对风险分配产生影响

七、获得资产类别敞口

管理者可以通过多种方式来获得资产类别敞口。例如，他们可以被动地使用像 MSCI 这样涵盖面广的全球指数，也可以采取更积极的做法。在积极做法的范畴内，管理者可以采取宏观或微观的方法。

（一）宏观方法

管理者可以将市场权重灵活分配，而不是根据指数式的市值权重分配。例如，管理者可以根据风险或估值选择分配给重要的区域或市场。

（二）微观方法

管理者可以通过构建与指数不同的国家（地区）资产的组合，

或者通过进行国家（地区）选择、外汇选择以及股票选择的综合投资框架，击败对应的全球指数。

八、单一经济环境中的分散化

在许多经济环境中，特别是在经济增长稳定且通货膨胀受到控制的情况下，许多资产都能表现很好，因此管理人必须选择使用哪种资产。我们运用一套简单的标准：风险溢价、分散化和流动性。资产必须具有长期正面的预期风险溢价，并提供合理的流动性。高收益债等信用投资在非通货膨胀的增长环境下应该表现良好，但由于高收益债信用价差与股票价格高度相关，在受压的情况下会变得流通性不佳，因此我们排除了这一资产类别。市场上有其他管理者选择将其包含在他们的投资范围内，大概是采用了不同的标准。

九、外汇敞口

货币敞口控制是很重要的一件事情。对于以美元为基础货币的投资者来说，对冲外汇风险总是有道理的，因为当风险资产比重下降（从而放大非美国风险资产的损失）时，美元经常上涨。我们认为，最明显的需要对冲外汇风险敞口的资产是政府债券，因为这样可以获得推动收益率变化的单独风险敞口。例如，英国脱欧公投后，英国国债收益率下降，英镑也同时下跌。结果，一个没有对冲的投资者在汇率上的损失比他在债券上获得的收益要多得多。

十、战略性与战术性配置

虽然本书中的第五章将讨论采取战术性配置的优点，但我们还是在这里强调一下战术性配置的逻辑。战术性配置承认夏普比率在短期到中期可能会有很大的不同，虽然我们在本章前半部分提到过“从长期来看相关资产的夏普比率是相似的”，但是这二者并不矛盾。具体的一些细节我们将在第五章展开详细讨论。

第六节　不认同风险平价的声音

当然，没有一个投资策略是完美的，一些批评的声音也已经指出了风险平价策略的一些缺陷。其中有一些问题确实是管理人在竭力解决的挑战，而另一些问题则更多的是由评论家过于简单化的概念解读而引起的误会。对价值投资的批评再次提供了一个有用的类比。一些观察人士批评价值投资倾向于试图“接住下落的刀子”——价格低廉，但由于基本面恶化可能会损失更多价值的股票（如 2007 年年底至 2008 年年初的贝尔斯登）。事实上，价值投资者理解这种风险，并将这种风险纳入他们的投资考量和估值框架中。

一、对资产价格的考虑

对风险平价策略最普遍的担忧是其本身对资产价格变化的不敏感性。正如我们在前文所述，如果管理者只使用历史波动性（尤其是近期波动性），那么该策略往往会呈现趋势跟随行为。随着资产价格上涨，波动性往往下降，反之亦然。因此，该策略总体上会增加近期上涨资产的风险敞口（价格上涨，波动性预期下降，需要更多的该类资产才能达到目标风险敞口），并降低那些已经下跌资产的风险敞口。

这种批评是否有道理呢？这取决于风险平价投资人 / 管理人如何去定义风险。首先，采用前瞻性风险衡量指标的管理者可以最大程度地解决这一问题。例如，我们之前曾经描述过某些管理者如何使用久期等指标来衡量债券风险。这在本质上是价格敏感的：首先，随着收益率的下降（价格上涨），久期的上升会导致风险估计值上升，因此债券的目标权重会降低；其次，在仅使用回溯性质的波动率衡量指标的管理者中，选用较长回溯期的管理人具有较低的趋势跟随性。例如，最近波动率的变化对基于过去数十年的风险估计结果的影响，远低于仅基于最近几个月的风险估计结果。因此，某些风险平价策略可能会对资产价格变动不敏感，但不是所有的风险平价策略都对资产价格变动不敏感。

二、债券的配比

另一个频繁的批评来自风险平价策略对债券的配比过重。正如前文所述，这是由于债券通常比其他资产类别（如股票和大宗商品）具有较低的波动性，因此债券需要比其他资产类别拥有更大的权重以获得同等的风险敞口。另外，事实上无杠杆的风险平价策略的波动性相对过低，大多数投资者更喜欢增加整个策略的杠杆率，因而导致债券的总权重增加。

债券部分的高配置（特别是对于那些在名义政府债券之外且将通胀挂钩债或公司债券加入风险平价策略的管理人）使得一些观察家质疑风险平价投资组合是否会像债券基金一样表现。我们可以通过 HFR 风险平价指数与股票、长期政府债券和大宗商品的相关性来评估这一说法的有效性。如图 4-10 所示，风险平价策略和债券的相关性与其他资产类别比较起来并不突出。

一些批评者只是臆想了他们自己的风险平价策略，并且（并不奇怪地）发出了与图 4-10 中事实表现完全不符的批评。但是，这只能说明他们选用了错误的数据，从而得到了错误的答案。我们相信，

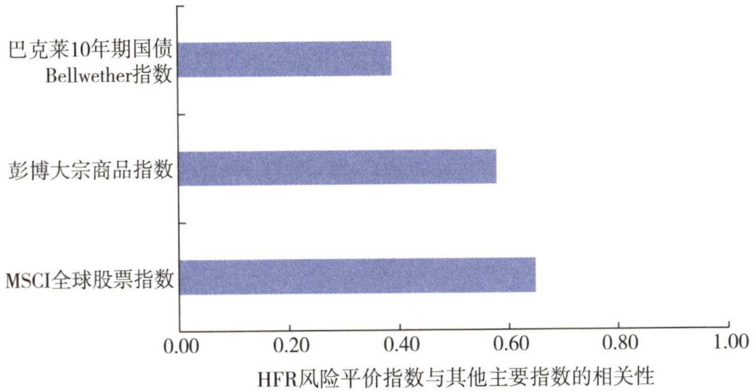

图 4-10 风险平价策略与不同资产的相关性（2003 年 2 月—2017 年 9 月）

在这样的分析中，使用真实的回报是至关重要的。

- 风险平价旨在平衡多个不同经济周期中的资产敞口和特质，为投资人和管理人提供一种独特的多资产投资组合构建方案。
- 风险平价这种投资组合的分散化程度较高，所以其夏普比率也高于传统的股债组合。风险平价的特性使其在股票熊市中表现出色，但会在股票超级牛市中落后于市场。
- 许多细节的调整可以解决风险平价策略本身的潜在问题，有赖于不同的管理人以不同的方法去执行这一策略。

本章参考文献

[1] Tetlock P. Expert political judgement [M]. New Jersey: Princeton University Press, 2005.

关于作者

斯科特·沃利（Scott Wolle）

斯科特·沃利是景顺资产管理公司（Invesco）全球资产配置部门的首席投资官，专注于风险平配、风险配置型大宗商品及主动均衡型解决方案等另类投资策略。1991 年进入金融行业，任职于美国银行，1999 年加入景顺资产管理公司，并在 2000 年成为全球资产配置部门的成员。在不同的大类资产类别，他都有着丰富的基本面及量化研究经验，尤其专注于股票与大宗商品领域。他以最高荣誉获得美国杜克大学富卡商学院工商管理学硕士学位，并获得美国弗吉尼亚理工金融学理学学士学位，持有 CFA 资格证书。

斯科特·希克森（Scott Hixon）

斯科特·希克森是景顺资产管理公司全球资产配置部门的研究总监兼基金经理，专注于风险平配、风险配置型大宗商品及主动均衡型解决方案等另类投资策略。他主要负责监督研究团队的模型、策略开发及组合构建流程。1992 年进入金融行业，任太阳信托银行（SunTrust）信托经理，1994 年加入景顺资产管理公司，负责战术性配置策略。他先后毕业于美国佐治亚南方大学和美国佐治亚州立大学，分别获金融学理学学士学位和工商管理学硕士学位，持有 CFA 资格证书，是亚特兰大金融分析师协会的会员。

赵彧

赵彧在 2015 年加入景顺资产管理公司，担任大中华区机构业务经理。他主要负责景顺资产管理公司在大中华地区的机构业务合作，为各大主权基金、商业银行、保险公司、信托公司、财富管理公司及企业客户提供全球资产管理服务。在加入景顺资产管理公司之前，他作为瑞士隆奥资产管理公司（Lombard Odier Asset Management）投资团队的成员，为亚洲私人银行客户及机构专户提供量化投资服务及资产配置解决方案。他毕业于美国伊利诺伊大学香槟分校，获数学、统计、经济学专业文理学士学位及统计学硕士学位。

第五章　战术资产配置

战术资产配置（tactical asset allocation，简称 TAA）是一种动态的投资策略，形式为定期调整投资组合对各种资产的风险敞口。战术资产配置的目标主要是获得相较战略资产配置或被动组合更高的风险调整后收益及绝对收益。在实践中，实施战术资产配置策略的方法有很多种。由于我们在前面的章节里主要阐述了如何设计和实施风险平价策略，所以我们在本章中关于战术资产配置的讨论将会偏重于与风险平价策略相关的应用。

第一节　引言

风险平价组合被一些人形容为“全天候”策略，在各种市场环境中都能获得不错的表现。那么，在这样一个理想的情况下，为什么我们还需要介绍战术资产配置的概念呢？简而言之，因为基本的风险平价组合在一些时点可能不是应对当期市场环境的最好方案。我们之前提到过风险平价策略的一个基本前提：从长期来看，主要资产类别的夏普比率大致相等。但是，如图 5-1 所示，夏普比率在短期或中期内可能会发生很大的变化。更重要的是，不同资产类别的夏普比率变化可能完全不同步，一些资产类别的夏普比率在变高的同时另一些资产类别的夏普比率在变低。因此，夏普比率的这一

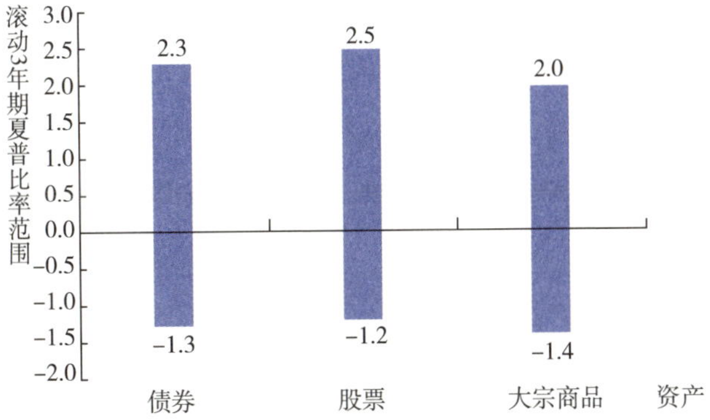

图 5–1　非长期夏普比率变化的异步性

注：使用 1973 年 1 月—2010 年 12 月的相关数据。债券由巴克莱美国综合债券指数代表，股票由标普 500 指数代表，大宗商品由标普高盛商品指数代表。

异步变化为改善基本风险平价组合的回报特征提供了机会。

通过叠加战术配置策略来提高风险平价策略的绩效，需要仔细考虑许多重要的问题。比如，基本风险平价组合与战术资产配置结合时，避免互动影响的基本逻辑是什么？评估资产投资价值的方法是什么？评估中应考虑哪些因子？如果选择多个因子，应该如何加权？而且，应该对战术资产配置施加多少风险预算？虽然这些并不是在设计和实施战术资产配置时必须考虑的问题，但它们无疑是构建一个稳固投资体系的基础。在本章的余下部分，我们希望为这些基本问题提供一些思路。

第二节　战术资产配置与战略风险平价

在大多数传统方法中，风险平价组合都是建立在协方差矩阵的基础上。协方差矩阵可以表达两个属性：方差和相关性。正如我们已经提到的，战术资产配置是对投资组合权重的动态调整。如果选择基于较短时间的数据生成的协方差矩阵可能变得与应用的战术调整一样动态化，从而潜在地额外增加了某些战术下注。因此，用于生成协方差矩阵的数据时间长度需要仔细考虑，这是识别风险平价配置和战术资产配置之间是否存在相互影响的关键。

一般而言，单一资产的回报与风险（以波动率衡量）的动态变化之间存在负相关关系。如图 5-2 所示，随着资产价格的上涨，其风险将趋于下降，反之亦然。

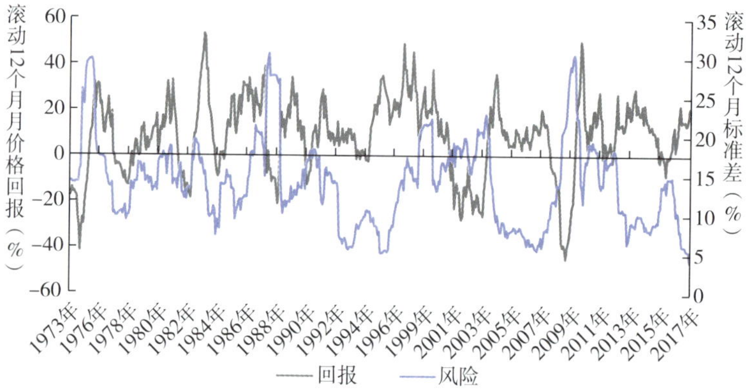

图 5-2 标普 500 指数的回报与风险

注：使用 1973 年 1 月—2017 年 10 月的相关数据。

图 5-2 中，单一资产的回报与风险的长期相关性为 -0.3（其中一些阶段的相关性甚至低至 -0.99）。基于时间长度较短的数据生成的协方差矩阵很可能不被察觉地提高了风险平价组合对价格动量因子的敞口。受到波动性变化的影响，相对于价格下跌的资产，价格上涨的资产比重将会明显增加。在我们看来，作为构建战略资产配置基础的协方差矩阵应该是相当稳定的，它代表了风险和相关性的集中趋势，从而才能最小化战略资产配置与战术资产配置叠加的相互影响。明确的战术投注在整个投资组合构建过程中的优先地位是非常重要的。

第三节 战术资产配置方法论

评估某一资产的投资价值可以采用多种不同的方法，每种方法都有自己的一套假设。这里，我们重点讨论定量评估的方法，而不是定性评估的方法。我们不会提供各种统计技术的详尽清单，甚至冗长地分析它们的假设和优缺点。我们认为，确定最合适的技术以及对框架或原则的理解才是最具有指导意义的。

一、第一原则：保持简单

首先，我们必须承认，没有任何战术资产配置能够做到100%准确。对于将数学作为描述投资纪律“语言”的量化方法来说，这也许会让人感到很沮丧。但是，被提炼成一系列级数或分布函数的组合，从而得到有限的或恒定的答案，这总是很难与市场的变化联系起来。但幸运的是，成功的战术资产配置策略也不需要完全准确。因为衡量是否成功的战术资产配置策略的第一原则就是保持简单。

Entia non sunt multiplicanda praeter necessitatem.

以上这句拉丁文的意思是“如无必要，勿增实体”，出自英国14世纪哲学家、神学家奥卡姆的威廉（William of Ockham）。他主张在互相冲突的想法与猜测中，应该选择假设条件最少的那个。这一主张将科学、哲学从宗教中剥离出来，引发了欧洲文艺复兴、宗教革命和科学革命。我们不妨在打磨战术资产配置时也借用这种化繁为简的思路。我们认为，增加复杂性并不一定会提高准确性，更不一定会提高最终收益。

比如，思考这样一个问题，战术资产配置策略需要比战略资产配置“好”多少才能使整体组合夏普比率提高？这个问题的答案关键在于，战术资产配置与战略资产配置之间的相关性。两者之间的相关性越低，所需要的战术资产配置策略的夏普比率也就越低。我们仅仅需要对战术资产配置和战略资产配置的波动性和两者之间的相关性做出假设，就可以量化出战术资产配置策略需要“好”多少了。例如，我们假设战略资产配置组合具有 8.00% 的年化风险（标准差）和 0.80 的夏普比率，而战术资产配置组合则有 2.00% 的年化风险和与战略资产配置组合的风险程度较低的相关性（相关系数为 0.20）。那么，我们可以计算出，战术资产配置组合夏普比率只要高于 0.25，整体组合就能获得比战略资产配置组合更高的夏普比率，如表 5–1 所示。但是，如果战略资产配置和战术资产配置之间的相关性变高，比如到达 0.80，战术资产配置组合夏普比率就需要高于 0.70，才能使得整体组合获得比战略资产配置组合更高的夏普比率。这一计算需要基于一个简单的优化过程，通过计算两个资产配置组合的方差来最小化整体组合和战略资产配置组合之间夏普比率的差异。

表 5–1　战术资产配置策略需要比战略资产配置“好”多少

	敞口	超额回报	风险	夏普比率	相关性组合	
战略配置组合	100.0%	6.40%	8.00%	0.80	1.00	0.20
战术配置组合	100.0%	0.50%	2.00%	0.25	0.20	1.00
整体组合		6.90%	8.63%	0.80		

像许多量化投资者一样，我们花费了大量的时间来重复测试各种量化模型。我们得出的结论是，最简单的方法通常是最好的，尽管使用最简单的方法回测的收益可能并不是最高的。比如，我们选择了一个相当简单的多因子评分模型来指导我们的动态资产配置方

案。我们评估资产投资价值的方法，通常是从绝对而不是相对的角度来展开的。简单来说，对于风险平价组合中的每一项资产，我们只会问在每月持有期内资产是否会跑赢现金。我们不会试图预测未来回报变化的方向和幅度，也不会问一类资产的表现是否会超出另一类资产的表现。我们的评分模型与传统的 Probit 模型或 Logit 模型 [1] 非常相似，只是我们的模型设定范围在 -1 和 +1 之间。当结果接近 +1 时，该资产将跑赢现金的确定性更高，因而我们会超配；相反，当结果接近 -1 时，该资产的表现优于现金的确定性低，应该低配。

二、第二原则：直观与可靠

我们要坚持的第二个原则是，无论采用何种方法或技术，都必须具备直观性和可靠性。经济学上的直观很重要，因为任何资产配置的过程都必须与对应资产价格变动的基本逻辑一致。例如，如果我们自己模型中的一组指标暗示经济衰退即将来临，那么我们直观地认为，我们的股票信号将接近 -1，而不是接近 +1。

可靠性对于任何量化分析也是至关重要的。正如我们在前面提到的，市场的变化无法用一个严格的数学方程来解释。我们必须意识到市场的组成与框架会发生改变，而且经常会发生改变。数字表达的核心架构，应该是对基本面的一种解读，不应该过于具体。对于框架的一点小改变就会导致模拟结果发生较大变化，这是过度拟合的征兆，同样也是无法成功驾驭未来市场变化的模型和策略的典型特征。

1 Probit 模型是一种广义的线性模型，服从正态分布；Logit 模型是最早的离散选择模型，也是目前应用最广的模型。

三、多因子分析模型

对方法论的其他讨论还必须包括哪些因子是适当的，以及在多因子的情况下应该分别对不同因子配置多少权重。尽管对资产价格产生影响的因子数量可能是无限的，但我们倾向于用类别或概念来表达我们的因子。如图 5–3 所示，我们认为估值、经济环境和投资者行为是把握市场价格走向的核心因子类别。

估值这一类因子可能是最容易描述的。在其他条件都相同的情况下，投资者自然会倾向于高配被低估的资产和低配被高估的资产。当然，资产内在价值的确定并非易事，大部分估值方法都是对以适当利率贴现的未来现金流求和。但是，被错误估值的资

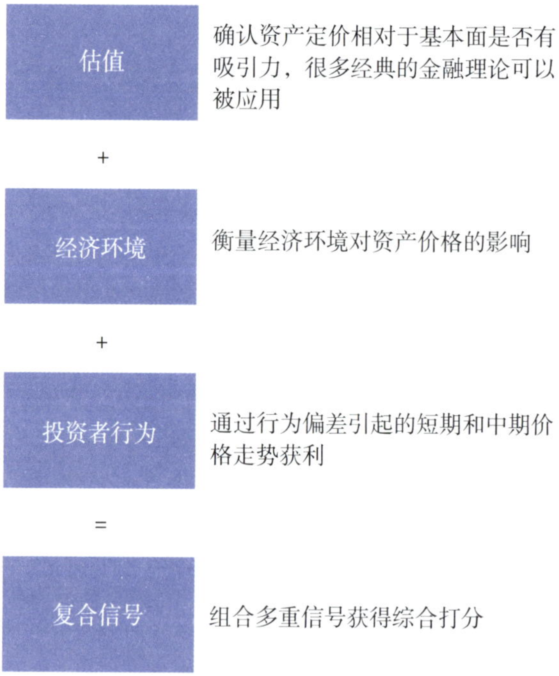

图 5–3　多因子分析模型示例

产的估值修正过程可能需要很多年的时间。这个估值回归需要很长时间，是我们提倡采用多因子方法的一个主要原因。1996年12月5日，美联储主席艾伦·格林斯潘（Alan Greenspan）质疑投资者无法知道“非理性繁荣”何时会过度推高资产价值，对当时的市场表示担忧。在那个时候，罗伯特·希勒（Robert Shiller）的标普500指数周期性调整市盈率（CAPE）接近27.6倍，是自1929年股市崩盘以来的最高水平。之后，周期性调整市盈率估值在1999年12月月底达到了44.2倍的高点，比格林斯潘发表这一著名言论晚了整整3年。因此，仅仅使用估值来进行战术资产配置可能是一件冒险的事情，尤其是只利用非常短的一段时间的估值。

经济环境这一类因子相对而言也比较直观。比如，经济正处于显著放缓阶段，那么风险资产（如股票）将会面临负回报是很合理的预期。与估值因子一起来看就会出现一些有趣的现象：如果宏观经济环境不变，可能估值的修正就会变得非常不可靠。举例来说，只要基本面经济持续增长，被高估的资产更可能被持续高估，而不是下降至正常估值水平。与直觉不同，预计会被更加高估的过高估值资产反而不应该被回避，进而成为战术资产配置中的超配目标。因此，我们认为，对经济环境的评估，对于确定任何资产的投资价值都会起到非常重要的作用。选用这类因子时最重要的是，应该尽可能多地使用实时数据来判断经济状况。政府报告中的GDP数据通常有严重的滞后性，并且有可能会被修订。从投资角度来看，这些缺点限制了政府报告中统计数据的实用性。幸运的是，如我们在图5-4中所举的例子，有许多实时的调查统计结果能够可靠地提前反映政府报告中的数据。

最后一类因子试图从行为偏差现象中获利。我们先提一下“有效市场”假说，美国芝加哥大学布斯商学院金融学教授尤金·法马

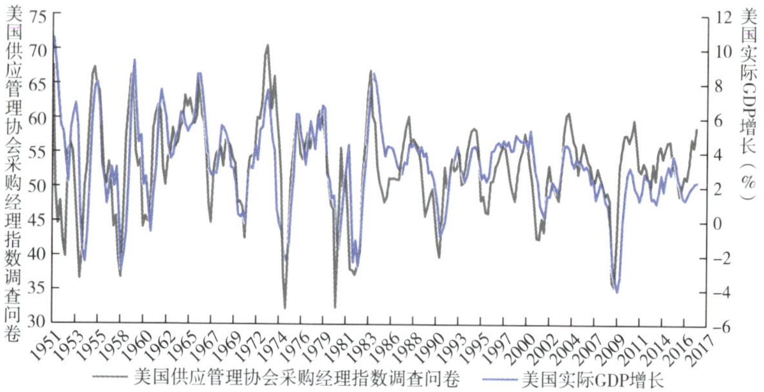

图 5–4　美国供应管理协会（ISM）采购经理指数（PMI）调查问卷与美国实际GDP 增长

注：使用 1951 年第 1 季度至 2017 年第 3 季的相关数据。

（Eugene Fama）通常被认为是这一假说的鼻祖。一个有效市场需要严格的假设，如果所有的信息都会瞬间被反映到资产价格中，并且所有的投资人都会做出理性的独立判断，好消息或坏消息都会随机出现，那么在这样的有效市场中将不可能有人打败市场。然而，大量的文献和数据表明，趋势跟随策略确实能够带来额外收益。换句话说，市场参与者并不总是理性的，并且市场并不总是一成不变的。

跟随价格趋势（或叫动量交易）是一个简单的策略，可以用来捕捉任何低效率市场中资产价格固有的行为偏差。价格动量通常用当前资产价格与过去一段时间该价格的滚动平均值的对比来衡量。在当前价格高于历史均值时，预计持续的正回报将继续。同样，在当前价格低于历史均值时，预计负面回报将持续。但请注意，价格趋势可能会随时迅速扭转。动量交易也可能在高度波动的市场环境下无法取得很好的回报，所以我们再次强调战术资产配置策略应该考虑多重因子。

可能有的读者已经注意到，我们并没有在讨论因子类别时提及事件驱动因子。事件驱动因子包含很多用数据无法分析得出的信息，比如最典型的例子是政治选举的结果和自然灾害的影响。这一因子通常更适合添加在定性分析的投资框架里。我们的建议是，通过价格趋势分析来更好地把握这些不可知事件的结果。事件驱动因子对资产价格的影响可能是市场参与者过度反应或者反应不足的结果，可以在不需要明确预测的情况下进行应对。我们的战术资产配置框架的本源是市场价格和基本面两者之间的关系，也是根据历史相关性或经验制定的严谨投资应用。如果我们在实践中偏离了本源，那么这会导致我们之前模型的测试和开发都变得没有意义，因为没有人知道什么时候应该根据定性的理由去调整完整、稳定的模型。

当讨论多重因子模型时，我们很自然地会想到需要赋予每个因子相应的权重从而得出综合分数。当然，最简单的方法是对模型中包含的因子使用相同的权重。其他更加复杂的方法则肯定会得到不同的加权方法，但重要的是要意识到每一种方法自身的局限性。例如，普通最小二乘法（ordinary least squares，简称 OLS）回归，基于回归模型获得的权重组合将取决于选取的时间长度，可能会因选取的时间长度太短而产生动量偏差。例如，我们将三个因子类别对市场回报进行回归分析，选用短期历史数据，很容易直观地预计：（1）估值类的系数（coefficient）应小于 0，即被高估的市场应该有负收益，反之亦然；（2）经济环境类和投资者行为（趋势）类的系数应该大于 0。但是，如果市场在初始权重确定之后继续上涨，那么随着时间的推移，估值的系数可能会慢慢变大，甚至可能变为正值，趋势类的系数将会增加超过其初始值。趋势类因子的显著性几乎会增加，同时估值因子的统计显著性会下降。当市场持续上涨到某一个程度时，估值因子的系数会极小且显著性极低，而趋势因子系数极大且显著性极高，往往在这个时候市场很可能会出现显著的下跌。所以，虽然等权重法在回测中看起来总不是最理想的，但我们发现将权重始终保持平均分配，可以避免权重因受到近期市场行为影响从而过度调整的缺陷。等权重配置法也可以使信号解释更容易和更直观，因为唯一变量只是因子本身。

第四节 战术风险预算

到目前为止，我们已经讨论了如何计算任意一个资产的战术信号的总体框架。但是，没有风险预算框架，收集战术信号几乎没有价值。这里，我们侧重分析风险预算框架的三个要点。

第一个要点是结合战术信号以及用于建立战略风险平价配置的协方差矩阵，从而创建包含多空仓策略的投资组合。协方差矩阵对于适当缩放不同的资产类别的信号非常重要。举例来说，政府债券的 +1 战术信号与股票的 +1 战术信号应该被区别对待。图 5–5 中，将协方差矩阵应用于战术信号，将会使得波动性高的资产的战术权重小于波动性低的资产的战术权重。

回忆一下我们之前提到的战术模型的特点，每一种战术信号都是独立的，并且信号是绝对的而不是相对于彼此的。这一特性意味着，计算出来的信号可以同时表明所有资产都具备投资价值或者都不具备投资价值。换句话说，我们并不一定需要因为某一战术信号很好的资产（已经超配）而去低配其他信号同样很好的资产。假设我们的战术信号显示所有的资产都具有投资价值，我们就可以同时增加所有资产的配比。最终，战术信号和协方差矩阵结合的结果应该是，从长期来看，每一个战术头寸都能对整体的战术回报做出相同的贡献。

第二个要点是战术风险的总体水平。战术信号会随着时间的推移而变化，会导致战术组合的风险也相应地发生变化。起初，根据战术信号的强弱去调整风险似乎是合理的，例如，战术组合在信号强时会比信号弱时承担更多的风险。然而，这种看似合理的方法并没有考虑到信号可能是错误的。例如，在某种情形下，那些强战术信号是错误的，而在接下来的情形下，那些相对较弱的信号是正确

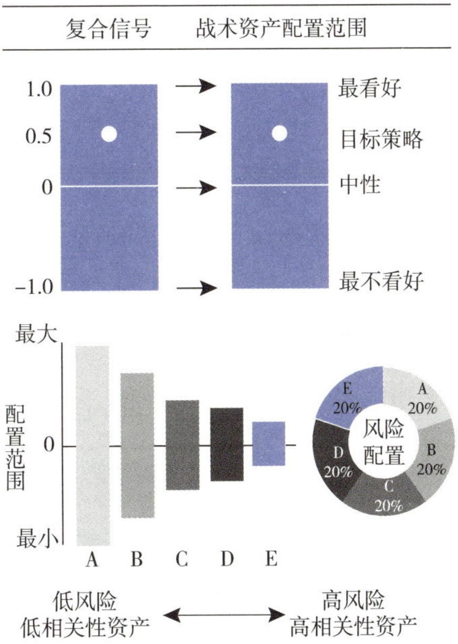

图 5-5 对不同风险及相关性的资产设置不同的战术资产配置范围

的。如果不将目标风险锁定在恒定的水平上，可能就会从错误的信号中产生显著的负收益，而从正确的信号中获得较低的正收益。因此，在不同情形下，承担风险量级的差异程度显著超过了信号的准确程度。反之，将目标风险锁定在恒定的水平上可以作为一种重要的风险管理手段，可以有效地帮助防范在信号错误时承担过高的风险而在信号正确时承担过低的风险。当然，确定目标风险的大小并不是一件容易的事情，特别是在针对风险平价组合应用战术资产配置策略时。在理想的情况下，我们应该努力承担足够的风险来有效地提高投资组合的回报，但又不要增加太多风险以至于投资组合的总体风险与原来的风险平价组合偏差太多。

第三个要点是明确的投资组合约束。典型的风险平价策略是纯多头投资组合。如果战术风险相对于战略风险过大，最终的组合可能会出现某些资产比重低于 0 的情况。在不允许负权重的情况下，必须相应地减少战术风险目标或对负权重设置约束条件。对于短期的战术配置来说，我们可以增加额外的约束条件来应对其不确定性。例如，可以审慎地设定任一资产或资产类别对总投资组合的风险贡献比例的限制。在给定风险预算充足且同时具有针对负权重的约束条件的情况下，如果在某一资产类别中的所有资产都获得负面的战术信号，那么或许可以将这种资产类别从组合中彻底剔除。当然，从投资组合中剔除整个资产类别是否是审慎的，这需要仔细考量，特别是在战术信号可能是错误的情况下。

- 没有任何战术信号或策略能够一直正确。构建成功的战术资产配置策略关键在于认识并考虑到不确定性。
- 只有严格的投资纪律和对策略本质的深刻理解，才能最终得到市场的长期眷顾。

关于作者

斯科特·沃利（Scott Wolle）

斯科特·沃利是景顺资产管理公司（Invesco）全球资产配置部门的首席投资官，专注于风险平配、风险配置型大宗商品及主动均衡型解决方案等另类投资策略。1991 年进入金融行业，任职于美国银行，1999 年加入景顺资产管理公司，并在 2000 年成为全球资产配置部门的成员。在不同的大类资产类别，他都有着丰富的基本面及量化研究经验，尤其专注于股票与大宗商品领域。他以最高荣誉获得美国杜克大学富卡商学院工商管理学硕士学位，并获得美国弗吉尼亚理工金融学理学学士学位，持有 CFA 资格证书。

斯科特·希克森（Scott Hixon）

斯科特·希克森是景顺资产管理公司全球资产配置部门的研究总监兼基金经理，专注于风险平配、风险配置型大宗商品及主动均衡型解决方案等另类投资策略。他主要负责监督研究团队的模型、策略开发及组合构建流程。1992 年进入金融行业，任太阳信托银行（SunTrust）信托经理，1994 年加入景顺资产管理公司，负责战术性配置策略。他先后毕业于美国佐治亚南方大学和美国佐治亚州立大学，分别获金融学理学学士学位和工商管理学硕士学位，持有 CFA 资格证书，是亚特兰大金融分析师协会的会员。

赵彧

赵彧在 2015 年加入景顺资产管理公司，担任大中华区机构业务经理。他主要负责景顺资产管理公司在大中华地区的机构业务合作，为各大主权基金、商业银行、保险公司、信托公司、财富管理公司及企业客户提供全球资产管理服务。在加入景顺资产管理公司之前，他作为瑞士隆奥资产管理公司（Lombard Odier Asset Management）投资团队的成员，为亚洲私人银行客户及机构专户提供量化投资服务及资产配置解决方案。他毕业于美国伊利诺伊大学香槟分校，获数学、统计、经济学专业文理学士学位及统计学硕士学位。

第三部分

风险平价组合的业绩与风险

第六章　风险平价组合的业绩

业绩是对投资策略的最好检验。对于风险平价策略的优越性和局限性的认识，可以通过检验实际取得的组合收益得到加深。对于投资业绩的分析与评估是整个投资流程中的重要一环，深刻地理解风险平价组合的投资业绩对于进一步完善投资策略有着十分重要的意义。

第一节　风险平价组合的业绩表现

最早的风险平价策略大致可以追溯到20世纪90年代。进入21世纪以后，尤其是自2008年金融危机以来，风险平价策略得到了较为快速的发展。

为了更好地对风险平价组合的业绩给出公正的评价，我们选择使用真实的风险平价组合已实现的业绩作为分析的基础。考虑到单个风险平价管理人的模型存在一定的特异性，并且不同基金的目标波动率也各不相同，为了更好地反映风险平价的整体表现，在这里我们选择使用 HFR 目标波动率为 10% 的风险平价指数（HFR Risk Parity Index 10% Volatility Index）[1] 作为分析对象。这一指数实际是多

1　关于这一指数的更详细介绍，请参考本章第二节中“相对基准（同业管理人）”部分。

个具有相同目标波动率的风险平价管理人业绩的均值，业绩最早始于 2003 年 1 月 31 日，可以满足分析需求。

下面将系统地回顾风险平价组合的历史业绩，尤其是与其他资产类别相比的风险调整后收益。

一、风险平价组合的历史收益

（一）风险平价组合的业绩表现：与股债 60/40 组合的比较

图 6–1 以目标波动率为 10% 的风险平价组合为例，展示了自 2003 年 1 月以来[1]风险平价组合的业绩表现。

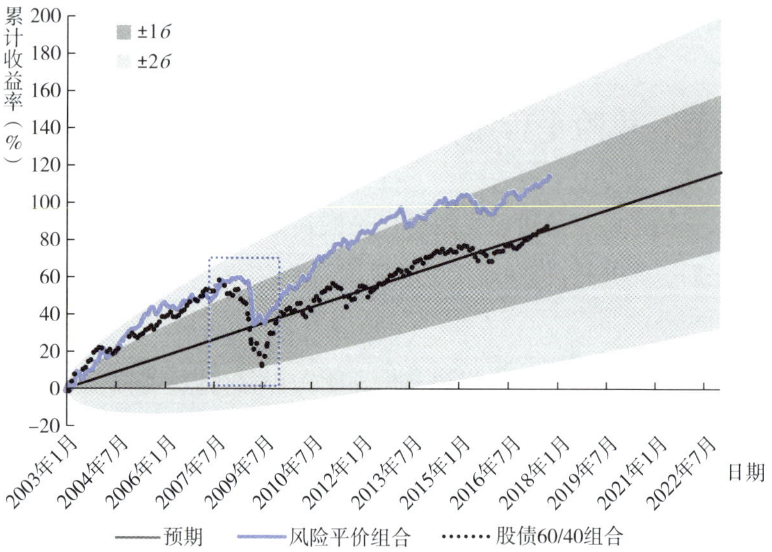

图 6–1 目标波动率为 10% 的风险平价组合自 2003 年 1 月以来的累计收益率（对数收益率）

1 业绩时间截至 2017 年 10 月 31 日。本章下同。

从图 6–1 中可见，自 2003 年 1 月 31 日以来，目标波动率为 10% 的风险平价组合的累计收益率良好，基本一直处于 +1 ~ +2 个 б（标准差）的范围之间，持续高于预期收益率。预期收益率在图 6–1 中以处于中间的直线表示，代表在 10% 的风险水平上年化 6% 的预期收益率所带来的累计收益。

图 6–1 中的虚线是传统的股债 60/40 组合[1]在同一时期的累计收益率。从图 6–1 中可见，风险平价组合的累计收益率优于股债 60/40 组合，尤其是在 2008 年金融危机期间，风险平价组合的回撤幅度显著小于股债 60/40 组合（见图 6–1 中的方框）。

表 6–1 是关于股债风险平价组合与股债 60/40 组合的更细致的业绩数据对比。

表 6–1 风险平价组合与股债 60/40 投资组合的风险收益特征对比[2]

	目标波动率为 10% 的风险平价组合	股债 60/40 投资组合
年化收益率	8.10%	6.12%
年化波动率[3]	8.70%	9.02%
夏普比率	0.75	0.50
最大回撤	–22.43%	–36.75%
Calmar 比率[4]	0.36	0.17
相关系数	0.74	

1 股债 60/40 组合，即 60% 的股票（MSCI 全球股票指数）和 40% 的债券（Barclays Global Aggregate Bond Index，巴克莱全球综合债券指数）。此处使用的股债 60/40 组合为月度再平衡。

2 使用月度收益率计算。

3 此处“年化波动率”为事后波动率，不同于“目标波动率”。“目标波动率”是事前波动率。

4 Calmar 比率的定义为年化收益率与最大回撤的比率，此处计算区间为 2003 年以后，并不限于最近 3 年。

从表 6–1 中可见，目标波动率为 10% 的风险平价组合相对于传统的股债 60/40 组合而言，风险水平相当，年化收益更好，因此风险调整后收益更佳，且从最大回撤的角度考虑，也优于股债 60/40 组合。

（二）风险平价组合作为整体组合的一部分：以股债 60/40 组合为基础

前文的分析是将风险平价组合作为一个单独的组合进行的业绩分析以及与股债 60/40 组合的业绩比较。对于一个大型投资者来说，风险平价组合或许只是其整体组合的一部分。在这种情况下，我们还应该了解风险平价组合对于进行多策略投资的总组合的业绩意义。

基于前文的计算，如果假定整个组合的基础是一个近似于 60/40 股债混合的多资产投资组合，如果在其中加入风险平价投资，那么总组合的风险调整后收益将有怎样的改善？

图 6–2 显示了随着风险平价组合在总组合中的占比不断变化，总组合的风险收益变化情况。可见，配置的有效前沿大约始于风险平价占比达到 55% 以上的部分，在 55% 的占比附近是使总组合波动率最低的占比水平。

随着风险平价组合在整体组合中的占比从 0 到 100% 不断提升，[1] 总组合的夏普比率不断提高，当风险平价组合占比为 0 时，整体组合为股债 60/40 组合，夏普比率为 0.50；当风险平价占比达到 55% 时，整体组合的夏普比率可提高到 0.69；当风险平价占比达到 100% 时，整体组合为风险平价组合，夏普比率为 0.75。图 6–3 反映了总组合夏普比率随风险平价部分占比提升的优化过程。

1 此处的结论仅基于前文测算所涉及的时间段。

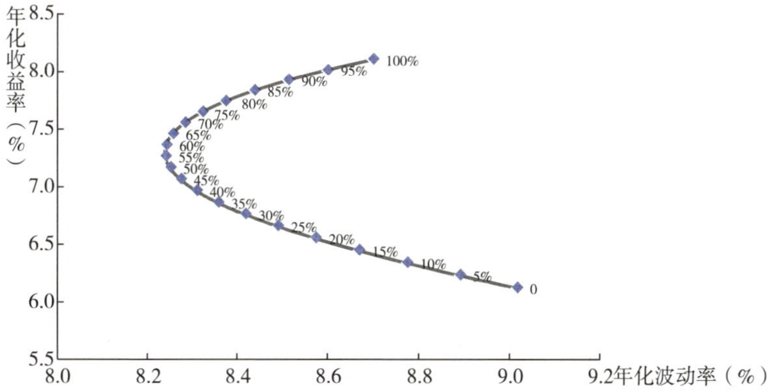

图 6–2 风险平价组合在总组合中的占比及组合整体的风险收益变化示意图

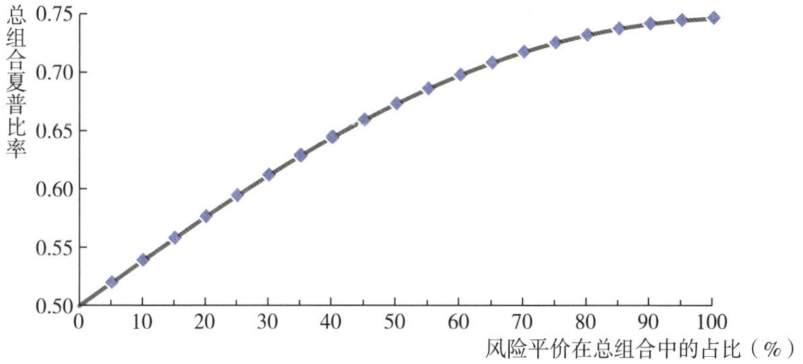

图 6–3 总组合夏普比率随风险平价组合占比提升的优化过程

从结果来看，在传统的股债混合型组合中加入风险平价组合可以降低组合整体的波动性，从而提高组合整体的收益水平，有助于提高总组合的风险调整后收益。

二、风险平价组合与主要资产大类的业绩比较

如果将关于风险平价组合的业绩比较拓展至更多的资产类别，

那么风险平价组合相对于其他的资产业绩如何？

图 6-4 展示了自 2003 年 1 月 31 日以来全球股指、全球国债、大宗商品、全球通胀挂钩债和全球信用债的累计收益率走势。[1]

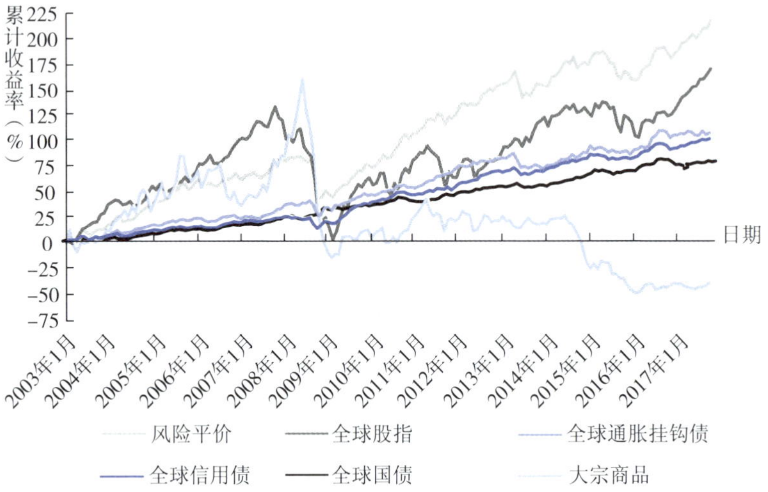

图 6-4 风险平价组合与主要资产大类的累计收益率比较

从图 6-4 中可见，风险平价在 2003 年 1 月—2017 年 10 月的累计收益最高。在 2008 年金融危机期间，虽然风险平价的最大回撤大于债券类资产，但仍然显著优于股票和大宗商品。

表 6-2、图 6-5 和图 6-6 是关于风险平价组合与这些资产的更细致的业绩数据对比。

1 全球股指使用 MSCI 全球股票指数表示，全球国债使用巴克莱全球综合国债指数（Barclays Global Aggregate Treasuries Index）表示，大宗商品使用标普高盛商品指数表示，全球通胀挂钩债使用巴克莱发达国家政府通胀挂钩债券指数（Barclays World Government Inflation-linked Bond Index）表示，全球信用债使用巴克莱全球综合信用指数（Barclays Global Aggregate Credit Index）表示。

表 6-2 风险平价组合与主要资产大类的风险收益特征对比[1]

	风险平价	全球股指	全球国债	大宗商品	全球通胀挂钩债	全球信用债
年化收益率	8.10%	6.92%	3.98%	-3.46%	5.03%	4.83%
年化波动率	8.70%	14.91%	2.86%	23.04%	5.34%	3.92%
夏普比率	0.75	0.36	0.83	—[2]	0.64	0.82
最大回撤	-22.43%	-56.23%	-3.59%	-80.90%	-10.04%	-9.43%
Calmar 比率	0.36	0.12	1.11	—[3]	0.50	0.51

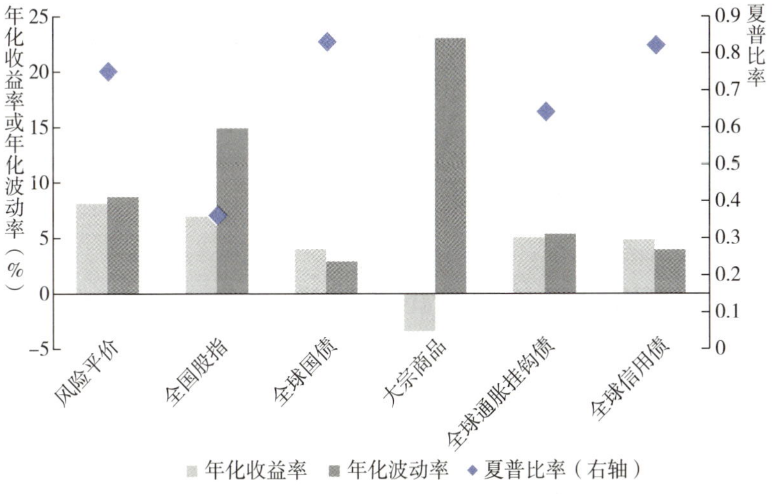

图 6-5 风险平价组合与主要资产大类的风险收益特征对比

1 使用月度收益率计算。

2 夏普比率为负，略去比较。

3 Calmar 比率为负，略去比较。

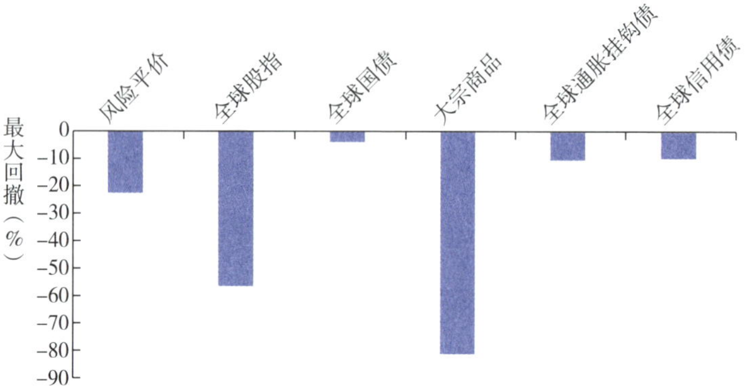

图 6-6　风险平价组合与主要资产大类的最大回撤幅度对比

从表 6-2、图 6-5 和图 6-6 中可见，从 2003 年以来的较长周期历史业绩来看，风险平价组合的年化收益率最高，风险水平适中，最大回撤幅度合理。从风险调整后收益的角度来看，风险平价组合的业绩十分具有吸引力，尤其是显著优于股票资产。对于以股票投资为主的投资人来说，在投资组合中适当加入风险平价组合可以提高投资组合整体的风险调整后收益。

第二节　风险平价组合的基准选择

一、基准的定义与分类

在《牛津英语词典》中，“benchmark”（基准）的定义是“A standard or point of reference against which things may be compared”（对事物进行比较的标准或参考点）。在《辞海》中，“基准”的定义是“测量时的起算标准”。在投资领域中，“基准”则可以具体为对投资业绩进行比较的标准或参考点，是衡量超额收益的起算标准。

投资基准的主要作用包括以下几个方面，如表 6-3 所示。

由于风险平价组合作为一种风险驱动的投资策略，一般都有固定

表 6-3 投资基准的主要作用

组合构建	作为开展投资和构建组合的参照物
信息沟通	向组合经理和相关人员传递关于投资的指引信息
业绩归因（performance attribution）	进行投资业绩归因分析，解释业绩来源
业绩评价（performance appraisal）	评价投资业绩，进行组合经理评价
风险评估	帮助识别和评估组合的风险敞口和风险水平

的风险目标，而且风险平价组合的投资策略和投资模型并不是从基准出发并试图战胜基准，[1] 因此对于风险平价组合而言，投资基准在组合构建、信息沟通、业绩归因和风险评估方面的作用不大，这里我们将着重讨论基准在业绩评价方面的作用。业绩基准的存在使得对投资组合的业绩进行客观的评价有了最基本的出发点，对投资组合管理具有重要意义。

常见的业绩基准包括绝对基准和相对基准两大类。

（1）绝对基准，是指以某一固定的绝对收益率或在某一经济指标基础上上浮一定数值的形式作为投资的绝对收益目标，如 6% 或者 CPI+2%。

（2）相对基准，或者称为机会成本考核，则更为贴近投资的实际情况，基准作为投资标的的近似替代以机会成本的概念来评价投资业绩。按照机会成本的分类，可以包括同业管理人群体（peer universe）或者市场指数（market index）。

二、基准选择的一般原则

业内对于基准的选择已有一套较为成熟的原则，合理、可靠的

1 举例来说，标普 500 指数增强策略如想战胜指定的基准标普 500，可以从标普 500 指数出发，通过超配或低配标普 500 中的行业板块并在不同行业中进行选股。这些配置和选券的操作就是从基准出发并试图战胜基准的做法。

基准应该满足以下几个标准，如表 6–4 所示。

表 6–4 基准选择的一般原则

清晰性	所含成分名称与权重清晰
可投资性	组合经理拥有纯被动投资于该基准的选择，且投资额不会干扰市场
可度量性	可以以合理的、较频繁的频度［至少与投资人自身业绩衡量（performance measurement）频度相符］计算该基准的收益情况
适宜性	该基准应与投资组合的风格或组合经理的专业技能一致
反映投资观点	组合经理对于基准的持仓有足够的认识，能够形成关于这些头寸估值吸引力的判断
预先设定	对于该基准的相关计算内容的确定应早于组合经理业绩考核
可接受	对于投资经理而言，愿意接受该基准作为考核标准

三、风险平价基准的特殊性

风险平价策略作为一种多资产贝塔策略，与一般的股票、固定收益的积极策略相比，有以下两点非常重要的区别。

（1）不是阿尔法策略，不以战胜基准获取超额收益为投资目标。

（2）具有多个资产类别，不能简单地以某种资产代表整个组合的收益特征。

以上两点重要的区别决定了风险平价策略无法像普通的股票或固定收益的积极策略一样较为容易地选择投资基准。

风险平价策略旨在获取市场提供的风险溢价，属于中长期投资策略。按照业绩评估的一般法则，考核的方式应该与投资的思路相一致。因此，理想的风险平价策略的基准应该能够反映其捕捉风险溢价的投资理念和作为中长期投资策略的长期属性。

四、不同类型基准的比较

如前文所述，常见的投资基准可以分为绝对基准和相对基准两类。下面，依次讨论不同类型的基准作为风险平价组合基准的优缺点。

（一）常见的基准类型

1. 绝对基准

在风险平价组合的基准选择方面，业内最为常见的做法之一是将绝对收益目标作为投资基准。

以绝对收益目标作为基准主要有以下三种形式：

（1）基于投资的资金成本所设定的绝对收益目标，通常该收益率也是投资的门槛收益率（可接受的最低回报水平）；

（2）反映对于资本市场长期收益水平合理期望的绝对收益目标；

（3）在某个经济指标基础上上浮一定数值，以反映目标投资业绩的属性，如 CPI+2%。

使用绝对收益目标作为评估手段具有较为明显的优势和局限。绝对收益方法可以传递非常清晰的收益水平目标，且易于计算，可以在投资前就做出明确要求，特别适用于具有明确资金成本的投资情况。但是，绝对收益目标因为仅仅是一个数字，不具有可投资性，对于业绩评估的信息量十分有限，不能反映市场的历史收益及波动情况。特别是在较短的期限内，市场的波动性可能使得实际业绩与绝对收益目标相比有较大偏差。因此，绝对收益目标并不适合短期的业绩评估。

在选择恰当的绝对收益目标作为评价方式时，需要注意以下两个方面的问题：

（1）选择具体哪种绝对收益目标，如简单的绝对收益目标还是CPI上浮型绝对收益目标；

（2）给出恰当的具体绝对收益目标数值或上浮数值。

整体来说，绝对收益目标适用于长期业绩评价，尤其适用于缺乏较为合适的同业群体或市场衡量基准的情况。

2. 相对基准（市场指数）

风险平价组合作为一种多资产组合，经常被拿来与传统的股债混合型组合进行比较，因此，使用股债市场指数的混合指数作为风险平价组合的基准也是一种较为常见的做法，常见的选择比如经典的股债 60/40 组合。[1]

使用市场指数作为业绩基准也具有较为明显的优势和局限。

与市场指数直接比较的优势主要在于计算较为简便，同时在较大的程度上可以反映市场的波动。

但是，在使用类似股债 60/40 组合这样的股债混合基准时，也有十分明显的局限性，主要是从恰当性的角度来说。风险平价组合是以风险视角为驱动构建而成的均衡性组合，而股债 60/40 组合的构建则是简单的市值加权，其出发点也并不是以均衡为目的，构建的结果是一个以股票风险为主要风险的组合。同时，常见的风险平价组合中普遍含有通胀挂钩债和大宗商品等具有通货膨胀或商品因子的成分，而股债 60/40 组合中对于通货膨胀的敞口显然大幅低于风险平价组合。由于风险平价组合和股债 60/40 组合的投资理念不同，从结果来看，风险平价组合与股债 60/40 组合一般都有较大的跟踪误差。同时，由于投资理念不同，股债 60/40 组合在评价短期的业绩时也存在局限。

虽然类似股债 60/40 组合的股债混合型基准作为风险平价的业

---

1 对于进行全球范围内投资的风险平价组合而言，常见的股债 60/40 组合是 60% 的股票（MSCI 全球股票指数）40% 的债券（巴克莱全球综合债券指数）。

绩基准存在局限性，但是作为常见的参考组合，60/40 股债混合基准仍然经常被用作风险平价组合的业绩基准，主要的考量是从投资者的总组合（可能类似于股债 60/40 组合）的角度反映投资于风险平价组合的机会成本。

在具体操作中，选择股债混合型市场基准作为风险平价组合的业绩基准时，有以下三点需要着重思考：

（1）应结合投资区域、投资工具等具体标准，判断选择哪些市场指数作为基准较为合理；

（2）基准与被评价的风险平价组合的风险水平是否相当；

（3）正确认识风险平价组合与公开市场指数之间的业绩差异。

3. 绝对基准与相对基准（市场指数）的比较

绝对基准和相对基准中的市场指数作为目前业界最常见的风险平价组合业绩基准，有着比较广泛的使用，表 6–5 是对于这两类基准的小结。

表 6–5 按照基准选择的一般原则比较绝对基准与相对基准（市场指数）[1]

	清晰性	可投资	可度量	适宜性	反映投资观点	预先设定
绝对基准	√	×	√	×	×	√
相对基准（市场指数）	√	√	√	×	×	√

从表 6–5 中可见，CPI+2% 这样的绝对基准和 60/40 股债混合这样的相对基准都满足清晰性、可度量和预先设定这些基本要求。但是，二者从投资风格和投资策略来讲，都与风险平价组合有很大区别，因此都不满足适宜性和反映投资观点的客观要求。

1 由于对“可接受”这一标准难以进行客观评价，此处暂不讨论。本章下同。

整体来看，CPI+2% 作为绝对基准，在一半的维度上都无法满足作为合格基准的要求，60/40 股债混合基准相比之下略微好些，但也只能是差强人意。

如果按照风险平价组合作为中长期的多资产贝塔组合的属性，从更细致的维度对这两类基准进行进一步比较，结果如表 6–6 所示。

表 6–6 绝对基准和相对基准（市场指数）的进一步比较

	市场容量	分散化	长期性质	市场周期
绝对基准	不体现	无	可体现，但需要明确	无
相对基准（市场指数）	可体现	部分	不清晰	有

从表 6–6 可见，虽然 60/40 股债混合基准与 CPI+2% 在反映风险平价投资理念方面都存在硬伤，但是从其他相关维度的对比来看，60/40 股债混合基准由于具备可投资性，较 CPI+2% 更加贴近市场。

（二）其他类型的基准

通过上文的分析，可以发现绝对基准和相对基准中的市场指数作为风险平价组合的业绩基准都有一些无法避免的缺陷。一个值得思索的问题是，除了绝对基准和相对基准中的市场指数这两种类型，是否还有其他类型的基准可供选择？

1. 相对基准（同业管理人）

常见的传统基准除了绝对收益目标和市场指数之外，还包括同业管理人群体。使用同业管理人数据作为业绩衡量的标准也是业内较为常见的做法之一。同业管理人群体被认为是对于目标投资最为近似的替代，提供的视角是不投资给某个特定基金管理人而投资给同策略其他管理人的机会成本。

在具体操作时，一般有两种方法：一是使用同业管理人业绩排序后的特定分位数数值；二是使用同业管理人业绩的平均值。其中使用同业管理人业绩排序后的特定分位数数值的含义是指，对于所有同业管理人使用某种业绩指标进行业绩从高到低的排序，按照一定的标准作为业绩优秀与否的评判，例如取其中的前第 25% 分位的管理人的业绩数值，即第一象限作为标准。在这种情形下，虽然可以事先确定同业管理人群体，但是实际被用作评价标准的管理人具体是哪一个是不确定的，因此无法预先设定。而使用同业管理人业绩的平均值则可以预先确定参与计算的管理人。

同业管理人具有不同于绝对基准和相对基准中市场指数的优势，主要体现在与使用绝对基准或市场指数相比，同业数据与目标评估对象匹配度更好，近似度更高。这也意味着，尤其对于较为短期的业绩评价需要，使用同业管理人可以弥补绝对基准和市场指数不适宜进行较为短期业绩评价的缺陷。

当然，使用同业管理人作为业绩基准也不是没有缺陷的。同业管理人作为基准的主要问题在于，管理人一般不会披露自己的头寸，因此同业管理人作为基准的透明度相对于市场指数偏低。同时，由于无法掌握管理人的实际头寸，因此也无法复制其投资，不存在被动投资于相同头寸的选项。此外，使用同业管理人可能还涉及幸存者偏差（survivorship bias）的问题。幸存者偏差是指业绩较差的基金管理人可能已被迫关闭或退出市场，存续至今的管理人通常是有长期良好表现的管理人，因此使用现有同业管理人业绩回溯计算的同业结果与无偏的真实同业结果相比，可能存在高估长期业绩表现的情况。

基于这些可能的缺陷，在筛选同业管理人时，应当从多个维度进行综合考虑，包括基金规模、涉及的资产类别、业绩历史长度等，以确保最终确定的同业管理人群体具有足够的代表性。在这一过程中，应当做好同业管理人数量与质量的平衡。

2017 年 8 月，HFR 发布了最新开发的风险平价指数。这一指数与 HFR 其他对冲基金指数的构建方法基本类似，也是月度更新、成分权重相等、年度再平衡，指数由全球范围内的风险平价产品构成，其本质属于以市场指数形式呈现的同业群体数据平均值，属于相对基准的范畴，在一定程度上解决了市场基准和同业群体各自的缺陷。

HFR 风险平价指数区别于常规 HFR 指数的两个特点是：第一，为反映风险水平对于风险平价这样一个以风险为驱动的策略的业绩影响，指数按照目标波动率分为10%、12%和15%三个类别[1]；第二，指数对于基金规模进行了单独区分，独立于整体基准之外，还构建了规模大于 5 亿美元的基金所组成的风险平价机构指数（HFR Risk Parity Institutional Index）。

HFR 风险平价指数的面世从另一个侧面反映了当前行业内对于风险平价策略更好地进行基准对标（benchmarking）有着广泛的需求。

2. 因子模型基准

风险平价策略通常也被认为是一种风险因子策略，因此，可以使用因子模型的方法构建风险平价组合的基准。因子模型基准是一种不同于传统的绝对基准和相对基准的另类基准。

构建因子基准的方法概括来说是通过检验组合对于一系列因子的敏感度。对于风险平价组合而言，常见的因子包括经济增长、通货膨胀、利率、信用等。因子模型的一般形式如下：

1 指数历史数据分别始于 2003 年、2006 年和 2012 年。

$$R=r_f+b_1F_1+b_2F_2\ldots+b_kF_k+\varepsilon$$

其中，R 是因子模型组合的预期收益率，即基准收益率；r_f 是无风险利率；b_k 是对于因子的敞口；F_k 是因子的风险溢价，即该因子相对于无风险利率的收益；ε 是残差项。进行基准考核时，实际风险平价组合高于或低于 R 的部分即管理人的超额收益。

使用因子模型基准有一些明显的优势，主要在于可以直观地理解风险平价组合的风险和收益来源，较为清晰地反映了组合的构成成分，同时也传达了策略的投资观点。

3. 头寸定制基准

除因子模型基准外，另一种非传统型基准是头寸定制基准。因子模型基准更多的是从风险平价组合的投资模型出发，而头寸定制基准更多的是从风险平价组合的实际持仓出发。目前较为成熟的头寸定制基准包括 Salient 风险平价指数（Salient Risk Parity Index）和标普风险平价指数（S & P Risk Parity Index）。

头寸定制基准具有十分显著的优势。与因子模型基准类似，头寸定制基准也可以清晰地反映组合的构成成分。但不同于因子模型基准之处在于，由于头寸定制基准使用固定比例的头寸，因此无法特别准确地反映特定风险平价管理人的投资观点。

（三）不同类型基准作为风险平价组合基准的比较

以上介绍了风险平价组合的各种基准类型。其中常见的传统类型基准包括绝对基准和相对基准两大类，其中相对基准可以进一步分为市场指数和同业管理人两种，而在同业管理人类别下，还可以细分为使用分位数或使用平均值两种不同的方法。除了这些传统的绝对基准和相对基准，另外还有两种另类基准可以适用于风险平价组合，分别是因子模型基准和头寸定制基准。

表6–7按照基准选择的一般原则，对这些不同类型的基准进行综合的比较。

表6–7 按照基准选择的一般原则比较不同类型的基准

基准类型	清晰	可投资	可度量	适宜性	反映投资观点	预先设定
绝对基准	√	×	√	×	×	√
相对基准（市场指数）	√	√	√	×	×	√
相对基准（同业管理人，分位数）	×	×	√	√	√	×
相对基准（同业管理人，平均值）	×	×	√	√	√	√
因子模型基准	√	√	√	√	√	√
头寸定制基准	√	√	√	√	×	√

第三节 风险平价组合的业绩评估

一、什么是投资业绩评估

投资业绩评估是整个投资流程中的重要一环，通过计算、展示并解读既有投资的收益情况，可以帮助形成或校正未来资产配置、投资经理选聘和组合管理等决策，形成投资流程完整的闭环，如图6–7所示。

如果不能根据投资目标定期对投资业绩进行全面、透彻的分析和评价，那么这样的投资管理其实是不完整的。全面的投资业绩评估，绝不仅仅是简单地计算损益和收益率，还包括厘清与既定业绩目标的差异，并分析造成这些差异的原因。

投资业绩评估包括业绩衡量、业绩归因和业绩评价三个有机组成

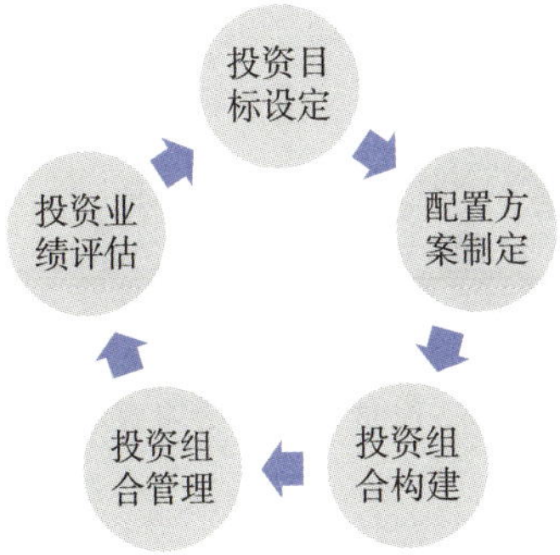

图 6–7　投资流程示意图

部分。业绩衡量是指准确、合理地计量投资业绩的客观结果，而业绩归因和业绩评价则是在此基础上对业绩结果的进一步解释和评估。业绩归因与业绩评价是投资业绩评估的重点。业绩归因关注的是收益的来源，尤其是超额收益的来源，业绩评价则主要在于评价投资能力，甄别管理人业绩的取得是源于技能还是运气。

因此，进行投资业绩评估的核心是要回答三个问题：

（1）组合的投资业绩是多少？

（2）业绩的主要来源有哪些？

（3）投资能力是否稳定、可靠？

通过对这三个问题的回答，可以对组合的投资业绩有一个较为清晰和理性的认识。无论是对于投资委托人还是投资管理人来说，进行正确、客观的投资业绩评估都是十分必要的。

在投资决策中，投资人做出应该承担多少风险来获取相应收益的投资决策，因此在进行投资业绩评估时，应当同时兼顾风险，抛开风险水平谈收益水平是无意义的，更不必说进行业绩评价。良好的业绩评估应当给予恰当的评价：通过业绩衡量，可以获得承担了一定风险所取得的结果的信息；进行业绩归因，可以评价相应的投资决策是否行之有效；开展业绩评价，可以对投资人的投资能力做出判断。投资业绩评估内容示意图如图 6–8 所示。

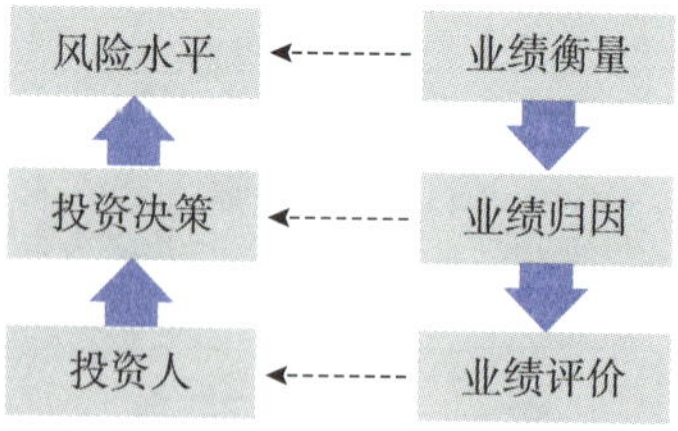

图 6-8 投资业绩评估内容示意图

二、风险平价组合的业绩评估

（一）业绩衡量

在进行风险平价组合的业绩衡量时，通常所说的收益率一般是指时间加权收益率（time weighted return）。时间加权收益率考察单位投资在一段时间内的投资表现，由多个子期间进行复利（compound）计算，可以得到整个期间的收益率。

除去单纯的收益率计算，作为理性的投资者，还应该认真地考量风险调整后收益。对于风险平价组合而言，常见的风险调整后收益一般使用夏普比率，作为对承担的每一单位风险所获取的超过无风险收益率的收益的考量。在进行风险调整后收益的计算时，还需要进行相应的风险水平计算。

（二）业绩归因

业绩归因的一般方法包括绝对归因和相对归因。绝对归因是指对绝对收益进行分解。相对归因是指对与基准进行比较的相对收益进行分解。

进行业绩归因的一般原则是考核方法与投资理念相一致。虽然投资业绩归因的重点是关注超额收益的来源，也就是相对收益归因，但是对于风险平价组合而言，超额收益并非是进行业绩归因时所关注的重点。主要原因在于，如前文所述，风险平价组合难以像传统的股票或债券组合一样适用传统的基准类型，因此，对于风险平价组合而言的“超额收益”，更多的只是一种参考，难以成为恰当的评价标准。

对于公开市场投资而言，特别是公开市场股票投资，通常使用 Brinson 归因模型对超额收益进行解释。在 Brinson 框架下，超额收益的来源包括较基准中不同板块超配或低配取得的配置效果（allocation），以及板块内部个股选择方面带来的选券效果（selection）。但是，如前文所述，风险平价组合与传统的股票积极策略（阿尔法策略）在投资理念上有很大的不同，风险平价组合的投资理念并不是从基准出发并试图战胜基准，传统的 Brinson 分析框架的归因方法与进行风险平价投资的逻辑并不吻合。因此，常见于股票归因的 Brinson 模型并不适用于风险平价组合。

对于风险平价组合来说，更为恰当的业绩归因方法应当是基于投资模型的绝对收益归因，即对收益进行分解，开展收益率贡献分析。

对于一般的业绩归因而言，除了进行收益归因外，还应该进行风险归因。风险归因的初衷是为了帮助组合经理更加清晰和深刻地理解投资组合的风险来源，但是对于风险平价组合来说，由于其模型的核心思想是组合的各构成部分对于组合整体的风险贡献保持均衡，所以对于一个严格遵照模型进行投资的风险平价组合来说，在大部分时间，风险归因结果应当与模型预设无太大偏差，投资模型本身已经揭示了各部分的风险来源和大小。

（三）业绩评价

在进行了业绩衡量和业绩归因之后，除了知晓投资的结果是多少和收益的来源有哪些外，作为投资人或许本能地还希望知道应该如何评价这样的业绩。

业绩评价的重点应该关注投资能力是否稳定、可靠。进行投资业绩评价，应当着力回答以下三个问题：

（1）投资组合承担的风险是否获得了合理的收益作为回报？

（2）组合经理的业绩相对于其同业管理人的表现如何？

（3）获得这样的业绩是基于实力还是运气？

对于问题（1）的回答，除了参考在业绩衡量阶段所计算的风险调整后收益，如夏普比率，还可以使用如图 6–1 所示的锥形图（cone chart），其中不同灰度的区域反映了收益率按照正态分布的概率，从 –2 ~ +2 个标准差不等，在一定程度上反映了取得这样的累计收益率的概率。

对于问题（2）的回答，常见的分析方法是进行同业管理人比较。进行同业管理人比较的方法类似将同业管理人选为参考基准的做法，首先应选出具有参考意义的、在投资策略方面相近的一组同业管理人，其次对于同业管理人按照特定评价指标进行排序，如年化收益率、风险调整后收益等，最后将待评价组合的业绩与同业管理人形成的业绩序列进行百分位比较，考察待评价组合在全体同业管理人中所处的百分位（percentile）或四分位（quartile）象限，从而得出关于待评价组合业绩相对于其他同业管理人表现如何的结论。

对于问题（3）的回答，无法简单地依靠图表或数据直接得到判断，需要对组合的业绩进行深入细致的考察，尤其是应当结合业绩归因的结果综合考虑。除此之外，观察较长时期的历史业绩并且考察业绩的稳定性和一致性也是一种较为可行的方法。

（四）开展业绩评估的意义

无论是风险平价组合的投资业绩衡量、业绩归因还是业绩评价，都有许多计算指标、考核手段和评价角度，每一种指标和方法都各自具有其适用和局限。选择何种指标和方法进行业绩评估，主要取决于初始的投资观点与动因。对于业绩评估来说，其核心在于考核投资决策的有效性。为了实现这一目的，非常重要的一点是，应当使考核方法与投资理念相吻合，使归因模型与投资决策过程相一致，这样才能更好地检视最初的投资设想是否取得了应有的收益，从而考察投资获得成功或失败的原因，总结经验与教训。

因此，在进行业绩评估工作时，一方面，要具备充分的投资业绩评估专业知识，熟练掌握各项工具、方法；另一方面，还要对目标投资组合有充分的理解，才能选择恰当的考核方法。只有这样，才能使投资业绩评估不流于形式，真正服务于投资决策，以事后评估的角度，在投资流程上起到回顾、总结的作用，从而服务于下一轮投资决策，形成投资流程的完整闭环。

不断提高风险平价组合的投资业绩评估能力，对于增强自营组合投资能力和委托组合管理人选聘能力具有十分重要的意义，使得投资人能够根据不断变化的市场环境恰当地调整投资组合，在长期获取优异的回报。

- 从中长期来看，在以股票为主的传统组合中增加风险平价组合配置，可以有效地提高组合整体的风险调整后收益。
- 常见的投资组合基准可以分为绝对基准和相对基准两大类别，在进行风险平价组合的基准选择时应当进行全面考虑。
- 认真进行投资业绩评估，对于更好地理解风险平价组合的业绩具有极大的帮助，不断提高风险平价组合的投资业绩评估能力，对于更好地进行风险平价组合投资与管理至关重要。

本章参考文献

[1] Bailey J V, Tierney D E. Controlling misfit risk in multiple-manager investment programs [M]. Charlottesville: Research Foundation of CFA Institute, 1998.

[2] Bacon C. Practical portfolio performance measurement and attribution [M]. New Jersey: John Wiley & Sons, 2008: 39–46.

[3] Brinson G P, Fachler N. Measuring non-US equity portfolio performance [J]. Journal of Portfolio Management, 1985, 11 (5): 73–76.

[4] Brinson G P, Hood R, Beebower G. Determinants of portfolio performance [J]. Financial Analysts Journal, 1986, 42 (4): 39–44.

[5] Fama E F, French K R. Common risk factors in the returns on stocks and bonds[J]. Journal of financial Economics, 1993, 33(1): 3–56.

关于作者

李玥

李玥是中投公司多资产策略组副总裁、投资组合经理，专注于运营和管理中投公司的风险平价策略。在担任风险平价投资组合经理之前，她曾负责中投公司总组合的投资业绩评估和资产配置方案分析，对于资产管理公司的前中后台业务均有较为丰富的知识。她获得了北京大学光华管理学院金融专业经济学学士学位和美国圣路易斯华盛顿大学金融专业理学硕士学位，她是 GIPS（全球投资业绩标准）全球委员会的委员及 CIPM（投资表现衡量证书）持证人。

第七章　风险平价组合的风险管理与定位

在前几章中，我们讨论了风险平价的概念、投资工具的选择、组合的构建以及组合业绩的评价。对于一个已经构建完毕的风险平价组合，从组合管理者的角度来看，还应该认真地思考一个更高层面的问题：投资于风险平价组合的意义与作用。为了更加充分地探讨风险平价组合的作用，在此之前还需要清晰地认识风险平价组合的主要风险以及相应的风险管理手段。本章将就这些问题，继续探讨风险平价组合的风险管理与定位。

第一节　风险平价组合的主要风险

风险平价组合作为一种包含多个资产类别且含有杠杆的组合，其风险管理工作相对于其他单一资产、不含杠杆的投资组合来说更加复杂。同时，作为一种使用模型进行投资的量化组合，由于风险平价模型的核心即是关于风险的建模，因此如果模型存在偏差，那么这将会在组合的风险管理方面造成比其他类型的量化模型组合更深的影响。

一、回撤风险

对于常见的以战胜投资基准为目标的阿尔法策略（积极策略）

或者简单的复制市场指数的被动策略来说，一个潜在的风险在于，无论是由于业内的习惯做法还是投资指引的硬性要求，投资经理的关注重点往往是相对于投资基准的相对风险（如跟踪误差），容易忽视绝对风险（如波动率）。这种趋势限制了投资经理对于风险的关注范围，使得投资经理对于更加广泛的风险领域关注不足，如下行/回撤风险。例如，在2008年金融危机中，有的共同基金的跌幅超过30%，因为根据投资指引的要求，它们不得不在一定跟踪误差范围内追踪特定的投资基准，而这些投资基准的跌幅甚至高达40%。

风险平价组合作为一种贝塔组合，其主要风险是回撤风险，可能带来较大幅度的净值下跌。常见的导致大幅回撤的情况主要来自市场失灵。风险平价容易失灵的市场情况主要是，在流动性衰竭的市场中当各类资产的风险溢价变得枯竭时，如2008年金融危机。解决方案在于，解冻资本市场，采取适度宽松的货币政策，使市场恢复流动性，重建各类资产的风险溢价，如2008年金融危机以后美联储推出的QE（量化宽松）即为对于风险平价市场失灵情况的解决方案。

自各类风险平价策略的投资产品面世以来，主要面临的两次较大的回撤分别发生在2008年金融危机期间和2013年“削减恐慌”（taper tantrum）期间。

（一）2008年金融危机

图7-1反映了在2008年金融危机中股债60/40组合[1]和风险平价组合[2]各自的回撤情况。

1 股债60/40组合，即60%的股票（MSCI全球股票指数）+ 40%的债券（巴克莱全球综合债券指数）。此处使用的股债60/40组合为月度再平衡。

2 使用HFR目标波动率为10%的风险平价指数计算。本章下同。

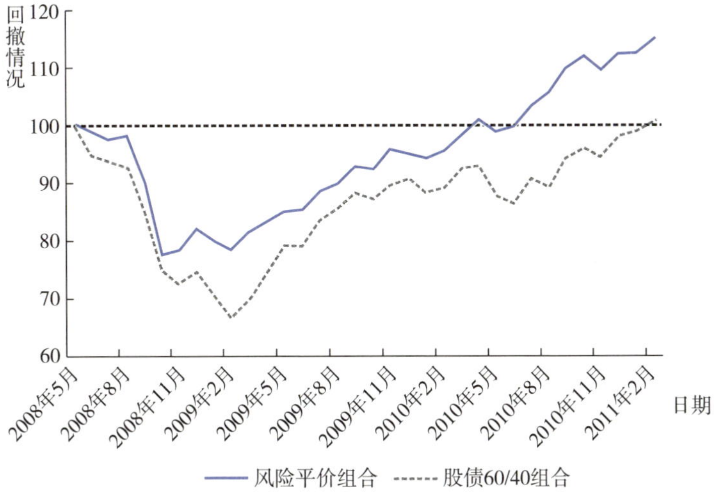

图 7-1　2008 年金融危机期间风险平价组合与股债 60/40 组合回撤情况对比

图 7-1 对比了 2008 年金融危机期间风险平价组合与股债 60/40 组合的回撤幅度，以及之后各自的恢复过程。从历史收益来看，2008 年金融危机发生前风险平价组合的业绩高点位于 2008 年 5 月 31 日，因此以 2008 年 5 月 31 日作为高水位线（high water mark），同时比较同期的股债 60/40 组合的业绩表现。

从图 7-1 中可见，风险平价组合的回撤幅度小于股债 60/40 组合，并且恢复时间也短于股债 60/40 组合。图 7-2 反映了风险平价组合与股债 60/40 组合在 2008 年金融危机后回撤的恢复时长，其中风险平价从最低点恢复至金融危机前的高水位线用时 18 个月，而股债 60/40 组合回到同期水平用时则长达 24 个月。

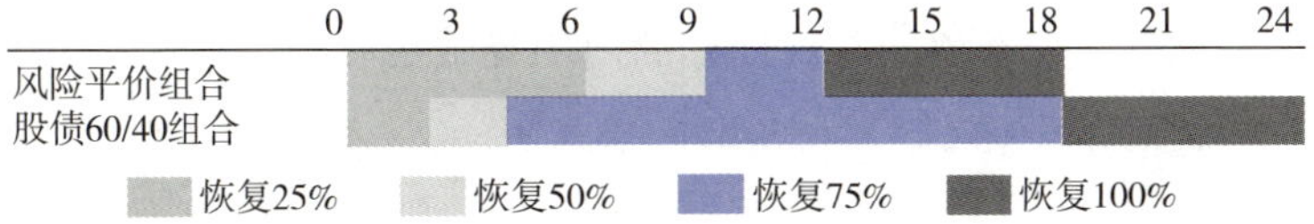

图 7-2　2008 年金融危机后风险平价组合与股债 60/40 投资组合回撤恢复时长（单位：月）

在2008年金融危机中，风险平价组合比股债60/40相比，回撤幅度小，主要原因有两个。

第一，风险平价的配置理念不以预期收益率为基础。各资产的预期收益率并不一定准确，尤其是在发生危机时，实际的收益率与进行配置时的模型预设有极大偏离。基于预期收益率的传统配置方法会导致在危机时风险分散的失灵，而风险平价方法下，预期收益率假设不会运用在制定配置比例的过程中。

第二，增加杠杆虽然会带来额外的风险，但资产分散化可以降低更多的风险。风险平价策略中的杠杆主要用于增加低风险资产的波动性，如债券。在类似2008年金融危机的尾部风险事件中，在极端的市场环境下，各类资产出现分化，而风险平价所使用的债券一般是评级高、流动性好的优质债券资产，在尾部风险事件中往往成为避险资产。同时，风险平价策略并不会使用太多的杠杆，并且杠杆资产流动性好，这部分资产在价格变动的时候可以很容易进行调整。

（二）2013年“削减恐慌”

除2008年金融危机外，风险平价组合另一次较为急速的下跌发生在2013年5~6月的“削减恐慌”期间。这次“削减恐慌”主要受到美联储可能减少量化宽松规模预期的影响，各类资产波动增加，流动性预期收紧。

2013年的“削减恐慌”属于流动性风险事件和非极端市场情况，各类资产之间并未形成分化，呈现普遍下跌，风险平价策略所涉及的各类资产均无幸免，并且杠杆的使用导致更多损失。这次事件揭示了利率风险对于风险平价策略的潜在影响，[1] 在这次事件中，风险

1 关于利率风险对于风险平价组合影响的更详细分析，请参考本书第八章。

平价策略的表现并不如像在2008年金融危机尾部风险事件中那样，说明流动性风险事件相对于极端市场条件来说，在与其他资产，尤其是股票资产相比时，更不利于风险平价策略。

图7–3显示了2013年“削减恐慌”期间各类资产的表现及其后的恢复情况。可见，2013年5~6月，风险平价组合的跌幅较其他各类资产更显著。

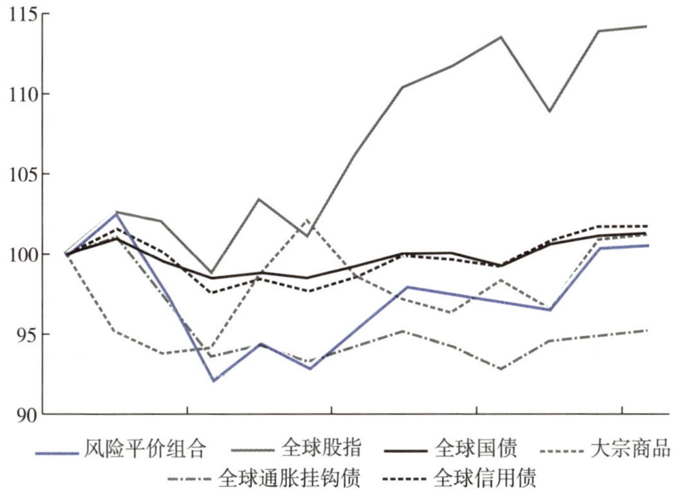

图7–3　2013年“削减恐慌”期间风险平价组合与其他主要资产类别的回撤及恢复情况

二、模型风险

除去作为贝塔组合不可避免的市场下跌时的回撤风险外，对于风险平价策略来说，它同时也是一种典型的基于投资模型的量化策略。对于使用量化模型进行投资的组合来说，一个常见的风险来自模型风险。

任何模型都是对现实的抽象和简化，在终极意义上，所有的模型都不正确。但是，如果抛开追求绝对和完美，在现实意义层面对于模型的使用进行探讨，那么常见的模型风险主要包括两类：一是不正确的模型；二是正确但使用不当的模型。

模型风险具体到风险平价策略是指风险平价组合的风险模型未能准确地捕捉和度量真实的风险水平，或者在使用模型的过程中未能准确地执行模型，从而导致投资组合偏离投资策略的正确水平。

自 20 世纪 90 年代以来，一方面，大量计算机科技的应用，包括编程软件、组合分析工具等，使得量化投资得到快速发展，同时大幅提升了组合管理与交易的自动化水平；另一方面，日渐复杂的金融工具以及衍生品的发展和使用，使得投资组合的产品种类也日渐复杂。这些因素对于风险平价组合的模型使用来说，不仅创造了机遇，同时也带来了挑战。对于一个自动化程度较高且使用了杠杆化衍生品的风险平价组合来说，任何模型的微小错误都有可能带来严重的后果。

除去模型本身的偏误之外，风险平价组合的模型风险还包括未能准确执行模型的结果，其中较为常见的是实际组合与模型偏离过大的问题。随着市场的波动，组合中持仓头寸的比例可能会偏离模型理论值。这些偏离如果保持在一定幅度内，对于实际组合表达模型结果的影响不大，尤其考虑到校正偏离还需额外的交易成本，组合经理通常会选择容忍这些小幅偏离。但是，当实际组合与模型偏离过大时，即便模型本身并不存在错误，从最终结果来看实际组合依然无法准确地表达投资理念。

第二节　风险平价组合的风险管理

在投资过程中，风险总是无处不在。在进行投资管理时，必须要对风险有清晰和正确的认识。科学、审慎地进行风险管理有多种方法，不同的投资机构应当根据自身情况建立相关的风险管理体系和机制。

对于风险平价组合的风险管理来说，回撤风险可以被认为是组合的动态风险，即在特定市场压力下和特定时间段的风险；而模型风险可以被认为是风险平价组合的静态风险，即投资模型固有的风险或者实际组合对于模型的偏离。针对风险平价组合常见的主要风险，可以参考以下方法进行相应的风险管理。

一、回撤风险的管理

（一）减风险操作

虽然风险平价组合通过精细的风险敞口管理达到了较好的风险分散效果（与高股票集中度风险的组合相比，风险平价组合本身就蕴含了分散化这一风险管理的理念），但是作为典型的贝塔组合，风险平价组合仍然存在对市场风险的敞口。

在杠杆化组合的管理实务中，应对市场出现大幅下跌的方式主要是减风险操作，即通常所说的“去杠杆”。对于风险平价组合来说，一旦市场下跌触发了减风险操作，组合各类风险资产的敞口也将相应按比例降低，以减少损失。

触发减风险操作往往需要以某种指标作为判断依据。一个直观的指标是回撤幅度，尤其是短期滚动回撤幅度，如 3 个月滚动回撤。除此之外，在市场行情大幅下跌时，尤其是在风险平价组合可能出现的最为严峻的各类资产普跌的情况下，各类资产的相关性往往会增加。因此，将组合风险分散化水平作为参考指标也是较为合理的选择。

当市场趋于稳定、策略开始盈利时，通常止损操作可以终止，因为当市场反弹时如果继续保持低杠杆水平，那么“止损”操作就变成了“止盈”操作。重新返场的加杠杆操作同样也需要以相关的指标为参考。

减风险操作的本质并不是一个增加收益的操作，而是一个减少损失的操作。衡量减风险操作的效果一般是考虑其机会成本，即如果不进行减风险操作组合的损益情况。如果自触发减风险到杠杆水平完全回到正常值期间的损失小于不进行减风险操作组合可能的损失，那么就可以认为减风险操作是有积极贡献的。当杠杆水平降低后，如果市场持续保持震荡下跌且在短时间内没有反弹，如 2008 年金融危机的案例，那么减风险操作一般可以带来积极贡献。但是，如果市场行情下跌后在较短的时间内快速反弹，如 2013 年“削减恐慌”期间，那么减风险操作往往不能产生积极贡献，甚至可能带来负贡献。持续且大幅的下跌案例毕竟罕见，因此对于大多数市场下跌来说，减风险操作可能都是有成本的。但是，对于每一次下跌，只有事后分析才能看清楚市场行情的最低点，而当身处下跌之中时，对于底部的估计则十分困难。基于此，减风险操作就像给组合购买保险。保险所针对的都是小概率事件，如果这些小概率事件不发生，那么相应的成本就是所支付的保费，是否要购买这样一个“保险”，见仁见智，不同的机构对此有不同的看法，可以进一步探讨和研究。

（二）压力测试

压力测试是用特定场景下投资组合的盈亏表现来度量组合可能出现的尾部损失的分析方法，也是一种异常市场情况下尾部风险的分析工具。在 2008 年金融危机中统计型风险指标的局限性凸显后，压力测试受到越来越多的重视。在尾部风险较高的市场环境中，压力测试可以成为有力的分析工具，其作用包括：估算投资组合多因子变化下的尾部风险的潜在规模，分析组合对单一风险因子的敏感度，监测在险价值指标难以捕捉但可能对组合造成显著下跌的风险事件，以及帮助设定尾部风险限额，等等。

压力测试的主要形式包括敏感度分析和情景分析。敏感度分析主要是测试单个风险因素或一小组密切相关的风险因素的变动（如收益率曲线的平移）对组合收益的影响，而情景分析模拟一组风险因素（如股票价格、汇率和利率）在同时变化的情况下组合收益的变化。根据情景分析是否使用资产价格间的相关性，情景分析压力测试可分为历史情景压力测试和预测型压力测试。敏感度分析着重考察特定风险因素对组合特定构成部分的影响，而情景分析评估所有风险因素变化的整体效应，更多地用于整体组合层面。

由于每次压力测试只能说明尾部事件的影响程度，并不能说明尾部事件发生的可能性，所以进行压力测试并不意味着抓住了风险平价组合回撤风险管理的实质。压力测试更多的只是对组合短期风险状况的一种衡量。

二、模型风险的管理

（一）模型检验

针对潜在的模型风险，尤其是模型本身有误的这一类模型风险，最直接有效的方法就是进行模型检验。模型检验是核实模型的表现能否收到预期效果的过程，是积极地应对可能的模型风险的一种方式。对于模型检验来说，应当关注两个核心部分：一是基本概念的合理性；二是模型结果与实际结果的差异。

不断加深对风险平价组合基本概念的理解可以帮助投资经理更

好地改进模型。风险平价的模型离不开参数的设置。对于风险平价组合的模型来说，一个常见的挑战是在灵敏性和稳健性之间寻找合理的平衡：过于长期的参数设置可能使组合无法适应短期的市场变化，而过于短期的参数设置又可能使组合的换手率过高。为了不断提高模型的信度和效度，在模型参数检验方面较为常用的方法是进行回溯测试（back-test）。

从理论上来看，良好的风险模型应该可以较为准确地预测特定时间段内风险事件发生的概率和事件发生后组合的损益，并且可以准确区分组合中的高、低风险资产类别，以及高、低风险时间段。在确定了风险模型和参数之后，模型的预测能力需要用市场数据进行验证。回溯测试是将模型的估算结果与实际发生的损益进行比较，以检验模型的准确性、可靠性，并据此对模型进行调整和改进。如果模型结果与实际结果较为接近，那么说明模型的准确性和可靠性较高，如果模型结果与实际结果相差较大，则表明模型逻辑存在问题或者参数设置不合理，需要进一步完善。

（二）敞口限额

风险平价组合虽然以整体来看属于做多型投资，但是使用杠杆的特点使得很多投资者对风险平价组合的风险管理格外重视。针对杠杆型组合的风险管理，一个常见的方法是进行敞口限额。

敞口限额又包括头寸敞口限额和整体组合敞口限额。头寸敞口限额是指对某一资产或因子的总敞口设置上限，整体组合敞口限额是指对整体组合的杠杆倍数进行限制。

假定投资模型存在较高的模型风险，进行敞口限额可以降低由模型错误所导致的损失。敞口限额相对于积极的模型检验来说是低成本的风险管理手段，可以作为对于常规的模型检验的补充。

（三）投资于不同管理人

对于有能力投资于多个风险平价管理人的大型机构投资者（如养老金、主权财富基金等）来说，进行模型风险管理可以考虑通过对不同的风险平价管理人进行投资来实现模型风险的分散。图 7–4 为不同风险平价管理者模型差异示意图。

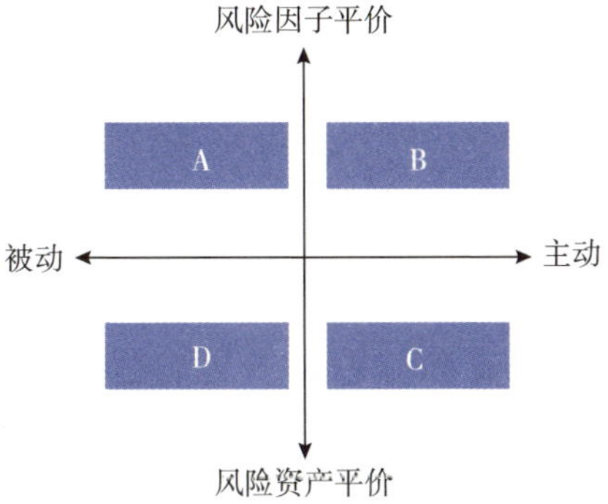

图 7–4　不同风险评价管理人模型差异示意图

虽然每个风险平价管理人的模型核心理念类似，但在组合设计和具体实现层面仍然有较大的差异。这些差异主要体现在颗粒度和风格两个维度上。

颗粒度主要是指在具体的组合构建时使用风险资产还是风险因子作为平价的基础。从实际产品来看，一些管理人选择以风险因子（如经济增长、通货膨胀、实际利率、信用等）作为进行风险平价的基石，另一些管理人则以风险资产（如股票、固定收益、大宗商品、通胀挂钩债等）作为进行风险平价的起点。

风格主要是指管理人的投资模型在多大程度上接近理想化的、纯参数的风险平价模型。有的管理人属于较为被动的模型驱动型，很少加入对未来的趋势预判，而另一些管理人则相对主动，在具体操作上会根据资产估值、宏观经济形势、市场情绪等做出调整，形成战术指标对风险预算做动态调整，具有更大的灵活性。

不同的管理人在这两个维度上的选择进行组合，可以产生同一投资理念下不同的投资模型。

不同方法的存在本身就证明了对于风险的度量、配置的把握可以存在不同的观点，并不存在“唯一正确”的方法。每种因子或资产分类方法以及组合管理风格均有其优势和局限，而使用不同模型的管理人进行分散化投资，是有效降低模型风险的方法之一。

（四）再平衡操作

配置比例是影响风险平价组合投资回报的重要因素。随着时间的推移，组合中的资产、证券表现不一，组合会偏离初始设定的目标配置比例。在进行组合管理时，其中一部分重要的工作就是定期检查投资组合各资产的实际权重比例，以免与初始设定的目标产生过大偏离。

再平衡是将组合中各资产从当前比例调整回目标比例的操作，其目的是降低实际组合相对于模型的偏差，是重要的风险管理工具。在投资组合的比例调整中，以下两种极端情况应该避免：一是过于频繁地进行调整；二是从不进行调整。相比之下，按期、合理地将组合各部分比例调整回初始值则是一种更为恰当的方式。

进行再平衡操作，其首要意义是对实际组合风险进行积极管理，防止组合较模型目标配置产生过大的偏离。系统地、长期地、有纪律地进行再平衡操作，可以从制度上防范配置和模型风险，从而提高投资者的主动性和灵活性。

当进行再平衡操作时，人们常会关注的一个问题是：偏离目标配置多大幅度时需要进行再平衡操作？对于这个问题的回答，应当结合风险平价组合的风险容忍度和具体资产的交易成本综合考虑。

对于有经验的组合经理来说，再平衡并不是一个特别新鲜的话题。常见的股债60/40组合的管理中经常涉及再平衡方案的设计等话题。但是，对于风险平价组合来说，不同于传统的以资本加权方式构成的组合（如股债60/40组合）在进行再平衡操作时重新调整各部分市值的权重，风险平价组合在进行再平衡操作时并不以市值占比的调整为目标，而是以整体组合的目标波动率和各部分的风险贡献为目标。

第三节　再思风险平价组合

本书前几章已经对风险平价投资的相关知识进行了详细的介绍。在对于风险平价投资直观认识的基础上，不妨对其核心思想再做深入探讨。

一、对于均衡性的认识

前文提到了再平衡这一话题，由此我们可以进一步延伸到关于风险平价组合均衡性的认识。在风险平价策略中，“平价”一词是对“parity”的翻译。在“平价”或者“parity”这一名称中，直观地包含了一种均衡的概念。

在风险平价组合常见的基准中，无论是60/40股债混合基准还是绝对收益基准，都不是均衡型基准，通过与基准成分进行比较的方式无法有效地判断风险平价组合是否处于均衡状态，所以必须采取其他方式进行判断。

追本溯源，要想进行关于风险平价组合均衡性的相关评判，必须要回到风险平价基本经济情景的模型原理上来。这里所说的“均衡”，是指对于风险平价组合来说，已实现经济情景相对于期望而言的正面惊喜（surprise）和负面意外（disappointment）的概率应该呈50/50。

这一推论的假设是基于有效市场假说（efficient market hypothesis，简称 EMH），在强或半强（strong/semi-strong）的有效市场形式下，价格能够以足够快的速度进行调整，从而反映投资者预期的变化，无论是基于事件、新闻还是其他的市场行为。正因如此，由于市场上任何的惊喜或意外都会较快地耗尽，为了更好地达到贝塔组合的均衡，与其押注于某一种经济情景，不如做好两手准备。

为了验证风险平价组合的均衡性，可以对长周期的组合表现进行检验。对于宏观经济情景，常用的两个指标是经济增长和通货膨胀，各资产对于这两个指标在不同情景下有不同的表现，通过事后结果，可以得到宏观经济情景是惊喜还是意外的结论。从跨越超过 40 年的较长历史时期的累计概率来看，在经济增长和通货膨胀的维度上，正面惊喜和负面意外的概率非常接近 50/50。这一观测结果证实了风险平价思想的有效性，与预期一致。

除了在较长的历史周期内表现出均衡性外，在相对较短的周期内，风险平价组合的均衡性又如何呢？同一窗口长度下均衡性随时间推移的偏离又是怎样的呢？

上述问题可以认为是对长周期问题的一般化，其极限情况就是在任意时间截面上（如每秒、每天）对组合进行均衡分析。稍微放松条件（如每月、每年、每三年），即可得到关于较短的时间长度下组合均衡性的判断。

经过对实际组合的数据分析，我们发现，在任何时点，组合都无法处于完全均衡的状态，而这正是均衡性的体现形式。

正如价格围绕价值上下波动是价值规律的表现形式，而且是唯一表现形式，已实现经济情景惊喜和意外的概率分布围绕 50/50 的平均概率发生偏离并在长期趋于均值回归则是风险平价组合均衡性的表现形式。

为帮助理解这一看似矛盾的结论，我们以骑自行车作为类比，如图 7–5 所示。在自行车骑行过程中的绝大多数时刻，在垂直方向上车身并不是完全垂直地面，而且在水平方向上行驶轨迹也并不是完全平行于前进方向的。要求车身时刻保持垂直且水平方向没有偏离是完全不必要且不利于前进的。骑车人和自行车会随着路线自行摆动以达到整体的平衡。只要左右的偏离幅度没有使得车辆歪倒，那么骑车人就可以较好地掌控自行车的平衡并前进。

回到风险平价的案例上来，我们可以通过观察非均衡的偏离程度来得到组合是否处于均衡的结论。在较短的窗口长度下，如 12 个月，以月度频率观察到的对于均衡的偏离可能是频繁且持续的，并且对于经济增长和通货膨胀可能都是如此。但是，如果将窗口长度拉长到 36 个月，则偏离均衡的时长和幅度较 12 个月的结果都有明显的改善。这清楚地体现了关于均衡的论述：均衡组合可能在短期处在非均衡状态，短期非均衡的组合在长期会趋于均衡，这便是风险平价组合均衡性的表现方式。

图 7–5　骑自行车与“均衡”

图片来源：视觉中国（www.vcg.com）。

基于上述分析，作为一名长期投资者，应该清醒地认识到，短期对于均衡状态的偏离是正常的，应当正确理解风险平价中“均衡”的含义，进而采取相应的分析手段得到关于偏离的合理期望。

尽管风险平价策略可能使用了非均衡基准，但作为一种均衡性的投资策略，风险平价应当有所为有所不为。作为组合管理者，应当遵循风险平价的核心思想，保证组合较好的均衡性和在不同经济情景下的对冲有效性，敬畏并遵循市场规律，以期在长期获取较好的风险调整后收益。

二、风险平价组合的核心

风险是一种不确定性。对于“风险”的定义似乎很难找到教科书般标准的答案，投资活动中的“风险”是指对于获取未来投资收益的不确定性。出于对损失的天然厌恶，人们在面对不确定性时尤为关注的是损失发生的不确定性，风险管理应运而生。

现代投资组合理论的诞生也对风险管理领域产生了巨大的影响，其中最为重要的启示是分散化（diversification）对于风险管理的意义。

风险平价组合的本质在于，它既是一种投资策略，也是一种风险管理模式。风险平价的核心优势在于，它极大地提高了投资组合的风险分散化水平，并且投资组合也建立在对风险的准确衡量和良好管理上。

风险平价理念的产生，对于多资产投资的发展和完善起到了重要的补充。

三、多资产投资及其发展

多资产投资，顾名思义，即在投资组合中同时对多个资产类别进行投资。多资产投资的优势在于，利用多个资产类别进行风险分散化的投资，提升风险调整后收益。

多资产投资的内涵随市场发展而得到延伸。起初，多资产投资主要是指一种战略性资产组合，在市场的驱动下获取市场波动带来的相对收益，作为一种配置方式存在。如今，多资产投资大多寻求绝对收益，成为波动市场中获取稳健收益的一种解决方案，更多的是指一种较为具体的投资策略。多个资产类别作为收益来源，可以帮助投资者获取更加平滑的收益。

从一种配置方法到一种投资策略，多资产投资内涵的拓展使得对于多资产投资的定义也在不断丰富。拥有多个资产类别的投资组合可以认为是广义的多资产投资，通常涉及配置的概念，包括传统的以收益率为基础的马科维茨的均值 - 方差配置方法、简单的股债组合、增加另类资产配置的捐赠基金模型，以及以风险为驱动的风险因子配置、风险平价，等等。更为具体的多资产投资则是作为一种投资策略，包括全球宏观策略对冲基金、风险平价等。有趣的是，风险平价投资作为典型的多资产投资，按照上述分类既可以作为宏观的配置方法，也可以作为具体的投资策略。

（一）风险平价作为配置方式

近几十年来，市场的周期性、波动率变化以及金融工具的拓展对机构投资者进行资产配置产生了巨大的影响。市场的周期性、波动率变化直接影响了投资者进行投资决策时对预期收益率和风险的观点，而金融工具的可得性则影响了观点的执行方式。

虽然 2008 年金融危机已经过去若干年，但在短短数月内全球股票、原油的下跌幅度之巨，依然令人记忆犹新、不敢忘怀。任何一个单一投资于股票等某一特定资产类别的投资者，即便进行了全球性的分散化投资，也仍会在危机中承受惨重损失。传统以收益率为基础的配置模型所生成的组合，无论是均值－方差配置组合、股债60/40组合，还是捐赠基金模型组合，也都在危机中产生了大幅回撤。

面对这样的教训，资产管理者进行了广泛的探索，以期可以更好地应对各种市场环境的冲击。以收益率为基础配置生成的多资产组合，尽管可以利用风险分散化的优势，但因为在资产配置时严重依赖预期收益率等参数，当市场情况发生突变、参数与原始设定产生较大偏离时，组合依然会承受较大损失。而以风险为驱动生成的多资产组合，则不受上述限制的影响，自2008年以来得到了较为迅速的发展。

在本书第一章中提到的诸多资产配置方法中，较为常见的资产配置类型的特征如表7–1所示。

表7–1　常见资产配置类型的特征对比

配置类型	配置方法	主要风险	优势	局限
以收益率为基础	简单股债组合（如股债60/40组合）	股票风险	简明易行、成本较低	收益不稳定
	均值－方差	股票风险	追求收益与风险的最优配置	对于参数敏感，风险过于集中
	捐赠基金	股票风险	较传统方法增加了另类投资，收益提高	对于参数敏感，风险过于集中
以风险为驱动	风险因子	风险溢价随时间变化	分散了股票风险，收益稳定	挑选因子及按照因子构建组合存在困难
	风险平价	流动性风险	分散了股票风险，收益稳定	具有杠杆，尾部风险需要管理

（二）风险平价作为投资策略

当风险平价作为一种较为具体的投资策略时，它的投资理念是通过对不同经济环境、不同地域、不同资产类别的同等的风险配置，以期获得长期稳定的风险溢价回报。

风险平价组合呈现了与传统组合不同的风险和收益特征，特别是相对于资本加权模式下的传统配置方式股票风险集中度高的特点来说，风险平价策略的各类资产风险占比更加均衡，在一定程度上提高了组合的夏普比率。图 7–6 对比了传统资本加权组合与风险平价组合的风险分布情况。

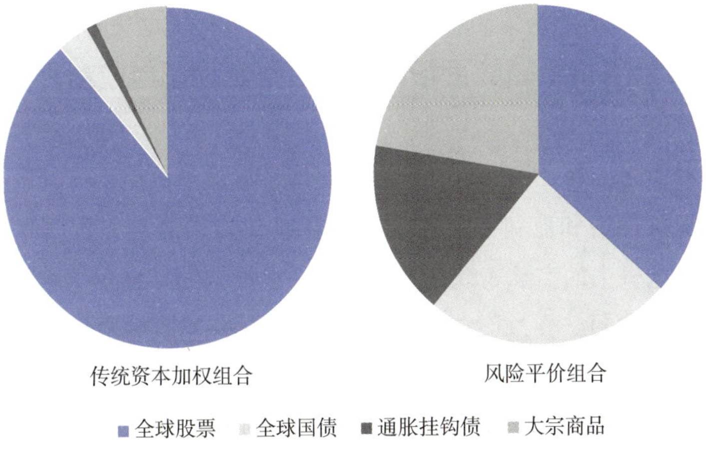

图 7–6 资本配置与风险配置的风险分布比较（示意图）

第四节 风险平价组合的定位

风险平价策略作为一种多资产策略，较传统单一股票或债券策略的最大的区别在于，当具有多个资产类别时，天然就产生了各类资产如何最优组合的配置问题。因此，在风险平价策略的探讨中，资产配置理念是一个无法回避的话题。

对于风险平价组合的定位问题的回答，实际上必须回到不同的投资机构进行风险平价投资的初衷上来。

我们经过调研诸多大型投资机构后发现，运用风险平价组合进行投资的主要目的一般有两个：一是想学习和掌握这种较为前沿的资产配置和组合生成方式；二是希望获取稳定、良好的收益回报。这两个目的并不矛盾，而且好的资产配置模式必然可以产生好的收益，因此实际上第二个目的应当是第一个目的的客观结果。

在第六章中，我们已经从风险平价策略的业绩角度出发做了一些详细的分析，这里不再重复。本章主要是从投资机构总组合的角度出发，从以下三个问题入手，探讨风险平价策略乃至多资产投资的定位。

一、风险平价策略能否帮助总组合稳定地超越收益目标

对于这一问题的回答，实际考察的是风险平价作为一种投资策略的盈利能力和盈利稳定性。根据 2003 年以来的实际数据和 2008 年金融危机中的实际表现来看，风险平价策略的年化收益率较高[1]，回撤幅度温和，收益稳定，对于实现超过 6% 左右的常见业绩目标具有正贡献，风险平价组合的盈利能力和盈利稳定性应该得到肯定。

对于大型的机构投资者，尤其是以大型养老金、主权财富基金、捐赠基金等为代表的关注长期风险调整后收益的投资机构来说，追求总组合收益在长期的稳定增长无疑是极为重要的目标。从风险平价近十几年的业绩表现来看，其风险与收益特性与这些大型机构投资者的目标十分吻合，可以有效地帮助这些机构达到或超越业绩基

1　参考本书第六章测算结果。

准，应该得到进一步重视。

二、作为投资策略，风险平价组合在总组合中的占比应该是多少

作为一种投资策略，风险平价组合可以直接为投资人获取较好的投资收益，多个资产类别作为收益来源可以帮助投资者获取更加平滑的收益。受数据时长限制，[1]根据第六章的测算结果，我们初步认为，如果在一个以股票、固定收益为主导的组合中加入风险平价策略，对于整体组合而言，风险平价策略在其中的占比具有很大空间。

但同时我们也应该看到，目前对于风险平价债券杠杆的使用在利率上升时期的表现还存在一些争议，在升息环境下的表现具有不确定性。另外，与传统的捐赠基金模式相比，风险平价组合缺少私募股权投资等形式的另类投资，无法捕捉非流动性风险溢价。

整体而言，从优化总组合风险调整后收益的角度来看，对于一个类似股债60/40组合与风险平价组合加总形成的总组合而言，[2]风险平价组合占比从5%增加到20%是总组合年化波动率下降幅度最为显著的区间，也是总组合夏普比率提升效率较高的区间。对于不同的投资者来说，要确定风险平价的具体总组合占比，应当结合其流动性需求、杠杆比率限制以及风险容忍度等情况进行全面考虑。

三、作为配置方式，风险平价投资对于总组合的意义与作用

一直以来，多资产组合都是资产配置理论和组合管理理论的前

1 虽然存在超过10年以上的实际组合业绩数据，但是不同起止时间的选择可能产生不同的结果。本文选择了HFR目标波动率为10%的风险平价指数建仓至本书完稿时的全部数据。

2 请参考第六章图6-2和图6-3。

沿领域，一些复杂的多资产组合中还囊括了另类投资。风险平价组合作为一种多资产组合，“麻雀虽小、五脏俱全”，可以看成是一个微缩的总组合，是大型机构投资者进行总组合管理的一块“试验田”。

作为一种配置方法，多资产组合可以选取不同的资产配置方法，风险平价是其中的一种选择。进行风险平价投资，有助于促进大型投资机构提升资产配置水平。由于风险平价组合涉及多个资产类别，投资产品多元化，投资工具多样化，客观上还有利于不断促进组合构建与管理水平的提高。

四、寻找风险平价策略的合理定位

综上所述，进行风险平价投资可以帮助大型机构投资者提高组合收益能力，增加组合收益稳定性，提升资产配置水平和增强组合管理能力。

从近十几年的业绩来看，风险平价策略对于投资机构的总组合稳定地超越长期业绩目标具有积极作用，各资产形成了较为平衡的风险分布，与其他资产相比，风险水平合理，业绩较为稳定。

从组合优化角度来看，适当提高风险平价策略的总组合占比可以提升总组合的风险调整后收益。

风险平价策略不仅可以帮助提升总组合业绩，其本身作为一种多资产投资，兼具资产配置的概念。通过投资风险平价组合，可以在投资组合构建、风险因子分析、风险预算制定等多方面获得更多的经验。

- 风险平价组合的主要风险包括回撤风险和模型风险。
- 针对回撤风险和模型风险，可以采取多种有效手段进行风险管理。

- 投资组合管理者应当结合风险平价组合的风险收益特征，对风险平价组合进行合理定位。

本章参考文献

[1] Derman E. Model risk [R]. Goldman Sachs Quantitative Strategies Research Notes，1996.

[2] Inker B. The hidden risks of risk parity [N]. GMO White Paper，2010.

[3] Mendelson M，Adam Berger，Daniel Villalon. Risk parity，risk management and the real world [J]. AQR Capital Management，2011.

[4] Qian E. Risk parity fundamentals [M]. Florida：CRC Press/Taylor & Francis Group，2016：179–186.

[5] Jorion P. Financial risk manager handbook [M]. 5th ed. New Jersey：John Wiley & Sons，2009：707–709.

关于作者

李玥

李玥是中投公司多资产策略组副总裁、投资组合经理，专注于运营和管理中投公司的风险平价策略。在担任风险平价投资组合经理之前，她曾负责中投公司总组合的投资业绩评估和资产配置方案分析，对于资产管理公司的前中后台业务均有较为丰富的知识。她获得了北京大学光华管理学院金融专业经济学学士学位和美国圣路易斯华盛顿大学金融专业理学硕士学位，她是 GIPS（全球投资业绩标准）全球委员会的委员及 CIPM（投资表现衡量证书）持证人。

第八章　升息环境中的风险平价

如果利率上升，风险平价能否跑赢大市？这是很多人关心的问题。我们认为，即使利率累计上升幅度较大，风险平价投资策略仍能在利率适度上升的环境下跑赢传统投资组合。利率在短期内大幅上升会拖累所有资产配置策略，但利率冲击对风险平价的影响可能大于传统投资组合。与传统资产配置相比，风险平价可以提供虽然幅度不大但是十分关键的优势，通常会小幅跑赢传统资产配置，可以形成长期的、较大的优势。从长远来看，我们相信分散化策略将会胜出。

第一节　风险平价组合在升息环境下的表现

全球政府债券收益率已呈现上升趋势，再加上风险平价组合在2013年“削减恐慌”时期步履维艰，批评风险平价的不和谐声音重新浮出水面。批评家认为，风险平价注定在利率上升环境下表现逊色。因此，他们得出结论：由于利率仍然处于低位，并且最终将会进一步上升，所以该策略不具有吸引力。本章旨在消除对风险平价的常见误解，并着重阐述我们认为该策略在利率长期上升的环境下可能会有何表现。

在金融媒体，甚至一些专业文献中，最常见的一个误解是风险平价投资无非就是“杠杆化债券”。然而实际上，许多风险平价组合只将大约三分之一的风险预算投资于全球名义国债和通胀挂钩政府债券，而且投资组合的大部分风险源于全球股票、大宗商品、信用和外汇。尽管风险平价组合相比股票风险高度集中的传统股债平衡组合更容易受到利率变化的影响，但风险平价组合的目标是更平均地依靠各类资产（包括固定收益），而不是仅靠股票或债券。风险平价组合的依据在于，从长远来看，风险分散化的投资组合在既定风险水平下比集中型投资组合表现更佳。风险平价的存在使投资者能够通过跨越各个风险资产分散投资，这是传统资产配置无法提供的，因为它们的股票风险非常集中。

虽然风险平价背后的理念从 20 世纪 50 年代就已经出现了，但是该策略的实施始于20世纪90年代后期，恰逢利率下降时期。因此，如果我们即将进入一个利率持续上升的时期，那么重要的是理解该策略将会如何表现。

图 8-1 是 1926—2013 年美国 10 年期国债收益率图。我们重点关注有阴影的时期，在此期间，收益率从 1945 年 11 月的低点 1.6% 左右一直上升至 1981 年 9 月的高点 15.8%，并且在距 2013 年 7 月几个月前回落至 1.6% 左右。虽然过去从来都不是对未来的完美预测，但通过把重点放在利率大幅起落的时期，我们希望避免只考虑利率下降时期可能出现的偏差。我们将样本分为三个子期间：利率适度上升时期、利率急速上升和利率下降时期，以便可以进一步探讨风

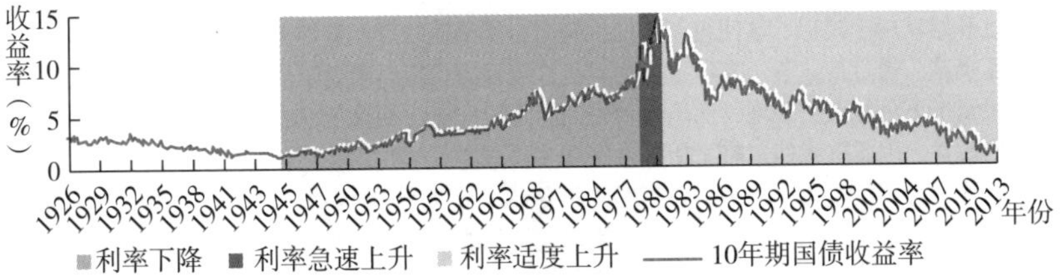

图 8-1　美国 10 年期国债收益率

险平价和传统投资组合在每个一般情况下可能的表现。

为了检验风险平价策略的表现，包括其在利息上升环境下的表现，我们模拟了1947年8月含有三个资产类别的简单风险平价策略的回报。我们选择的这个时点稍晚于1945年11月美国10年期国债收益率低位的时间，因为我们从该时点才可以开始获取到高质量的大宗商品期货价格数据。[1] 简单风险平价策略的目标是在股票、债券和大宗商品上承担等额的风险。每个月都会再平衡，目标是保持投资组合的年化波动率为10%。针对投资组合的波动率，我们采用一个简单的资产波动率预测：每个资产类别已实现的最近12个月波动率。[2] 图8–2包含了本研究所使用的全球一篮子股票、债券和大宗商品的更多细节。[3] 请记住，本研究的重点不在于精确地考量风险平价在1947年可能的走势，我们无法调整时钟回到过去去投资该投资组合；相反，本研究的目的在于说明，如果我们未来经历类似第二次

1 根据现货价格的变化，商品现货从1945年到1947年表现非常好。因此，如果我们能够从1945年11月月初开始分析，那么风险平价的表现将会更好，但我们希望本分析能够反映可投资商品期货的回报。

2 我们在这里分析实施简单风险平价策略的模拟效果。不同风险平价管理人的实施方法会有较大差异。所使用的投资工具和所投资的市场，维持总风险和相对风险贡献不变所采取的措施，风险预测手段，基于风险平价核心基础上的主动偏离，以及各管理人如何处理回撤，等等，均会影响每年的结果。这些实施差异可能导致短期内的较大差异，并可能导致长期的重大差异，但这些都不是本章的主题。我们已经研究了许多这些实施差异，并且认为只要对股票和债券做出全球性分散化投资且对商品做出重大投资，那么本章的结果对于这些不同的实施方法就具有适用性。

3 本研究包含我们在历史上各个时点所有可以获取到收益率数据的市场。图8–2详细说明了各市场在何时加入模拟。只有少数全球股票、债券和商品市场的数据可以从1947年8月开始就用于模拟。这使得创建的投资组合所涵盖的资产类别（过于）狭窄。本研究的要点是，通过传达一个在收益方面具有代表性的模拟，来说明风险平价组合在特定的加息情况下可能有何表现，而不是讨论在特定时间做出的投资或已经投资的组合可以实现的收益。因此，我们忽略了历史融资和交易成本等问题，股票和债券的期货市场以及回购融资等现代金融市场工具在当时并不存在，所以当时很多类型的投资组合的实施都不可行。但是，我们仍然认为如果未来出现类似的环境，那么本研究对于风险平价组合在不考虑交易成本和费用情况下的表现的结果是具有代表性的。重要的是，扣除现行标准下的交易成本、融资成本和费用（以后可能会有相关性）并不会实质性地改变研究结果。

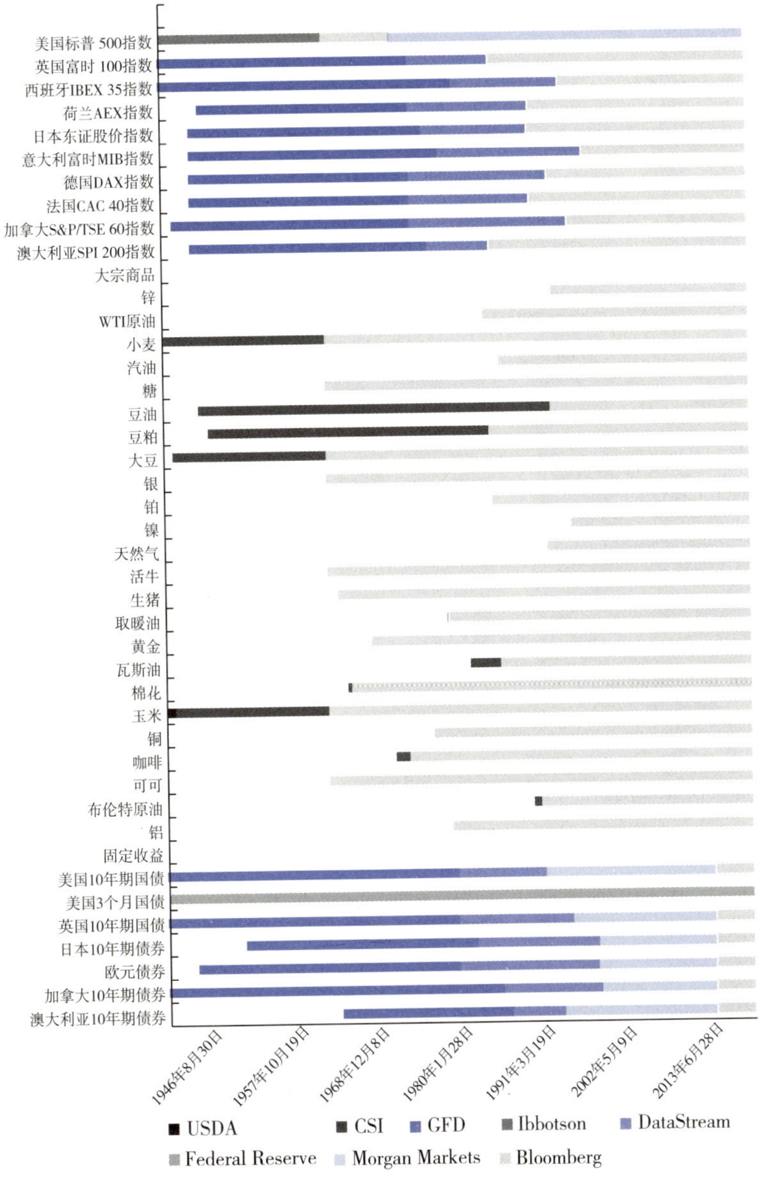

图 8-2 数据来源说明

注：USDA 为美国农业部，CSI 为 Commodity System Inc.，GFD 为全球金融数据库（Global Financial Database），DataStream 为汤森路透 Data Stream 数据库，Federal Reserle 为美联储，Morgan Markets 为摩根大通摩根市场。

世界大战后的市场环境，包括利率长期和显著上升，风险平价将会有怎样的表现。

表8-1列出了简单风险平价策略和股债60/40组合（美国和全球）的一些业绩数据。

表 8-1　不同历史时期中的业绩数据

	年化收益率			波动率			夏普比率		
	60/40 美国	60/40 全球	风险平价	60/40 美国	60/40 全球	风险平价	60/40 美国	60/40 全球	风险平价
按子期间划分：									
利率上升时期：1947—1981 年	7.0%	8.3%	10.7%	9.0%	7.2%	10.3%	0.30	0.57	0.62
利率下降时期：1981—2013 年	11.0%	10.5%	12.8%	10.1%	9.7%	9.3%	0.65	0.63	0.90
完整期间	8.9%	9.4%	11.7%	9.6%	8.5%	9.9%	0.48	0.59	0.74
以 10 年为期划分：									
1947—1949 年	6.9%	3.4%	14.9%	8.7%	7.3%	9.1%	0.67	0.32	1.52
1950—1959 年	11.8%	13.2%	14.1%	7.2%	5.1%	10.7%	1.37	2.20	1.14
1960—1969 年	5.5%	6.7%	8.3%	7.9%	5.5%	10.5%	0.19	0.49	0.41
1970—1979 年	5.0%	7.1%	11.3%	11.0%	9.2%	10.0%	−0.12	0.09	0.50
1980—1989 年	15.3%	17.2%	14.1%	12.3%	10.4%	10.3%	0.53	0.81	0.52
1990—1999 年	13.8%	10.8%	13.3%	9.3%	9.2%	10.1%	0.96	0.65	0.84
2000—2009 年	2.5%	3.4%	9.9%	9.5%	9.7%	8.5%	−0.02	0.08	0.85
2010—2013 年	11.2%	8.6%	7.5%	7.6%	8.6%	7.8%	1.47	0.99	0.94

数据来源：自有数据，简单风险平价策略的表现是基于理论组合的测算。

在整个样本时期和1981—2013年的利率下降时期，简单风险平价策略在年化收益率和风险调整后收益方面的表现均超越了美国股债60/40组合和全球股债60/40组合[1]，更出人意料的是，在1947—1981年的利率上升时期，简单风险平价策略也跑赢了。如果我们设计一个仅投资于美国股票和债券市场的风险平价策略，我们将会发现这个只涉及两个市场的风险平价组合在利率上升时期表现不佳。然而，实施风险平价策略并不会只包括美国的股票和债券。在股票和债券内部进行全球分散化以及分散投资于大宗商品的投资组合更能代表实际的风险平价投资组合，并且纳入这些其他的市场会显著改变结果。

尽管风险平价整体表现良好，包括在长期加息的时期，但值得注意的是，风险平价在某些特定时期的表现可能会不及其他资产配置方法。我们认为，从长期来看，风险平价比传统资产配置略有优势，即使在利率长期上升时期，这种优势依然存在，但它并非套利工具，也并非灵丹妙药。对于任何具备核心但并非大幅优势的投资策略来说，为了获取潜在的长期收益，投资者必须在长期持续严格遵守投资纪律（或者能够准确预测该策略表现不佳的时期，通常很多人声称能够做到这一点，但实际上只有很少人能够真正做得到）。

第二节　利率上升速度的重要性

风险平价配置和传统配置在利率迅速上升时期通常都会蒙受损失。利率冲击可能会导致投资者降低其投资组合的风险，并在短期内转投现金作为最优选择。当利率急剧上升——比市场预期

1　美国股债60/40投资组合包括60%的美国股票配置和40%的美国10年期国债配置，每月再平衡。全球股债60/40投资组合包括60%的GDP加权全球股票市场配置和40%的GDP加权全球10年期国债市场配置，每月再平衡直至1970年1月，之后我们使用MSCI全球股票指数以代表股票部分。在1970年之前，我们没有全球所有股票市场的市值数据。对于在不同时点新增的市场数据我们都会及时纳入，并且对债券部分进行货币对冲，这一点与普遍的投资实务做法一致。按照标准的实施方法，风险平价组合采用货币对冲。

更快时，来自长期资产（如股票和债券）未来现金流的现值将会减少。很明显的是，收益率突然增加会直接拖累固定收益投资（名义债券和通胀挂钩债），但其对股票的影响可能取决于具体情况。对于股市而言，股票对利率升高的反应取决于盈利和股息增长带来的预期现金流增长是否足以抵消更高的贴现率的影响。

基于本研究，风险平价投资组合在利率稳定、下跌，甚至以适当速度上升的环境下均表现良好。为了突出在利率急速上升时期的表现，我们选择了样本中收益率涨幅最大（债券价格跌幅最大）的两年，并将其标注为"利率急速上升"。表 8-2 显示了本模拟的三个子期间的表现比较。

1947 年 8 月—1979 年 9 月，10 年期美国国债的收益率由约 1.8% 上升至 9.4%，32 年上升了 760 基点。在此期间，风险平价投资组合的表现远胜于两个传统投资组合。然而，1979 年 10 月[1]—1981 年 9 月，10 年期国债收益率进一步迅速上升 640 个基点，年化利率达 15.8%。在这段短暂的时期内，所有投资组合均大幅跑输现金，而且风险平价组合蒙受的损失最大。

即使对固定收益风险的配置比传统投资组合更大，风险平价组合在利率长期适度上升的时期表现如何呢？表 8-3 显示了不同资产类别在这三个子期间的表现特征。

有几个有趣的现象值得注意。第一，所有资产类别在整个时期提供了稳健的风险调整后收益；第二，即使在某些资产类别未能提供良好的风险调整后收益的较长时期（如 1947—1981 年的债券或 1981—2013 年的大宗商品），更加分散化的风险平价组合的表现更佳；第三，作为一个资产类别，债券在利率长期适度上升时期仍然提供了超过现金的回报。

1 保罗·沃尔克（Paul Volcker）被任命为美联储主席几个月之后。

表 8-2 三个子期间的业绩比较

	年化收益率				波动率			夏普比率			月份数
	60/40美国	60/40全球	风险平价	现金	60/40美国	60/40全球	风险平价	60/40美国	60/40全球	风险平价	
按子期间划分：											
利率温和上升：1947 年 8 月—1979 年 9 月	7.5%	8.7%	11.9%	3.8%	8.8%	6.8%	10.0%	0.42	0.72	0.81	49%
利率急速上升：1979 年 10 月—1981 年 9 月	0.0%	3.1%	−6.7%	12.7%	13.0%	11.7%	14.4%	−0.98	−0.82	−1.35	3%
利率下降时期：1981 年 10 月—2013 年 6 月	11.0%	10.5%	12.8%	4.4%	10.1%	9.7%	9.3%	0.65	0.63	0.90	48%
完整期间	8.9%	9.4%	11.7%	4.3%	9.6%	8.5%	9.9%	0.48	0.59	0.74	100%

数据来源：自有数据，简单风险平价策略的表现是基于理论组合的测算。

表 8-3 不同资产类别在三个子期间的业绩比较

	年化收益率				波动率			夏普比率		
	股票	债券	大宗商品	现金	股票	债券	大宗商品	股票	债券	大宗商品
按子期间划分：										
利率温和上升：1947 年 8 月—1979 年 9 月	11.1%	4.2%	14.6%	3.8%	10.2%	3.0%	15.4%	0.71	0.12	0.70
利率急速上升：1979 年 10 月—1981 年 9 月[1]	10.0%	–1.3%	–3.0%	12.7%	12.4%	11.2%	17.5%	–0.22	–1.26	–0.90
利率下降：1981 年 10 月—2013 年6月	9.7%	9.7%	6.3%	4.4%	14.5%	6.3%	13.4%	0.36	0.83	0.14
完整期间	10.4%	6.6%	9.9%	4.3%	12.5%	5.3%	14.5%	0.48	0.43	0.39

数据来源：自有数据。

一个常见的误解是，如果人们对利率的走向有很好的预测，那么人们可以很容易地进行债券市场择时交易。然而，为了从债券市场的“择时”中获得收益，不仅要正确预测利率的未来走向，而且还要正确预测收益率走势的速度和幅度，这是一个相当困难的任务。其原因在于，债券价格反映市场对未来利率路径的预期。投资者通常预计利率会上升，导致收益率曲线向上倾斜（远期利率高于短期利率）。只要保持类似的期限结构，向上倾斜的收益率曲线使债券投资者能够获得票息和骑乘效应（roll down）的回报，为债券投资者带来利率可能会上升的缓冲。如果收益率没有像预期一样上升，债券投资者通常可以享受较高的风险调整后收益。如果债券收益率确实

1 在利率急速上升的时期，三个资产类别都跑输现金。在这个短暂的时期，债券令人意外地与股票同样获得了正的名义总回报，但是两者都跑输现金，从而导致负的夏普比率。债券虽然蒙受资本利得的损失，但是这部分损失得到了高额息票率的补偿。

像预期一样上升，债券投资者往往已经获得了一定的风险溢价（补偿收益率可能增加更多的风险）。因此，在利率长期显著上升的这个较长的时期内，债券投资者仍然能够获得高于现金的收益。

在我们所研究的第二次世界大战后的时期，按总收益和风险调整后收益来衡量，股票的确是三个资产类别之中表现最好的类别。从基本面来看，股票在 1947 年 8 月估值很低，当时美国股票的市盈率仅为 11.3 倍（第 26 百分位），而在样本期间结束时的 2013 年 6 月，美国股票的市盈率高达到 23 倍（第 86 百分位）[1]。因此，股票在第二次世界大战后能够从市盈率倍数上升中获得额外收益，而债券则在估值方面经历了起落的过程，这更加凸显了分散化的巨大价值。通过研究债券收益率起伏的期间以及股票估值急剧上升的期间，我们分析了一个特别不利于风险平价而有利于股票风险占主导地位的股债 60/40 组合的期间。尽管风险平价在此期间受到不利因素的影响，但分散化投资组合仍然优于集中投资组合。即使提前知道股票在这段时间内表现最好，仍然可以从投资组合的分散化中受益。

在利率长期适度上升期间，大宗商品和股票的表现已经足以抵消固定收益的疲弱表现。当然，未来不一定会发生这种情况，市场可能出现很多不同的走势。在许多其他的可能性中，下面考虑其中五种情况。

（1）利率可能进一步下降。这是"日本"或全球通缩情景。央行的举措没有产生持续的影响，经济增长和通货膨胀依然疲弱。当然，虽然这不是一个良好的经济情况，但风险平价应该能独善其身或表现更好，因为固定收益可能会跑赢其他资产类别。

（2）利率可能保持在当前水平上下。经济增长仍然疲软，通货膨胀依然较弱。股票和大宗商品的平均回报率可能低于平均水平，

1 股票是否可以在未来几年重复这种表现还有待观察。

但在这种情况下，债券可能会表现良好，因为投资者将获得票息，并从当前陡峭的收益率曲线上获得骑乘收益。

（3）由于增长预期升温，利率可能上升（实际利率上升，但通货膨胀仍然处于控制范围）。增长型资产（如股票）可能表现良好，此外工业大宗商品（由于需求增加）也可能表现良好。贵金属和通胀挂钩债可能会与名义债券一样面临挑战。分散化投资组合（如风险平价）可能会产生合理范围的正收益，但可能会落后于传统投资组合，因为传统投资组合集中在股票上，应该会表现良好。

（4）由于通货膨胀预期升温，利率可能上升。在这种情况下，股票和名义债券可能会蒙受损失，但大宗商品和通胀挂钩债可能会提供收益方面的保护。

（5）由于全球主权信用危机或央行失去对货币政策的控制，利率可能上升。虽然不太可能发生这种情况，但它也是一种合理的情景。在这种情况下，大多数资产类别可能会下跌，因此分散化也不会有太多帮助。如果发生这种情况，关键在于保证本金安全，而风险管理手段将会发挥作用。[1] 在发生这种情况之后，可能会有许多便宜的资产可供投资，因此关键是要保存充足的可供投资的资本。

现实情况是，未来可能会出现上述一种或多种情况，而对于不同市场可能对各种情形的反映，我们能做的也仅仅只是预测。市场表现可能会出乎意料。我们认为，面对意外冲击，我们最好的防御措施是建立坚实的基础，不依赖于预测准确与否，而是基于长期的预期（市场对于投资回报以风险溢价）以及分散化，这是使我们在

1 不同的管理人处理风险管理和回撤的方式各有不同。我们认为，关键是要制定一个正式的回撤控制机制，这种机制力求在可能或将会发生超出“正常”范围的情况时降低投资组合的风险水平。同样重要的是，这个机制对于何时恢复正常的风险敞口水平也应该有一个清晰的路线图。

任何特定资产类别面临挑战时都能维持投资的最好方式。

第三节 展望

风险平价投资并不是万能的。如果所有的资产类别都下跌，那么风险平价也会蒙受亏损。当股票飙升时，风险平价可能会表现非常好，但也可能逊色于股债 60/40 组合和其他押注股票的投资。当利率急速上升时，或者更一般化来说，当多个非股票资产类别表现不佳时，风险平价在短期内将难以追赶股债 60/40 组合或者其他以股票为主的投资组合。但是，正如本章所述，即使在利率长期上升的情况下，风险平价仍然可以跑赢大市。任何人对风险平价进行评估时都应该考虑多种情况，包括导致投资股债 60/40 组合的投资者蒙受重大损失的股票暴跌情况，以及某些资产类别表现相当好而其他资产类别表现不那么好的常见情况，分散化在这些情况下将为投资组合提供重大价值。

我们认为，风险平价是一种理性的投资策略，它强调分散化而不是集中化，而且它不是简单的“杠杆化债券”策略。强有力的理论和实证表明，更加分散化的投资组合（如风险平价投资组合）可以带来超过集中型投资组合的风险调整后收益。[1] 当然，风险平价策略也不是所有时候都能跑赢股债 60/40 组合。事实上，过去的数十年为风险平价策略提供了一个良好的投资环境。尽管如此，该策略仍然会从绝对收益、相对收益或两者同时衡量的角度跑输股债 60/40 组合。我们认为，即使在利率长期适度上升的时期，甚至是利率的累积升幅较大的时期，风险平价仍然是略具优势的，并且随着时间的推移可能累积为显著的优势。

---

1 参见 Asness，Frazzini，Pedersen（2012）。

- 研究升息对风险平价组合影响的方法，与在其他宏观环境下（如通胀上升、经济放缓等）对风险平价组合进行评估的方法相似。
- 可以采用情景分析的方法，使用具有代表性的历史数据进行收益率和波动率等量化分析。
- 从长远来看，分散化具有优势。

本章参考文献

[1] Asness C S，Frazzini A，Pedersen L H. Leverage aversion and risk parity [J]. Financial Analysts Journal，2012（68）：47–59.

关于作者

黄耀华

黄耀华现 AQR 资本管理公司合伙人，是全球资产配置部门主管，专注于包括商品、风险平价和管理期货在内的宏观策略研究和投资组合管理。他的研究成果大多发表于国际一流学术期刊，如《金融经济学》《投资管理》等。2013 年，他凭借管理期货方面的工作，被美国晨星公司评为年度另类投资基金经理；同年，由于他在时序动量方面的工作，他还获得了当年对冲基金 Whitebox 研究奖。他是宾夕法尼亚大学杰罗姆 · 费希尔管理及技术项目优秀毕业生，拥有经济学和工程学双学士学位。

布赖恩·赫斯特

布赖恩·赫斯特是 AQR 资本管理公司合伙人，是两项全球资产配置策略管理期货和风险平价的投资组合经理兼交易联席主管。他拥有 20 多年为机构投资者管理资金的经验，不仅擅长传统投资策略，也擅长另类投资策略。2013 年，他凭借管理期货的工作成绩，被美国晨星公司评为年度另类基金经理。此外，他还撰写过多篇关于风险平价和管理式期货的论文，并多次在行业会议上发表演讲。其中，他撰写的《揭秘管理期货策略》一文发表于国际一流学术期刊《投资管理》。在加入 AQR 前，他是高盛公司资产管理部量化研究团队资深成员和帝杰证券公司卖方投行分析师。他毕业于宾夕法尼亚大学沃顿商学院，获经济学学士学位。

迈克尔·门德尔松（Michael A. Mendelson）

迈克尔·门德尔松是 AQR 资本管理公司合伙人，担任风险平价策略投资组合经理，是战略规划和风险委员会成员。在加入 AQR 前，他担任高盛董事总经理，组建了量化交易团队。他曾是管理式基金协会董事会成员，兼任该协会交易与市场委员会主席，目前还担任该协会政务委员会主席。他拥有麻省理工学院数学理学学士学位、管理学理学学士学位、化学工程理学学士学位及化学工程理学硕士学位，并在加利福尼亚大学洛杉矶分校获得工商管理硕士学位。

第四部分

因子投资与智能贝塔

第九章　因子投资

理解各种因子背后的经济原理以及因子投资所蕴含的机遇，是进行多种系统性投资（包括风险平价策略）的关键所在。在本章中，我们将介绍因子投资在风险平价策略中的应用，此外我们将稍微延伸到风险平价以外的领域。

第一节　因子简介

一、因子投资历史

因子是广泛而且能持续解释风险和收益的因素。此类系统性投资由来已久，数十年来学术界一直有记载从系统性收益来源获利的概念。对于系统因子在推动收益中的作用，格雷厄姆（B. Graham）和多德（D. L. Dodd）于 1934 年已做出探讨，并引起关注，近期则有尤金·法马和肯尼思·弗伦奇（Kenneth R. French）的阐述。格雷厄姆和多德于 1934 年发表价值投资的开山之作——《证券分析》（*Security Analysis*），指导人们如何寻找价格低于基本面价值的公司。尽管“因子”一词很久以后才被广泛使用，但“价值”直到今天仍是我们使用的风格因子之一。目前，学术界及执业人士通过各种资产负债表变量或此等变量的变换来获取基本价值的替代值。格雷厄姆和多德当时任职于哥伦比亚大学商学院，该学院目前有专门为格雷厄姆和多德而设立的海尔布伦格雷厄姆和多德投资中心（Heilbrunn Center for Graham and Dodd Investing），延续了价值投资的强大传统。

现代对价值效应的学术研究始于巴苏（Basu，1977），过去数十年，相关论文不断涌现，对价值溢价提出了各种各样的解释。与大多数金融文献一样，这些解释主要分为两大阵营：理性派和行为派。在 1992 年出版的开创性白皮书《预期股票收益的横截面》中，两个简单变量（证券的市值和其净值市价比的解释功能）得到关注；[1] 而马克·卡哈特（Mark Carhart）在 1997 年则对动量作为投资收益的持续推动因素做出了解释。[2]

如果投资者数十年来便已熟谙这些概念，那么为什么因子投资以及其最常见的应用工具——智能贝塔——会突然兴起呢？

智能贝塔确立其资产类别的地位是过去数年影响投资管理行业的若干趋势所带来的结果。首先，由于投资者日益接受被动管理策略所提供的透明度、一致性和低费率，使得指数投资在过去十年兴起。其次，由于众多退休基金及个人退休金账户处于资金不足状态，以至于许多看重指数投资利益的投资者不愿放弃积极管理策略带来的递增收益。最后，通信和科技的发展，意味着投资者可以快速、准确地获取大量有关证券的基本面数据。之前需要由投资分析师做出客观评估才能得出的许多洞察，如今可以越来越轻易地通过系统的方式得出。在这些趋势的共同作用下，智能贝塔策略得到了快速创新和采纳。

---

1 参见《预期股票收益的横截面》（*Cross Section of Expected Stock Returns*），尤金·法马和肯尼思·弗伦奇，《金融杂志》，1992 年 6 月。

2 参见《论共同基金表现的持续性》（*On Persistence in Mutual Fund Performance*），马克·卡哈特，《金融杂志》，1997 年 3 月。

即便对因子的认知可回溯到20世纪60年代，我们仍对投资者今天采用因子投资的广泛程度感到惊讶。我们从调查意见中得知，绝大多数机构投资者计划在短期内增加因子的使用，表明投资者未来几年将不断加深对因子的理解。

同时，我们承认更广泛地应用因子仍面临诸多重大阻碍。我们经常听到以下两大反对意见：一是投资者并不愿意采用与行业共识截然相反的方法，严重偏离行业惯例会面临若干已知职业风险；二是投资者缺乏有效进行因子投资的工具。

第一个疑虑可能会随着时间的流逝而逐渐消除。当越来越多的机构开始使用因子时，它们的同行应乐于效仿。我们意识到，对于部分投资者而言，他们在进行因子分析时使用更好的工具才是他们真正的绊脚石。投资行业正致力于创建因子分析和分配工具，以帮助投资者了解其投资组合中的潜在因子，根据特定目标及参数调整其所需的因子敞口，以及在整个资产类别及策略中配置此等因子敞口。

因子投资是投资界的一大趋势。回顾历史，20世纪80年代，投资主要集中于捐赠型基金模式，新兴市场的首次开拓，以及高流动性和低流动性另类投资的发展。20世纪90年代的重大事件则是指数化，虽然指数化已存在多年，但指数化在1990—2000年才真正兴起并成为主流。21世纪初的主旋律则是ETF呈爆炸性增长，并且在整个市场范围内产生连锁反应。我们相信因子投资将遵循类似路径，而且很可能成为2010—2020年最重大的进展。

二、因子理论：投资组合营养成分

因子相对于资产，正如营养成分相对于食物。食物中的营养成分包括水、碳水化合物、蛋白质、纤维及脂肪等。各类食物均富含多种营养成分，如米饭含有碳水化合物和纤维。我们从食物中获取基本的营养成分，而这些营养成分让我们得以维持生命。

（一）资产与食物的相似之处

1. 一切在于因子，并非资产

最终主导健康的要素是营养成分，并非口味。例如，实验室制造的无味营养物质，可以让人轻松满足营养需求，过着健康的生活，但这样一来就不能享受美食的味道。投资的关键在于资产背后的因子，并非资产本身。正确的投资之道是通过资产类别标签了解底层因子，正如正确饮食需通过食物标签了解营养成分。

2. 资产包括一系列因子

食物富含各种营养成分。若干食物本身就是营养成分，比如水；或近乎只包含一类营养成分，比如米饭主要是碳水化合物。但一般来说，食物大多富含多种营养成分。同理，部分资产类别可视作因子本身，如股票及政府债券，而其他资产则包含多个不同因子。企业债券、对冲基金及私募股权具有不同程度的股权风险、波动率风险、利率风险及违约风险。根据因子理论，此等资产具有潜在因子风险对应的风险溢价。

3. 不同投资者需要不同的风险因子

正如不同的人有不同的营养需求，不同的投资者对不同风险因子组合应该具有不同的最优敞口。例如，考虑到波动率的重要性，许多资产及策略在波动率较高时期（如 2008 年金融危机期间）会产生亏损。大多数投资者并不喜欢波动时期，他们更愿意加强防御，以免在波动率大幅升高时遭受损失。而少数勇敢的投资者则相反，他们承受困难时期的亏损，以便在正常时期获取波动率溢价。他们获得风险溢价的偿付，作为在波动期间承受亏损（有时亏损数额极大）的补偿。又如，投资者对于经济增长需要的不同敞口。一名投资者可能不喜欢GDP增长放缓时期，因为他觉得自己可能会在此环境下失业。另一名投资者（也许为破产律师）可忍受GDP低速增长，因为他的收入在此环境下会有所增加。重点在于每一名投资者对各个不同的因子风险源具有不同的偏好或风险规避系数。

（二）因子与营养成分的区别

然而，因子与营养成分之间存在一项重大差别。营养成分本身对人有益，而因子风险则有害无益。历经不同的困难时期后，我们可获得相应的风险溢价。不同的因子界定不同的困难时期，可能是经济萧条时期（如通货膨胀率高及经济增长放缓期间），也可能是整体市场或若干投资策略表现不佳的投资困难时期。投资者在困难时期蒙受的亏损可通过繁荣时期获得的风险溢价予以补偿。投资的因子理论列明不同类型的潜在因子风险，而各个不同因子代表不同的萧条时期或经历。我们从最基本的因子风险溢价理论——资本资产定价模型（capital asset pricing model，简称CAPM）开始描述因子风险理论，该模型仅列明一个因子：超出无风险利率的市场收益。所有资产具有不同的市场风险因子敞口，且敞口越大，风险溢价越高。市场风险是可交易投资因子的示例之一，其他示例包括利率、价值增长投资、低波动率投资和动量投资组合。因子也可以是基本面宏观因子，如通货膨胀及经济增长。在通货膨胀率较高（较低）期间或经济衰退（扩张）期间，资产具有不同的回报。

三、因子如何帮助投资者达成目标

如果大多数投资者拥有对整个市场进行投资的能力这一前提成

立，那么他们可能会持有按市值加权的多元化投资组合。如此一来，投资者可获得广泛的股权敞口，并且尽量降低持有单一公司股权的风险。

但对于寻求获得高于市场收益的投资者或具有独特偏好或目标的投资者来说，选择注重达成目标的投资不失为更好的方案。有一部分投资者寻求卓越表现，还有一部分投资者寻求降低风险或提升多元化。对于这些投资者来说，我们建议采用差别化的方法。

（一）目标为寻求卓越表现

投资者可选择单一或多个因子策略来帮助提供高于市场的收益。从短期来看，投资者可策略性地采用价值、动量、质量及规模因子，从而达到卓越表现。从长期来看，定期调整目标因子权重可提升策略表现。[1]

（二）目标为降低风险

对于寻求降低其投资组合风险的投资者来说，倾向于波动率较低的股票，这种股票可带来风险较市场偏低的投资收益。为了帮助投资者达成此目标，最小波动率策略过去一直通过选择价格较稳定的股票提供下行保护。

（三）目标为提升多元化

若投资者寻求提升多元化，可选择在诸如经济增长、实际利率、

1 参见《资产管理：因子投资的系统性解析》(*Asset Management: A Systematic Approach to Factor Investing*)，洪崇理（Andrew Ang），2014 年。

通货膨胀等宏观因子的范围内广泛地进行多元资产投资。我们将在本章第三节阐述宏观因子。

第二节　因子行之有效的原理：因子检视清单

投资服务公司可以提出数以千计的投资概念，但这些概念并非全部都是真正的因子。我们使用下面的检视清单来判定某个项目是否足以稳健到可被视作一项因子。

一、它是否曾经创造价值

投资概念数以千计，但在因子投资方面，我们只对几十年来产生过正向的风险调整后收益的概念感兴趣。

如前文所述，20 世纪 30 年代，学术界开始识别被称为“因子”的事物。此事物可推动收益增长，过去几十年的数据显示出其长期价值创造，尤其是格雷厄姆和多德在 1934 年发表了著名的《证券分析》，为价值投资奠定了基础。20 世纪 60 年代，学术界开始正式研究动量因子，而这一趋势一直延续至今。如今，少数股票因子产生的风险调整后收益高于市场，其中包括拥有数十年历史的知名因子：价值、动量、质量、规模和最小波动率。

二、它是否蕴含经济理据

强大的实证数据并不足以证明因子的作用。根据经验，任何数据都需要利用经济理论来判定。因子必须建立在强大的经济直观和学术依据之上。我们可以利用经济嗅觉测试来判断一项良好的分析是否已经不适用：此概念是否可合理地推动收益增长？

以下三个原因使因子帮助投资者利用市场上的特定机遇来赚取潜在的长期收益。

（一）收益风险

若干因子可筛选出能够承受较高风险从而赚取较高的、长期收益的资产。

（二）结构性障碍

市场规则或限制使部分投资者无法进行部分投资，从而为其他投资者创造了机遇。

（三）行为偏差

投资者经常做出不理性的行为，如追逐高价及高风险股票。因子可为持有逆向观点的人士带来机遇。

三、它是否多元化

这一点是检测因子的敞口是否有别于传统市值敞口。它是否有其他收益来源？例如，一项因子如果仅复制跟踪广泛股票市场的投资，则无法提升多元化程度。

理想的情况是，一项因子与其他因子的相关性较低。例如，我们预期价值因子不会跟随动量因子朝着同一方向，按照相同金额，以及在同一时间变动，这是因为它们的投资理念各不相同。

四、它是否可以灵活运用

这一点是判断因子策略能否以有效和具有成本效益的实施方式，以及透明的方式进行。我们需要寻求合理的交易成本、适度的换手率和较高的市场容量。平衡收益、风险及成本是有效使用因子策略的关键，如采用智能贝塔策略的 ETF。

某项因子可能会满足前三点，但不能满足最后一点：它可能是一项需要快速捕捉的投资概念，因此会推高交易成本，或可能针对流动性相对较低的证券。

第三节　专注于两大类别的因子

投资因子分为宏观因子和风格因子两大类别。

宏观因子的风险广泛存在于各个资产类别中。我们的研究表明，与经济增长、实际利率、通胀、信用、新兴市场和流动性因子有关的风险，形成超过 90% 的资产类别差异。

风格因子解释了资产类别内的风险和收益，不仅包括股票，还包括债券、大宗商品、货币，甚至包括私募股权及房地产等私营市场。

这两类因子相互关联，宏观因子通常会影响风格因子的表现。我们先来探讨宏观因子。

一、宏观因子

宏观因子会影响所有投资者及资产价格。当经济增长放缓或出现高通胀时，经济体中的所有公司及投资者都会受到影响，只是程度有所不同。大多数消费者不喜欢低增长和高通胀，因为他们可能会被公司裁员，或其购买力会下降。债权人等少数投资者能从低增长中获利，而油井拥有人等其他投资者则可从大宗商品价格暴涨引起的高通胀中获利。一般而言，不利的宏观因子对于投资者来说意味着困难时期的来临。

因子本身所处的水平对投资的影响通常小于因子所受的冲击产生的影响。多数宏观因子较为稳定：如果今天通货膨胀率较低，我们知道下个月的通货膨胀率极可能也较低，因此通货膨胀率在月底偏低不足为怪。任何期初未曾预料到的通胀变动才令人意外，因此我们通常需要关注宏观因子的意外变动。

资产价格随着此等因子的变化而变化。如果通货膨胀率不断上升或意料之外的通货膨胀率不利变化影响到经济，我们将进入困难时期，资产价格随之下跌。投资者在短期高通胀带来的困难时期所蒙受的亏损，可从长期的风险溢价中得到补偿。

我们的研究表明，各资产类别超过 90% 的收益来自六大宏观因子。经济增长因子、实际利率因子和通胀因子为推动各资产类别收益的最重要因素，信用因子、新兴市场因子和流动性因子也是需要了解及管理的重要推动因素，特别是在危机时期。从长期来看，我们的研究表明，可以通过承受这些因子的额外风险而产生正面收益。

（一）经济增长因子

经济增长因子以全球经济的整体稳健性为基础，通过承担经济不稳带来的风险而提供潜在收益。相关经济理论依据是：增长敏感型资产依赖经济扩张来产生丰厚的收益，但将会在全球经济疲弱时受损。投资者因承受潜在经济下滑的风险而获得长期溢价。

衡量增长的方式之一是 GDP 超出预期的程度，即预期与实际增长之间的差异。投资者可投资于股票（公开及私募）、房地产及大宗商品，借此把握机遇。

（二）实际利率因子

实际利率因子以当前央行政策的主要基本面为基础，通过承受利率变动带来的风险而提供潜在收益。相关经济理论依据是：利率不断上涨削弱了未来现金流量的现值，尤其是名义债券的市值。投资者因承受利率将会上涨的风险而获取长期溢价。利率敏感型资产在实际利率下跌时表现良好，而在利率上涨时受损。

实际利率因子可通过实际利率超出预期的程度来衡量，并通过投资全球通胀挂钩债券而把握机遇。

（三）通胀因子

通胀因子通过承受通胀变动风险而提供潜在收益。相关经济理论依据是：通胀敏感型资产的价值在价格水平上升时不会受到影响。例如，如果价格上升，固定票息率为 5% 的债券价格的吸引力会下降，但该债券息票将保持不变。当通胀预期上升的，通胀敏感型资产的价值会下跌。

通胀因子主要通过通货膨胀水平超出预期的程度来衡量，投资者可理性地做多名义债券而做空通胀挂钩债券，借此把握机遇。

（四）信用因子

信用因子通过承受违约风险而提供潜在收益。相关经济理论依据是：投资者可以向企业（而非政府）提供借款而赚取溢价，因此承受发行人违约的风险。信用溢价也与全球经济的稳健性及资金成本挂钩，但相对于增长敏感型资产来说，其下行风险较大，上浮空间较小。

信用因子主要通过违约率超出预期的程度来衡量，并通过投资企业债券及高收益债券而把握机遇。

（五）新兴市场因子

新兴市场因子通过承受政治及主权风险而提供潜在收益。相关经济理论依据是：投资者投资于开发程度及稳定性较低的市场时，必须承受相关的额外风险，但可从中赚取溢价。此等风险包括政治动乱、货币贬值及没收外国资产等。新兴市场证券本身的波动率较高，并且当市场气氛出现变化时可能会被突然抛售，故识别及适当调整对新兴市场的敞口对于风险控制来说至关重要。

新兴市场因子主要通过新兴市场与发达市场证券的价差衡量，并通过投资新兴市场股票及新兴市场债券而把握机遇。

（六）流动性因子

最后一个宏观因子为持有较低流动性资产的投资者提供收益，并评估全球流动性需求。相关经济理论依据是：持有流动性较低的证券的投资者必须承受在某些环境中可能无法立即出售其投资的风险。通过放弃随时获取资金的权利，投资者可以因承受现金压力及推迟消费而获得溢价。

流动性主要通过小盘股与大盘股之间的价格及波动水平差异来衡量。投资者可通过做多小盘股及做空大盘股而把握机遇。

二、运用宏观因子

上述六个宏观经济因子是资产类别收益的组成部分，且某个资产类别可能同时受多个因子影响。例如，名义债券的投资者因承受通货膨胀风险及利率上涨风险而赚取溢价。除利率及通货膨胀溢价外，企业债券的投资者还因承受信用风险而赚取溢价。股票主要受经济增长风险的影响，但可能因承受通货膨胀及利率风险而赚取轻微溢价。小盘股一般流动性不足且交易成本较高，因此流动性溢价高于其他较易于投资的股票。投资组合所持有的典型流动资产类别的风险因子分解模式如图 9–1 所示。

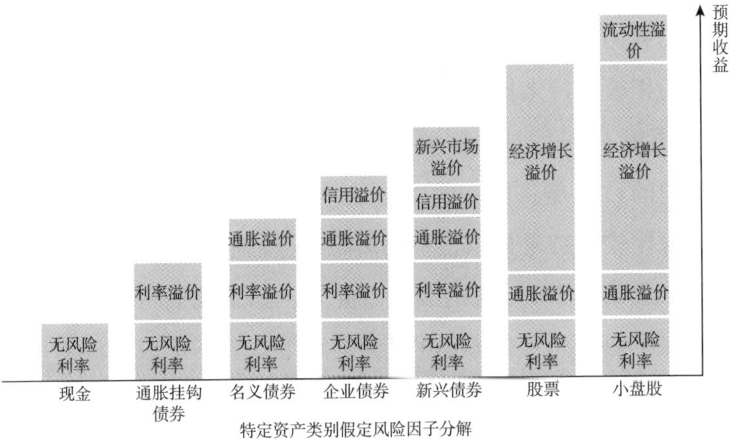

图 9–1　投资组合所持有的典型流动资产类别的风险因子分解模式

将资产类别映射到上述宏观因子中，我们能够更好地了解投资组合业绩的推动因素。我们能从因子的角度对任何投资组合进行说明，从简单的股票做多策略到结构性信用，再到多仓或空仓策略，甚至私募投资（如私募股权或房地产）。通过从因子角度进行分析，我们能够摒除这些复杂结构，专注于收益背后的推动因素，将原本难以理解的现象转换成直观的因子敞口。此外，因子投资能够揭示投资组合中潜在的叠加风险。

集中关注推动收益的宏观因子，令投资组合聚焦于最重要的基本面，并提供更有效的途径分散不可避免的市场波动率。当对投资组合的风险和收益有了较深入的了解后，我们可以建立更稳健的投资组合，以便更有效地达到预期的投资结果。

三、案例分析：中国的宏观因子

我们进行了一项研究，根据宏观因子专门针对中国构建风险平价组合。由于组合仅针对一个国家，我们剔除了新兴市场因子。此外，由于中国没有发行通胀挂钩债券，所以我们将房地产和通货膨胀因素结合成一个单独的名义利率因子。

我们利用指数或指数期货的收益估算宏观因子收益，并按各宏观因子的相等敞口来构建风险平价组合。所有的数据来自 2002 年 2 月—2017 年 11 月的月度数据。

我们的目标是将假定的中国风险平价组合和传统的股债 60/40 组合进行比较。结果显示，根据风险调整后收益，风险平价组合的表现优于股债 60/40 组合的表现。此外，如果我们将风险平价组合的风险水平提升至股债 60/40 组合的水平，则不论根据绝对收益还是风险调整后收益，风险平价组合的表现都更突出。

（一）经济增长因子

我们采用 MSCI 中国 A 股股票指数期货来反映中国经济的增长状况，如图 9–2 和图 9–3 所示。

（二）信用因子

我们采用标普中国企业债券指数及巴克莱中国企业总收益指数来反映企业信用债券的风险溢价，如图 9–4 和图 9–5 所示。

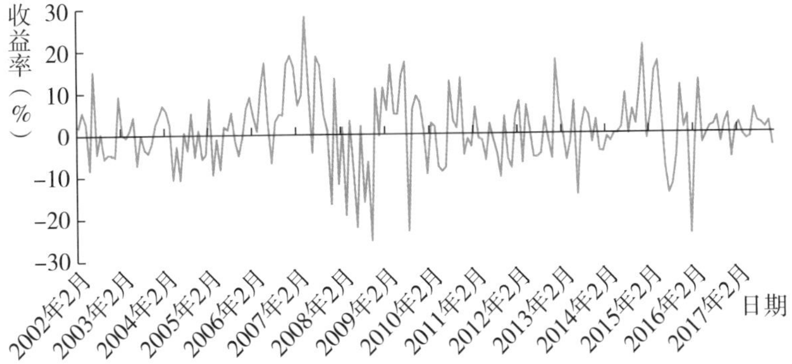

图 9-2 经济增长因子每月收益率

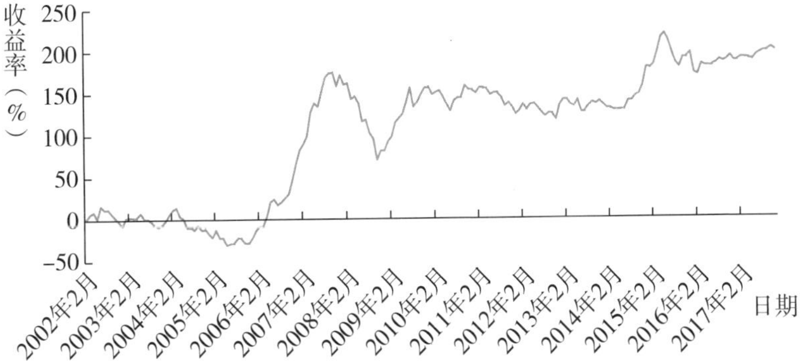

图 9-3 经济增长因子累计每月收益率

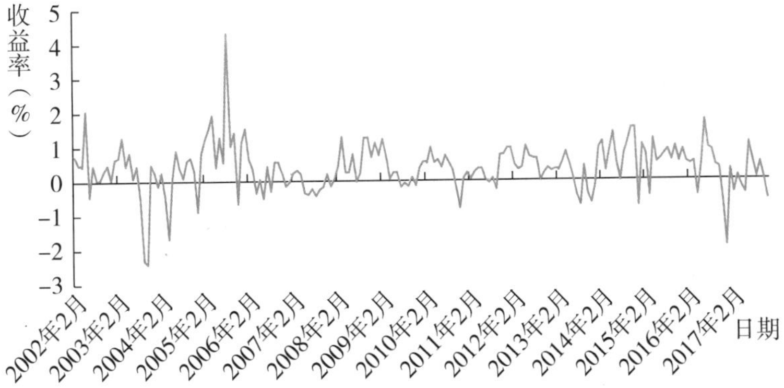

图 9-4 信用因子每月收益率

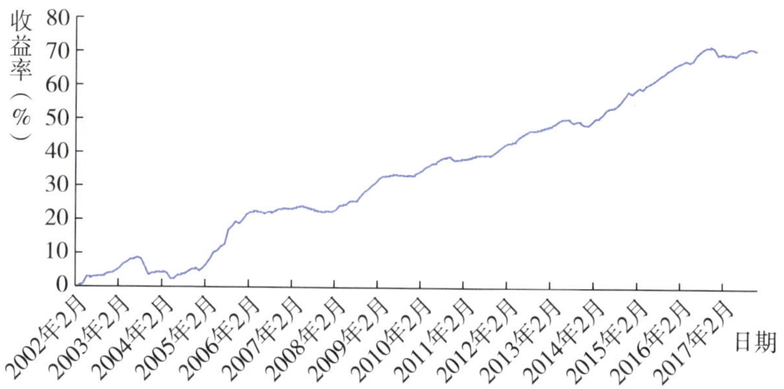

图 9-5 信用因子累计每月收益率

（三）流动性因子

我们通过小盘股中国股票指数期货与大盘股的差异代表有关因子。有关时间序列来自 MSCI 及标普，如图 9-6 和图 9-7 所示。

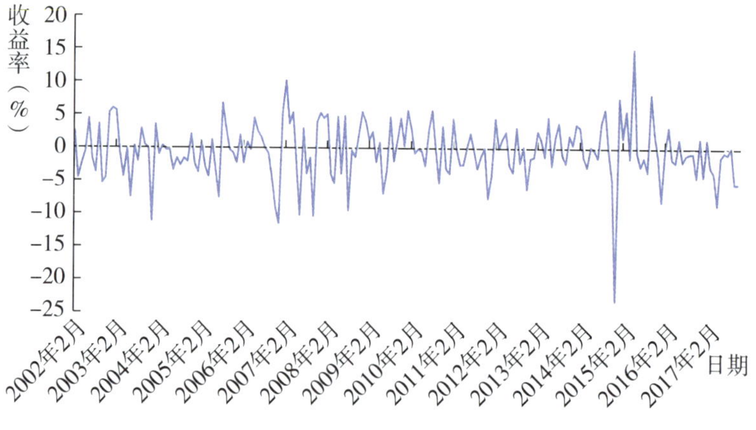

图 9-6 流动性因子每月收益率

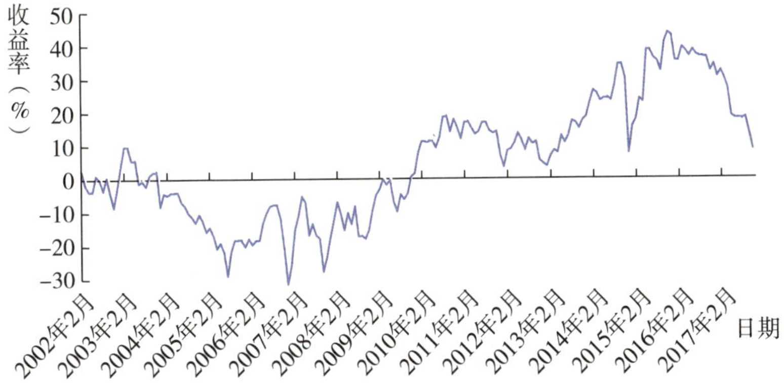

图 9–7　流动性因子累计每月收益率

（四）名义利率因子

我们使用中央国债登记结算有限责任公司设立的中国银行间国债总收益指数，结合实际利率因子及通胀因子专为中国市场计算，如图 10–8 和图 10–9 所示。

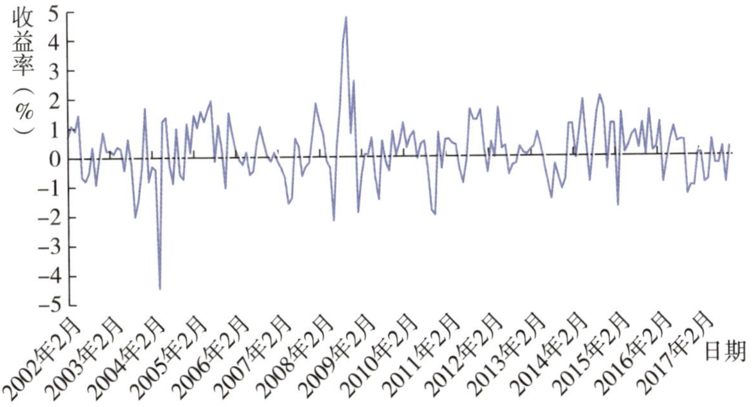

图 9–8　名义利率因子每月收益率

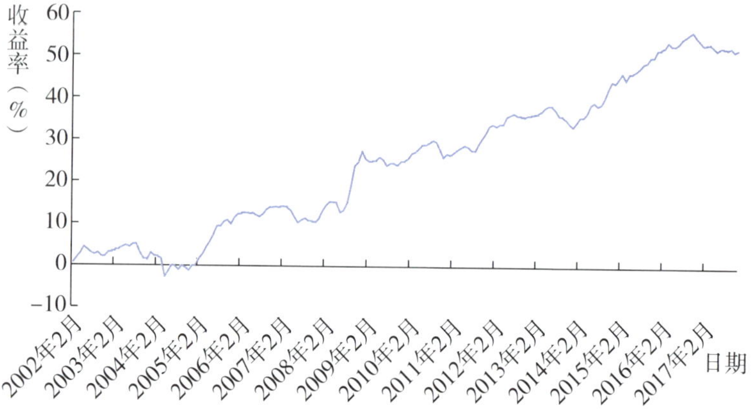

图 9–9 名义利率因子累计每月收益率

（五）构建风险平价投资组合

我们计算风险平价投资组合的各项持仓，以使各项宏观因子的总风险贡献一致。相关性为总风险贡献公式的组成部分，因此非常重要。以 r_i 及 w_i 代表各因子 i 的收益及权重，则投资组合收益及标准差可用下列公式表示：

$$r_p = \sum_{i=1}^{N} r_i \cdot w_i$$

$$\sigma_p = \sqrt{\sum_{i=1}^{N}\sum_{j=1}^{N} w_i \cdot w_j \cdot \sigma_{ij}}$$

其中，σ_{ij} 为因子 i 与 j 的协方差，而 $\sigma_{ii}=\sigma_i^2$ 为因子 i 的方差。因子 i 的总风险贡献定义为：

$$\mathrm{TRC}_i = w_i \cdot \frac{\partial \sigma_p}{\partial w_i} = \frac{\sum_{j=1}^{N} w_i \cdot w_j \cdot \sigma_{ij}}{\sigma_p}$$

我们计算最优化持仓，以使各项宏观因子的总风险贡献一致。构建风险平价投资组合时，波动率及平均值采用三年半衰期，方差-协方差矩阵相关系数估计采用五年半衰期。具体参见图 9-10 ~ 图 9-13 和表 9-1。

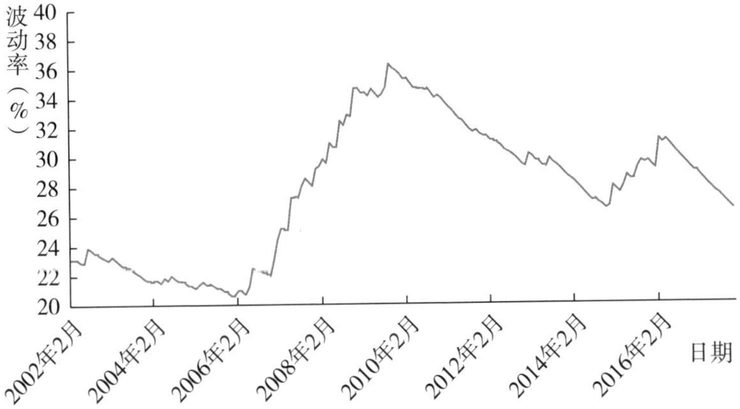

（a）经济增长因子波动率

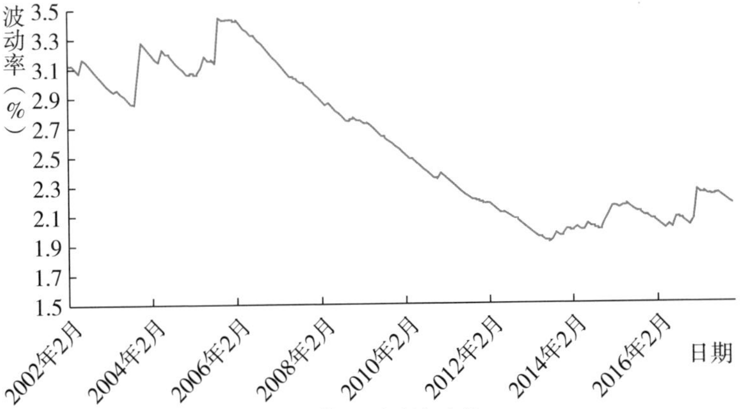

（b）信用因子波动率

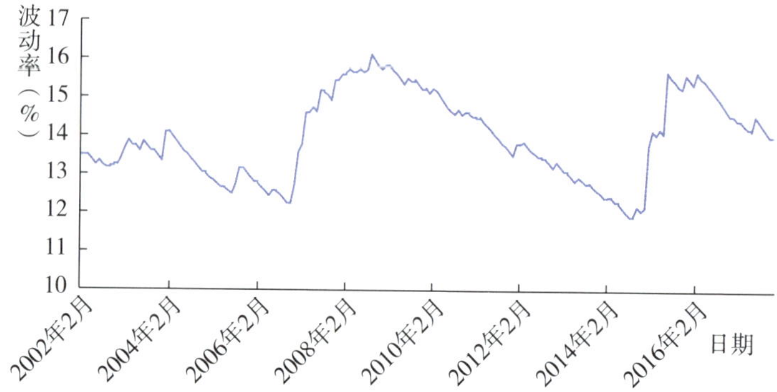

（c）流动性因子波动率

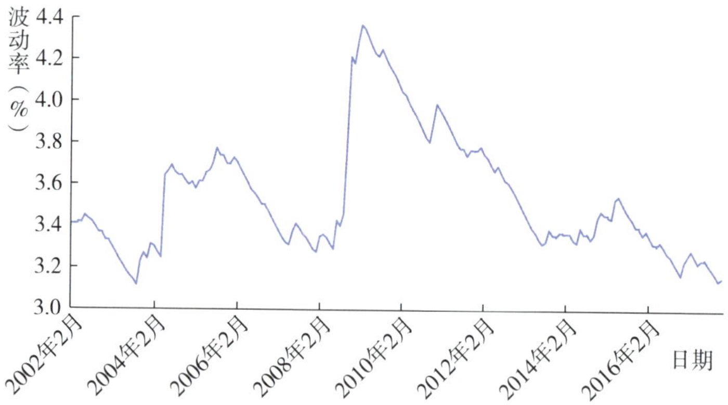

（d）名义利率因子波动率

图 9–10 各项因子的波动率

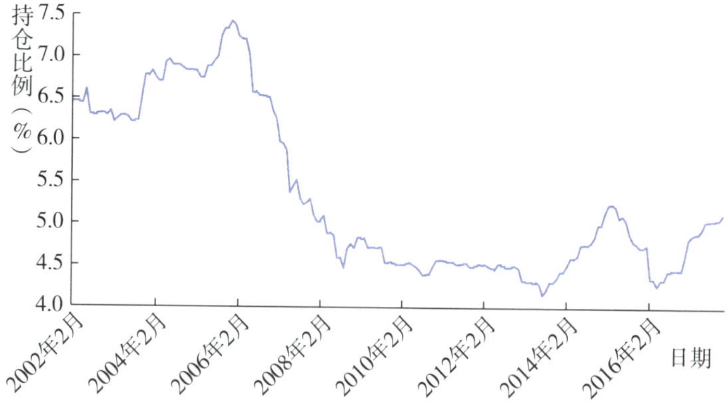

（a）经济增长因子持仓比例

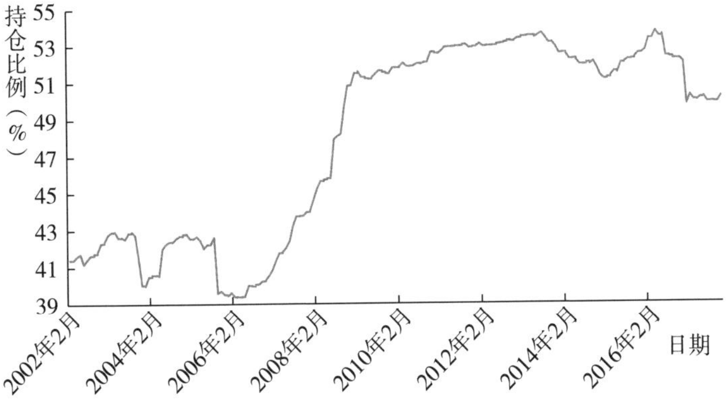

（b）信用因子持仓比例

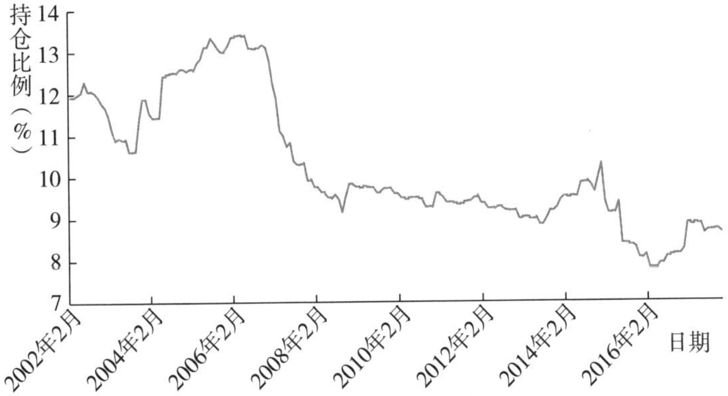

（c）流动性因子持仓比例

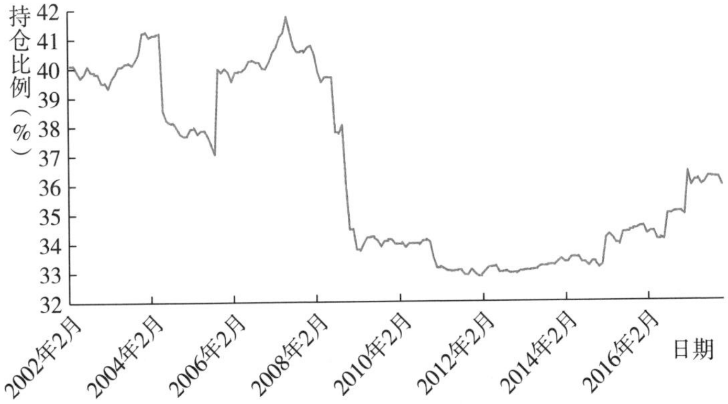

（d）名义利率因子持仓比例

图 9–11 通过优化法计算的各项宏观因子持仓

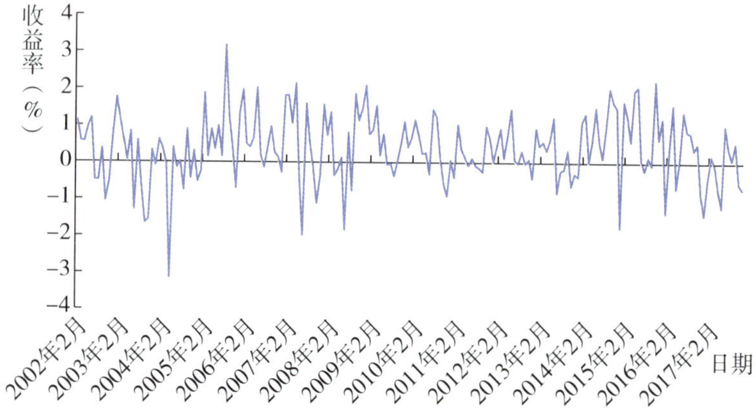

图 9–12　采用宏观因子的风险平价投资组合每月收益率

表 9–1　回溯测试期间风险平价投资组合的表现

年化收益率	4.13%
年化风险	3.17%
夏普比率	1.303 8

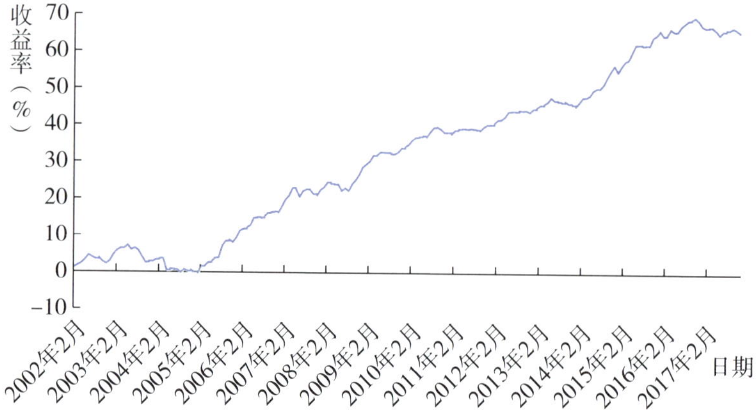

图 9–13　采用宏观因子的风险平价投资组合累计收益率

（六）风险平价组合与股债 60/40 组合的比较

风险平价组合与股债 60/40 组合相比表现如何？我们采用 MSCI 中国 A 股股票指数期货及中国银行间国债总收益指数创设股债 60/40 组合，并按每月调整基准评估 2002 年 2 月—2017 年 11 月的假设性风险及收益。具体参见图 9-14、表 9-2 和图 9-15。

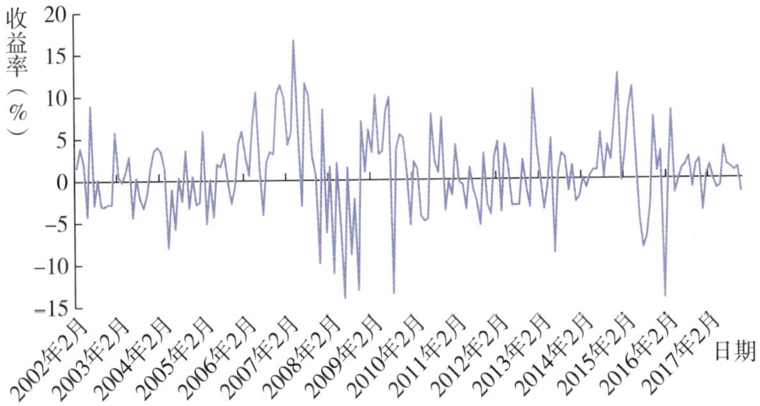

图 9-14 股债 60/40 组合月度收益率

表 9-2 股债 60/40 组合的表现

年化收益率	8.86%
年化风险	17.51%
夏普比率	0.505 9

由于夏普比率较高，风险平价组合可以领先股债 60/40 组合。也就是说，如果风险平价组合的风险水平与股债 60/40 组合的风险水平一致，则风险平价组合的年化收益率将为 22.83%，而股债 60/40 组合的年化收益率为 8.86%。具体参见表 9-3 和图 9-16。

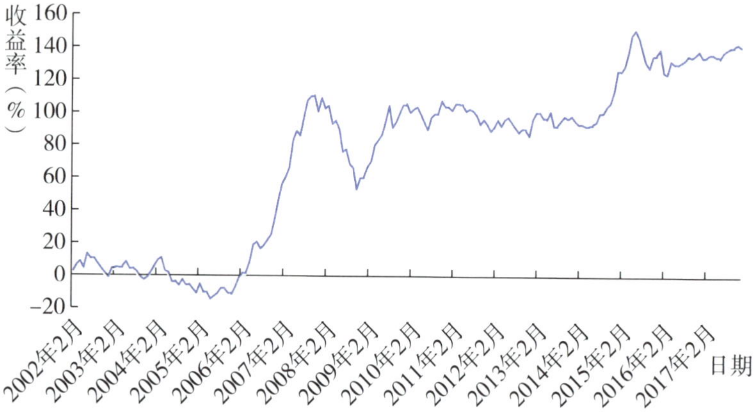

图 9–15 股债 60/40 组合累计收益率

表 9–3 股债 60/40 组合与风险平价组合的表现对比

	股债 60/40 组合	风险平价组合
年化收益率	8.86%	22.83%
年化风险	17.51%	17.51%
夏普比率	0.505 9	1.303 8

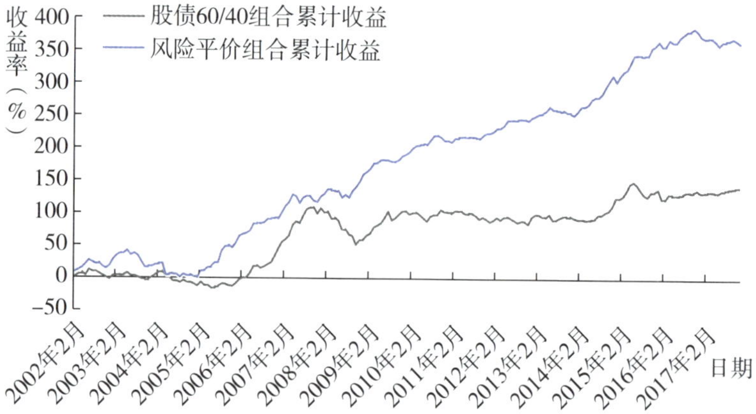

图 9–16 波动率相同的情况下风险平价组合与股债 60/40 组合累计收益率对比

四、风格因子

宏观因子反映不同资产类别的风险及收益，风格因子反映相同资产类别内的风险及收益。[1] 风格因子也被称为投资风格因子、投资因子或动态因子，有时专业投资者也称之为智能贝塔、策略贝塔（strategic beta）或另类贝塔（alternative beta）。在某些经济扩张、缓滞、收缩及复苏时期，风格因子的收益更丰厚。

（一）价值因子

价值因子的经济含义是，价格较其基本价值存在折让的证券，历来表现都优于价格存在溢价的证券。

价值投资行之有效的理由有两个：一是承受风险的收益；二是行为偏差。固定成本较高的价值型公司的风险较高，因为此类公司的灵活性不如增长型公司。传统价值型公司大多为服务或制造业公司。在经济放缓时期，此类公司的专业设备难以改作其他用途；相反，增长型公司能够快速调整其支出及销售计划。投资者可通过持有固定业务模式的价值型公司赚取溢价。行为偏差指投资者错将过往表现视为未来前景，从而导致价值型股票价值被低估。投资者热

1 提及这些因子历史出色表现的已发表研究包括：（1）价值——J. Lakonishok、A. Shleifer、R. Vishny 编撰的 *Contrarian Investment, Extrapolation, and Risk*，1994 年于 *Journal of Finance* 刊载；（2）动量——N. Jegadeesh、S. Titman 编撰的 *Returns to Buying Winners and Selling Losers: Implications for Stock Market Efficiency*，1993 年于 *Journal of Finance* 刊载；（3）质量——R. Sloan 编撰的 *Do Stock Prices Fully Reflect Information in Accruals and Cash Flows About Future Earnings*，1996 年于 *Accounting Review* 刊载；（4）低波动率——A. Ang、R. Hodrick、Y. Xing X. Zhang 编撰的 *The Cross-Section of Volatility and Expected Returns*，2006 年于 *Journal of Finance* 刊载；（5）利差——R. Meese、K. Rogoff 编撰的 *Empirical Exchange Rate Models of the Seventies*，1983 年于 *Journal of International Economics* 刊载。

捧过往高增长的股票，自信可借此推测未来表现。一旦情况不及预期，增长型公司的股价便会下挫，价值型公司则脱颖而出。

我们可以通过市净率、远期市盈率及企业价值/经营业务现金流量比率计量股票价值。在经济复苏时期，经济从低位加速增长，这时价值因子的表现最佳。

（二）动量因子

动量因子的经济含义是，股价有望延续上升趋势。

动量收益可以指承受风险的收益，也可能因行为偏差而产生。动量因子有时会出现偏差，甚至造成崩盘。当价格走势回落至公允价值时，投资者可能蒙受意外亏损。动量投资者通过承受逆转风险而赚取溢价。

行为偏差指投资者对于自身的成功反应过激，从而引发多米诺骨牌效应。当股价上升时，投资者往往将近期表现归功于自身的投资技能。当过度自信持续发酵时，便会引发股价的动量效应。

就股票而言，动量因子采用6个月和12个月价格动量进行计量。在经济扩张时，经济增长加速且上升趋势持续，这时动量因子的表现最佳。

（三）质量因子

质量因子属于防御型策略，其背后的直观表现是，财务状况较为稳健的公司能够比较有效利用其资本，业务运营更稳定，因此其表现优于低效运作的同业公司。

此策略能够行之有效，主要基于行为偏差。所有公司都有盈利的机会，但盈利高低各异。投资者容易将总盈利数字与盈利质量混为一谈。假如投资者并未深入研究有关收益的一贯性或组成，他们可能会青睐一些整体盈利较高的公司。

我们可以通过股本收益、盈利持续表现及较低负债股权比率来衡量股票质量。在经济滞缓及收缩时期，增长减速且投资者追求安全投资，这时质量因子的表现最佳。

（四）规模因子

规模因子也叫小规模因子，背后的直观表现是，规模较小且灵活性较高的公司的表现往往优于大型企业的表现。

此策略能够行之有效，主要基于可带来收益的风险。小盘股投资者通过承受较高风险而赚取收益。小型公司对市场走势比较敏感，因而与大型公司相比，小公司可以提供更高的收益。此类公司也更容易受市场周期收缩的影响，且流动性较低；相反，大型公司的风险较低，业务模式往往更加多元化。

规模因子可以用市值来衡量。与价值因子类似，规模因子在复苏周期的表现最佳。

（五）最低波动率因子

最低波动率因子属于防御型策略，旨在降低投资组合的风险，背后的经济理论是：价格波动较小的证券可望提供与低风险市场相同的收益。

此策略能够行之有效，主要基于结构性障碍及行为偏差。由于部分投资者不能使用杠杆，这导致较低风险股票的价格被低估。养老保险及捐赠基金等机构通常设有高收益目标，但它们一般被禁止使用杠杆，因而必须买进高风险股票，以期提升收益。高波动率股票的价格被推升，使得低波动率股票的价格被低估。

行为偏差指投资者追求“未来重大投资概念”，往往忽略低风险股票。这也被称为“彩票效应”，行为偏差导致投资者偏重未来重大投资概念，即使股市状况并不利好有关投资。出色的高风险股票通常比较容易受投资者青睐，而低风险股票往往容易被忽略。

最低波动率因子可以用股价波动率来衡量。在经济滞缓期及收缩期，增长放缓，这时防御型策略（包括最低波动率及质量）的表现最佳。

（六）利差因子

利差为持有较高风险证券的收益激励。利差策略看好高收益证券而看空低收益证券。

利差因子能够行之有效，主要基于结构性障碍及可带来收益的风险。债券市场的结构性障碍迫使长期负债的投资者（如养老金及保险公司）投资于长期债券，从而推升长期债券的价格及压低其收益率。

高收益资产的隐含风险高于低收益资产，能够为投资者提供可带来收益的风险溢价。

五、案例分析：中国的风格因子

风格因子投资在中国并非全新概念，从智能贝塔 ETF（尤其是规模及价值型产品）的持续发展状况可见一斑；但如果能根据风格因子的一些传统理念提出实证，仍极具意义和引导作用。它们是否确实存在？一些经典异象在中国是否明显且持久存在？是否与美国市场表现一致？

根据文献，我们测试各项风格因子的两种表征（信号），借此衡量其稳健性。通过均值－方差优化法，我们根据在香港股市交易的中、大盘国企股（H股）构建多市场或空市场中性因子模拟投资组合。

在中国进行风格因子投资能否带来长期收益？从整体而言，我们发现大多数传统因子提供重大超额收益，其中以价值和质量因子最为强劲，价格动量则相对较弱。自2014年开通沪港股票市场交易互联互通机制后，A股的表现更加贴近上述情况。

我们将在下文阐述各项因子以及有关投资组合构建的股票详情和模拟结果。

我们采用汤森路透Worldscope数据库的企业会计数据和根据汤森路透I/B/E/S数据库的每股盈利分析师预测。作为优化的参数，我们采用Barra的GEM-2风险模型，其中包括因子风险模型和特定风险元素。在可以取得相关因子定义所涉及企业层面数据的情况下，模拟投资组合包括1998—2016年的股债60/40组合（每月做出调整）。

（一）质量因子

根据理查德·斯隆（Richard Sloan，1996）和捷弗瑞·庞提夫（Jeffrey Pontiff，2008）的理论，我们测试应计项目和净股票发行（质量因子的两大信号）。两者均提供丰厚的风险调整后收益，且彼此之间存在一定的相关性。

1. 应计项目

（1）原理：

盈利可细分为应计项目和现金流量。研究显示，由于非现金盈利比较难以持续，故当前盈利在日后能否延续，取决于现金及应计项目部分的相对规模。

（2）定义：

$$应计项目 =\Delta（总资产 - 现金）-\Delta 总负债$$

（3）构建：

■ 按应计项目占上年平均总资产的百分比计算初始指标。
■ 将过去 12 个月的平均初始指标作为应计项目敞口。
■ 由于应计项目越高，盈利持续性越低，故初始计量信号出现转变。
■ 将初始计量转换为截面 Z 值。
■ 采用均值 – 方差优化法构建每月调整的多空中性投资组合，目标风险为 5%。

（4）模拟：

$$\text{夏普比率}=0.51$$

$$\text{换手率}=150\%$$

应计项目累计表现如图 9–17 所示。

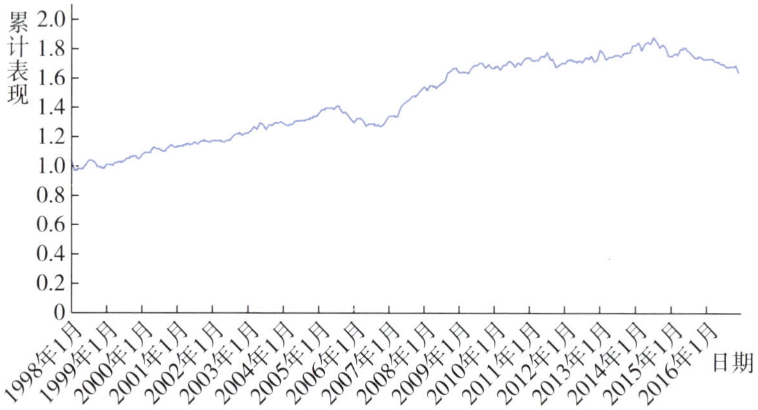

图 9–17 应计项目累计表现

2. 净股票发行

（1）原理：

从纯粹供求角度来说，发行新股将摊薄公司现有投资者的所有权，从而降低现有股份价值。另外，持续或大幅摊薄公司股份可能反映公司业务营运存在问题。

（2）定义：

$$\text{摊薄}=\frac{\Delta\ \text{已发行股份总数}}{\text{已发行股份总数}}$$

（3）构建：

- 按已发行股份的百分比变动计算初始指标。
- 将过去 12 个月的平均初始指标作为摊薄敞口。
- 由于发股量越高，股价越低，故初始计量信号出现逆转。
- 将初始计量转换为截面 Z 值。
- 采用均值 – 方差优化法构建每月调整的多空中性投资组合，目标风险为 5%。

（4）模拟：

夏普比率 =0.65

换手率 =217%

净股份的发行累计表现如图 9–18 所示。

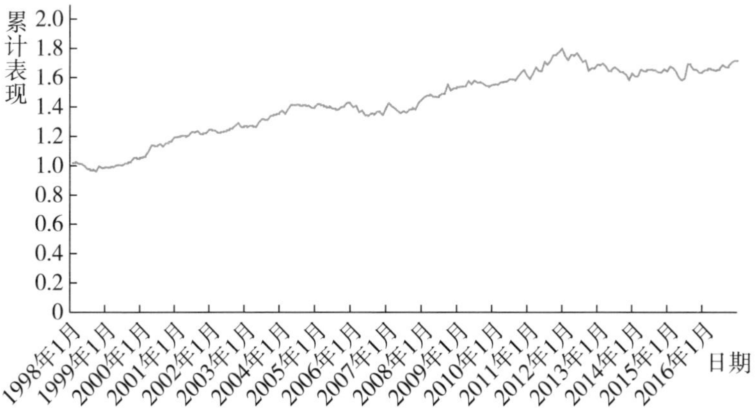

图 9–18　净股份发行累计表现

（二）价值因子

根据尤金·法马和肯尼思·弗伦奇（1992，1996）的理论，我们按照传统会计指标测试两个版本的价值因子。尽管中国零售投资者数目庞大，但是我们发现市场存在重大价值溢价。与美国市场相比，中国市场的价值表现一直比较稳定。

1. 盈利市价比

（1）原理：

公司的主要功能是产生收益，而未来收益更加重要。当前支付的收益价格是日后增长的市场价值。盈利市价比是最常见的计算方法之一，广泛应用于定量投资以外的金融行业。

（2）定义：

$$\text{盈利市价比} = \frac{\text{每股盈利}_{\text{财年 1}}}{\text{价格}}$$

其中，$\text{每股盈利}_{\text{财年 1}}$表示下一财年每股盈利分析师预测。

（3）构建：

- 按每股盈利预测 / 价格比率计算初始指标。
- 将过去 12 个月的平均初始指标作为利润价格比敞口。
- 将初始计量转换为截面 Z 值。
- 采用均值 – 方差优化法构建每月调整的多空中性投资组合，目标风险为 5%。

（4）模拟：

夏普比率 =0.57

换手率 =141%

盈利市价比累计表现如图 9–19 所示。

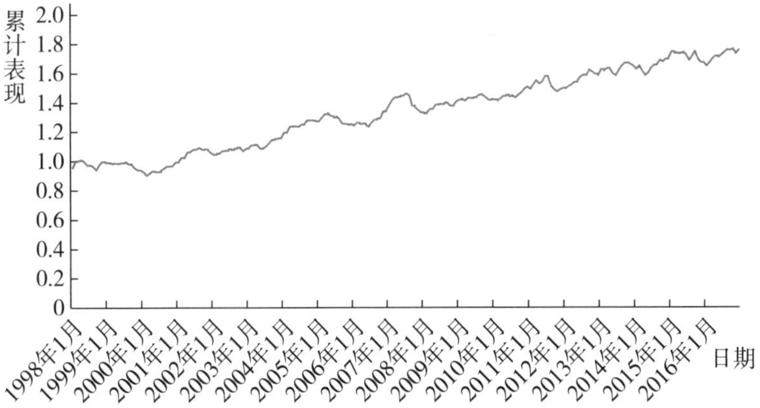

图 9–19 盈利市价比累计表现

2. 现金流量 / 价格比率

（1）原理：

与盈利市价比概念类似，产生现金流量的能力被视为较会计盈余更加可靠。因此，现金流量 / 价格比率是盈利市价比的精良版，可提供更多信息以厘定估值。

（2）定义：

$$现金流量/价格比率=\frac{经营业务现金流量}{市值}$$

（3）构建：

- 按现金流量 / 市值比率计算初始指标。
- 将过去 12 个月的平均初始指标作为现金流量 / 价格敞口。
- 由于现金流量在金融业务营运中所扮演的角色有根本性差异，故剔除金融股。
- 将初始计量转换为截面 Z 值。
- 采用均值 – 方差优化法构建每月调整的多空中性投资组合，目标风险为 5%。

（4）模拟：

夏普比率 =0.45

换手率 =159%

现金流量 / 价格比率累计表现如图 9–20 所示。

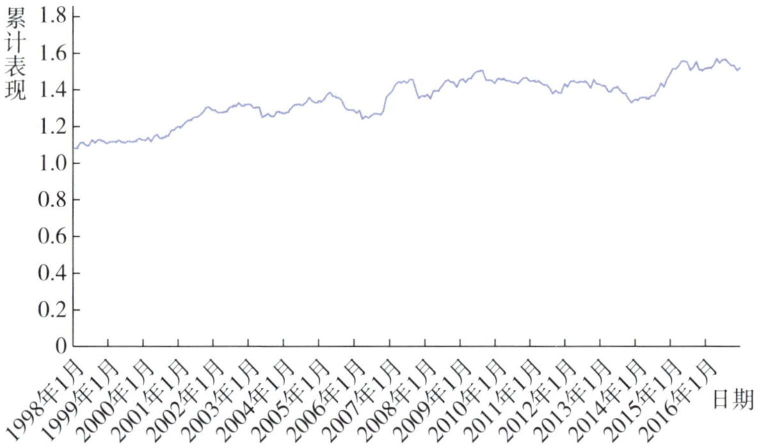

图 9–20 现金流量 / 价格比率累计表现

（三）动量因子

根据相关的理论[1]，我们针对投资组合进行两项动量计量。与现有文献一致，中国也存在动量效应。

1. 价格动量

（1）原理：

过往领先股通常在未来 3~12 个月跑赢过往落后股，因为投资者初期往往对有关信息反应不足，而在后期又会反应过激。除利用行为偏差外，过往动量也与未来增长及盈利增长呈正相关。与行业惯

1 参见 Stickel（1991）；Jegadeesh，Titman（1993）；Chan，Jegadeesh，Lakonishok（1996）。

例一致，我们侧重过往 12 个月（不包括最近 1 个月）的收益。

（2）定义：

$$价格动量 = 收益_{12} - 收益_{1}$$

其中，收益$_{12}$表示过往 12 个月累计收益，收益$_{1}$表示过往 1 个月收益。

（3）构建：

- 按过往 12 个月（不包括最近 1 个月）的收益计算初始指标。
- 将过去 6 个月的平均初始指标作为价格动量敞口。
- 将初始计量转换为截面 Z 值。
- 剔除风险模型的动量因子。
- 采用均值 – 方差优化法构建每月调整的多空中性投资组合，目标风险为 5%。

（4）模拟：

$$夏普比率 =0.36$$

$$换手率 =268\%$$

价格动量累计表现如图 9–12 所示。

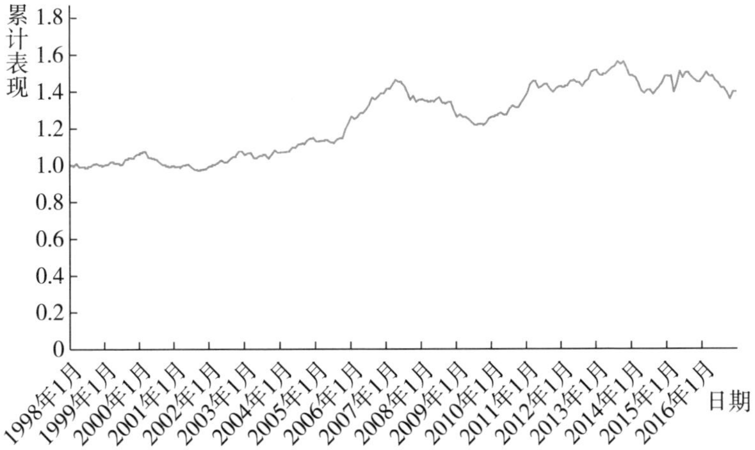

图 9–21　价格动量累计表现

2. 分析师修正

（1）原理：

分析师是处理市场信息的重要中介，并且其观点影响市场价格。同时，分析师也倾向追逐收益。然而，价格不会即时反映分析师的观点，而是逐步与修正方向趋同。

（2）定义：

$$修正=\frac{每股盈利_{上调}-每股盈利_{下调}}{每股盈利_{总数}}$$

其中，每股盈利$_{上调}$表示下一财年每股盈利预测上调数，每股盈利$_{下调}$表示下一财年每股盈利预测下调数。

（3）构建：

- 按净上调数 / 每股盈利预测总数比率计算初始指标。
- 将过去 12 个月的平均初始指标作为修正动量敞口。
- 将初始计量转换为截面 Z 值。
- 剔除风险模型中的动量因子。
- 采用均值 – 方差优化法构建每月调整的多空中性投资组合，目标风险为 5%。

（4）模拟：

$$夏普比率=0.42$$

$$换手率=337\%$$

分析师修正累计表现如图 9–22 所示。

（四）低波动率因子

风险与预期收益的关系一直是资产定价研究的核心议题。费希尔 · 布莱克（Fischer Black）、迈克尔 · 詹森（Michael C. Jensen）和迈伦 · 斯科尔斯 (Myrons S. Scholes）在 1972 年指出，由于融资约束，

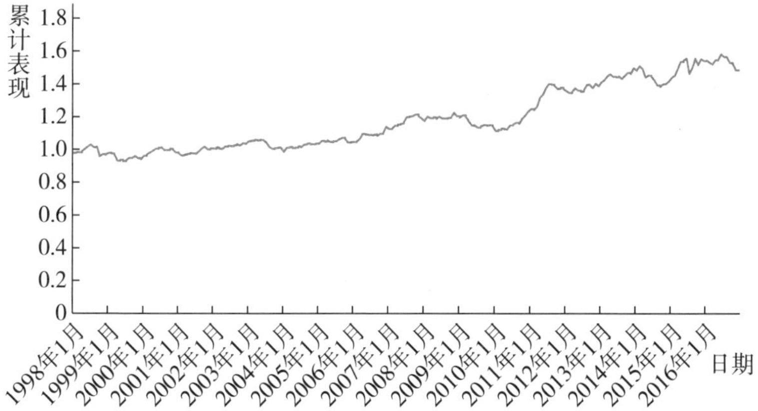

图 9–22　分析师修正累计表现

证券市场线比资本资产定价模型所显示的情况更加平缓，从而发现高贝塔股票的风险调整后收益较低。洪崇理等人在 2006 年进一步详细阐述了总波动率的定价方法，并将先前研究结果分为特质波动异常和侧重贝塔异常两种现象。鉴于中国股市以散户交易为主，预期低波动异常现象更加凸显。利用上述两种计量方法，我们印证了低波动异常现象意义重大且持续存在，同时发现这两种计量方法高度相关。

1. 低特质风险

（1）原理：

机构投资者具备现代投资组合理论知识，在面对杠杆约束时，往往增加高特质风险资产，以达成风险目标。另外，个人投资者大多青睐彩票型股票——根据上文所述的行为偏差而命名，促使投资者偏重未来重大的投资概念，而相关投资概念常伴随高特质风险。综上所述，从截面数据可见这种股票大受追捧。

（2）定义：

特质风险 =Sqrt（Var 特定）

其中，Var 特定表示 Barra 风险模型的特定风险成分。

（3）构建：

- 按 Barra 特定方差的平方根计算初始指标。
- 将过去 6 个月的平均初始指标作为特质风险敞口。
- 将初始计量转换为截面 Z 值。
- 剔除风险模型中的波动率及世界因子。
- 采用均值 – 方差优化法构建每月调整的贝塔中性投资组合，目标风险为 5%。

（4）模拟：

$$夏普比率 =0.63$$

$$换手率 =169\%$$

低特质波动率累计表现如图 9–23 所示。

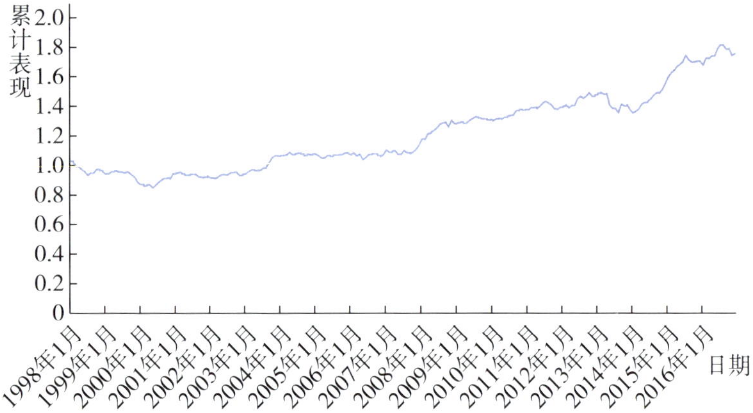

图 9–23 低特质波动率累计表现

2. 低贝塔效应

（1）原理：

不少投资者面临杠杆约束，故增持高贝塔资产以降低杠杆。由于产品需求较大，因此高贝塔资产的风险调整后收益较低。

（2）定义：

我们采用 Barra 模型中的全球贝塔来衡量资产贝塔。

（3）构建：

- 将 Barra 中的全球贝塔作为初始指标。
- 将过去 6 个月的平均初始指标用于衡量贝塔。
- 将初始计量转换为截面 Z 值。
- 剔除风险模型中的波动率及世界因子。
- 采用均值 – 方差优化法构建每月调整的贝塔中性投资组合，目标风险为 5%。

（4）模拟：

夏普比率 =0.63

换手率 =234%

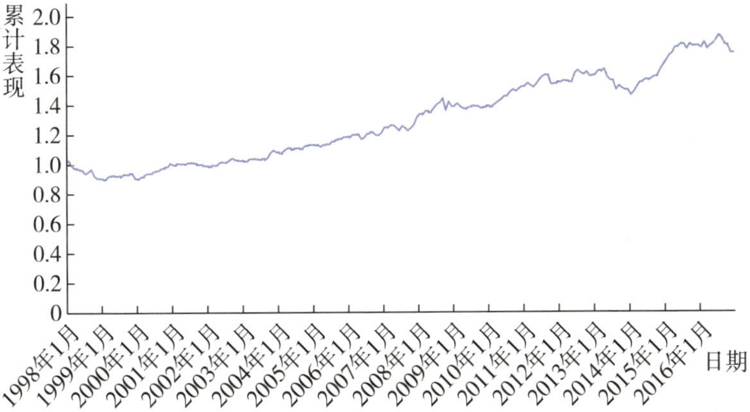

图 9–24 低贝塔累计表现

第四节 实施因子投资

我们在设计投资组合时，可以通过多种方式融合因子投资，重要的是运用得当。

一、运用宏观因子

进行宏观因子投资的基本原则是按因子平均分配投资组合的风险。与按市值进行投资组合配置的传统资产配置策略不同，宏观因子投资是按风险进行配置。如前文所述，每种因子可能会体现在多个资产类别中，但比例各有不同。

（一）方案：宏观因子风险平价

投资者可以按同等权重对六大宏观因子（经济增长因子、实际利率因子、通胀因子、信用因子、新兴市场因子、流动性因子）配置风险。对每种因子等量配置风险，便于确保投资组合的多元化，且有机会受惠于独立的收益来源。由于不会过度依赖假设或预测，这样就能搭建简单的多元资产投资组合。

如果每项因子的夏普比率相等，且每项因子之间的相关性等于零，则这种风险平价组合在数学上属于最优模式。但是，我们知道在现实中，因子各不相同。前文所述的简单组合并未考虑各项因子的特性，也难以满足投资者的所有特定偏好。总投资组合可以设定一个预期的风险水平，但从收益角度来看，这并非最有效的方式，因为我们并未考虑各项因子的潜在预期收益或夏普比率的差异。然而，这种全面分散风险的投资组合可以提供较高的下行保护。

（二）方案：针对性宏观因子权重

考虑到各项因子的特性以及投资者的偏好，我们可以在宏观因子风险平价组合的基础上稍加变动。我们可以使用混合方式——以质量偏好及量化数据为基础，构建一个假定的针对性因子敞口组合。我们以风险平价组合为起点，根据投资者的目标，增加某些因子的配置，降低其他因子的配置，同时保持投资组合多元化。

举例来说，如果以提高风险调整后收益为主要目标，我们根据经济直觉及历史数据进行的研究显示，经济增长因子和信用因子的风险调整后收益最高且确实顺周期发展。当投资者追求风险且全球经济强劲时，经济增长因子和信用因子敞口较高的资产收益不俗。因此，我们可能会增加经济增长因子和信用因子的风险敞口。

再如，对潜在下行趋势的敏感度进行分析。实际利率因子和通胀因子在本质上有防御性质，而我们的研究表明，当投资者追捧名义债券及通胀挂钩债等避险证券时，这两类因子表现出色；相反，当市场出现危机或全球市场周期放缓时，经济增长因子、信用因子和新兴市场因子的下跌幅度更大。这种偏向性导致我们超配实际利率和通胀因子，而低配经济增长因子和信用因子。

最后以流动性偏好为例，即通过一些在市场承压期间流动性仍相对较高的资产进行因子配置。因此，我们会超配实际利率因子而低配信用因子和新兴市场因子。

考虑到投资者的目标及偏好，假定的针对性因子投资组合可以定性地偏好从经济直觉及历史数据中发现的宏观因子，并加以优化合并。这种定制化的投资组合会考虑各因子之间的波动率及相关性，从而配置最终的投资组合权重。

案例研究：挪威政府养老基金

数年前，挪威政府委聘时任哥伦比亚大学教授的洪崇理及其他两位教授，研究挪威政府养老基金表现欠佳的原因。在 2008 年金融危机期间，挪威政府养老基金损失惨重，其中最重大的亏损来自基金经理的积极管理策略。为了决定是否以收费低廉的被动投资策略取代昂贵的积极投资策略，挪威财政部委聘3位顶尖金融教授进行了为期4个月的研究。

3位教授的研究指出，在金融危机前后及危机期间，基金的积极管理收益的70%受系统性因子影响。积极管理收益对适合挪威政府养老基金的系统性动态因子有较大敞口，因为这些因子从长远来看能赚取风险溢价。然而，这些因子敞口并非是通过特意选取可获得溢价的因子和刻意划定因子敞口规模的过程而形成的。

对于特大型的投资组合来说，超额收益一般都与因子有关。许多错误定价机遇（或阿尔法）难以复制，我们预期小量的低效机遇暗藏在流动性较低或信息无法自由传递的市场领域。基金内部及外部经理的决策多数互相关联，因为真正独立的投资组合策略难觅。大型投资者持有数以万计的证券，宏观经济和因子风险导致投资组合的选券过程犹如博彩。这并不是说大规模选券不可能实现，但普遍来看，投资组合越大，选券越难。

从长远来看，挪威政府养老基金选持这些风险溢价证券是正确的选择，能够在像金融危机这样的困难时期弥补损失。上述许多因子在收费更加低廉的被动管理策略中也能被捕捉到。报告建议不必终止积极委托，不过挪威政府养老基金的资产配置不应局限于股票及债券。报告建议挪威政府养老基金采取自上而下的方式，明确地进行因子投资。

二、运用风格因子

（一）构建多因子风格组合的考虑因素

如上节所述，我们可以通过多种方式运用风格因子，从以规则和基准为基础的智能贝塔基金到系统性多头策略，再到复杂的多空策略。我们将在下文简要介绍构建多因子风格组合的一些考虑因素。

1. 杠杆作用

多头单因子和多因子策略，通常以公开发布的基准为基础，目前通过交易所交易基金和共同基金广泛使用。这些策略可以为投资者提供一种新颖且有效的方式，在某些资产类别中寻求增量收益，特别是股票。不过，尽管会侧重所选的一个或多个风格因子，但是这类策略的总收益就如多头策略一样，仍需承受庞大的广义市场风险敞口。

能够运用多空策略的投资者，可以更好地分离风格因子，因此其行为与广泛市场走势脱钩。举个例子，如果一个股票组合的高动量股票多头头寸和低动量股票空头头寸，具有相同的金额敞口，那么它对股票市场贝塔的净敞口将会很小。通过运用优化技术和风险模型进一步完善这个组合的头寸，我们也可以尝试消除国家、行业和其他不会带来收益的风险的净敞口。在市场风险敞口互相中和的情况下，组合的风险和收益现在主要受高动量和低动量证券之间的价差驱动。

通过多头和空头头寸运用风格因子获取收益，即尝试将风格因子从广义市场风险敞口中分离出来，以免混为一谈。结合多个因子，尤其是在多个资产类别同时实行时，有助于进一步分散风险，并有可能构建夏普比率高而总体风险预期低的组合。但是，这样的组合却会带来较低的预期收益。为了弥补较低的预期收益，投资者可能需要使用杠杆。通过谨慎地对总投资组合应用杠杆，有望将收益提升到更加有吸引力的范围，同时尽量维持最高的夏普比率。

由于许多机构投资者被禁止使用杠杆，愿意承受使用杠杆策略潜在的风险的投资者，可以利用这种结构性障碍妥善运用杠杆。事实上，投资者普遍回避杠杆，或许这就是低波动证券往往比高波动证券取得较高风险调整后收益的部分原因。

2. 中和风格指标的影响

构建过程欠严谨的组合，可能会包含许多不必要和不会带来收益的风险，即增加波动率但不会提高预期收益的敞口。例如，价值策略经常持续高配金融股，低配科技股。作为风格投资者，我们的目的是聚焦于低估值与高估值股票之间的价差，而非一直超配某个行业或国家。按行业或地区来中和风格指标的影响，为组合提供机会捕捉板块之内的风格溢价。经过中和的价值策略，可以做多一家汽车制造商，同时做空另一家汽车制造商，而并未持有股票或非必需消费品股票的净头寸。

这种策略不受广泛股票市场走势以及不同行业之间的市场轮动影响。在这种情况下，消费情绪疲惫可能会导致非必需消费品股票遭全面抛售，但对两家汽车制造商的相对估值影响不大。互相中和意味着投资组合聚焦于我们愿意承受的风险上，即低估值与高估值证券之间的价差，同时消除非预计中的选券所带来的“噪声”。

3. 对消交易成本

许多投资策略只是纸上谈兵，在现实市场根本没有成效。在运用策略时，如果欠缺技巧，收益可能会被交易成本迅速侵蚀。如果管理不善，佣金、买卖价差、税项和市场影响可能会对投资收益造成重大的不利影响。一个考虑交易成本的最优组合可能会与一个忽略交易成本的纸面上的组合有很大差异。因此，在进行组合优化时，应该明确包含交易成本预测。

我们的研究发现，一个没有考虑交易成本的组合，其绩效可能会被交易成本显著拖累。虽然交易成本不可避免，但可以通过将交易成本分析明确纳入组合优化过程来降低交易成本。也许控制交易成本最有效的方法是尽量减少策略的周转。而尽量减少策略周转的最佳方法之一，是在单一多资产组合内全盘管理因子敞口，而非单独构建多个因子策略。

通过采用单一多资产策略，投资者可以对消不同因子之间的重叠头寸。举个例子，由于某只证券近期表现强劲，动量因子可能指示做多该证券，而价值因子则可能指示做空该只证券。通过在多因子策略内对消这些头寸，投资者可大幅减少周转，从而降低交易成本。对消头寸也可以显著降低资本和杠杆要求，有助于投资者更有效地配置资本和风险预算。

（二）方案：风格和宏观因子配合运用

让我们接着在投资组合中运用宏观因子敞口的几种选择继续我们的讨论。风格因子或许可以提供与宏观因子并不相关的额外收益来源，有望增加预期收益，同时维持各宏观因子风险之间的平衡，符合投资者的目标。一个假定的针对性宏观因子组合可以尝试通过多空多资产风格因子策略，提高收益和提升多元化程度。在运用策略时，投资者可以增加对多空风格因子的配置，并按比例相应下调各个宏观因子的权重。

运用风格因子投资于不同资产类别，或许可以提升多元化程度。风格和宏观因子之间的平均相关性接近零，不同风格因子之间也呈现低相关性。这种低相关性直观上言之成理，因为每种风格因子都针对截然不同的收益来源。例如，价值策略看多那些价格相对于基本面较低且最近被投资者冷落的证券。相比之下，动量策略追踪趋势，看多最近表现强劲的证券。结合价值和动量策略可以使组合更加多元化。

第五节　因子的未来发展

我们希望通过本章向读者简要介绍因子投资的众多机遇和细微之处，以及我们的研究所显示的因子对中国投资可以发挥的重要作用。因子是驱动风险和收益的广泛而持久的因素，正如营养成分是食物的基础一样，因子是投资的基础。根据数十年的学术研究和经济直觉，真正的因子可以解释不同资产类别之间（宏观因子）或同一资产类别（风格因子）中的收益驱动因素。目前，投资者普遍可以通过之前没有见到过的方法，借助各种工具和数据来认识这些学术理论。以往未能使用因子和智能贝塔进行投资的众多投资者，现在也能运用这些投资方法。

未来因子投资将会有什么重大发展呢？我们相信未来的趋势将会是以更聪明的方式运用因子。我们乐于见到投资者利用因子来改进和优化投资组合的一些方式。随着行业人士不断改进工具和数据，我们认为投资者可以更好地对现有组合进行分析和鉴别分类，首先识别现有组合里已有的因子，然后聚焦于有意采用的因子，最后是将因子映射至资产，以便为宏观和风格因子各自实现最优因子配置制订计划。随着投资者对因子及其驱动风险和收益的基础作用的认识加深，我们预期在未来数年运用因子投资的趋势会上升。

- 因子投资历史悠久。进行因子投资可以帮助投资者实现卓越表现、降低风险、提升多元化。
- 因子检视清单可以帮助投资者理解因子行之有效的原因。
- 宏观因子和风格因子是投资因子的两大类别，将二者有机结合可以使组合更加多元化。

本章参考文献

[1] Ang A，Hodrick R，Xing Y，Zhang X. The cross-section of volatility and expected returns [J]. The Journal of Finance，2006，61（1）：

259–299.

[2] Basu S. Investment performance of common stocks in relation to their price-earnings ratios：A test of the efficient market hypothesis [J] . The Journal of Finance，1977，32（3）：663–682.

[3] Black F，Jensen M C，Scholes M S. The capital asset pricing model：Some empirical tests [J] // Jensen M C. Studies in the theory of capital markets.Praeger Publishers Inc.，1972.

[4] Breeden D T，Giarla M J. Hedging interest rate risk with futures，swaps，and options [J] // Jensen M C. Studies in the theory of capital markets.Praeger Publishers Inc.，1972.

[5] Chan L，Jegadeesh N，Lakonishok J. Momentum strategies [J] . The Journal of Finance，1996，51（5）：1681–1713.

[6] Fama E F，French K R. Multifactor explanations of asset pricing anomalies [J] . The Journal of Finance，1996，51（1）：55–84.

[7] Fama E F，French K R. The cross-section of expected stock returns [J] .The Journal of Finance，1992，47（2）：427–465.

[8] Jegadeesh N，Titman S. Returns to buying winners and selling losers：Implications for stock market efficiency [J] . The Journal of Finance，1993，48（1）：65–91.

[9] Pontiff J，Woodgate A. Share issuance and cross–sectional returns[J]. The Journal of Finance，2008，63（2）：921–945.

[10] Sloan R. Do stock prices fully reflect information in accruals and cash flows about future earnings [J] . The Accounting Review，1996，71（3）：289–315.

[11] Stickel S E. Common stock returns surrounding earnings forecast revisions：More puzzling evidence [J] . The Accounting Review，1991，66（2）：402–416.

关于作者

洪崇理（Andrew Ang）

洪崇理是贝莱德董事总经理，是贝莱德因子投资团队主席。在 2015 年加入贝莱德之前，他担任哥伦比亚大学商学院金融与经济系主任，并为数家大型机构提供咨询。他经常出现在国际媒体的报道中，也时常出席行业活动。他的代表著作是《资产管理：因子投资的系统方法》。他在麦考瑞大学获得精算研究的学士荣誉学位，并拥有斯坦福大学金融学博士学位和统计学硕士学位。

刘佳（Jia Liu）

刘佳是贝莱德因子投资团队的研究分析师。在 2015 年加入贝莱德之前，她在彭博资讯公司（Bloomberg）任高级研究分析师，负责研究制定债券投资策略、优化投资组合以及开发风险模型。在此之前，她在花旗集团的多资产交易和对冲策略团队任职。她曾在数家期刊上发表过文章，并在两家期刊的编辑委员会任职。她拥有北京大学经济学学士学位和斯坦福大学管理科学与工程博士学位。

任和（He Ren）

任和是贝莱德因子投资团队的研究分析师。在 2015 年加入贝莱德之前，他在中国中信证券的债券研究部门任职。他拥有北京大学计算机和经济学学士学位及加州大学伯克利分校金融工程硕士学位。

第十章　智能贝塔

投资者对于贝塔的认识经历了不断深化的过程，智能贝塔应运而生。智能贝塔的本质是如何以更有效的方式获取市场回报，通过结合因子模型，可以实现投资组合有效的分散化。希望通过本章的介绍，读者既能够设计自己的智能贝塔投资组合，也可以对公开市场指数设计有更深入的认识。

第一节　贝塔的演变

自 1975 年第一只指数基金推出以来，投资者通过持有一组具有足够代表性的典型股票来获得正回报的概念，已经成为一种被广泛接受和理解的学术思想。其思路无非是投资者获得这一回报是因为承担了市场风险。然而，在此后的 40 多年，指数投资发生了微妙而深刻的演变。现在，被动型投资的回报属性似乎比可投资产品的简单业绩累加更具吸引力。这离不开以下两个关键的创新：

（1）“因子”分散化，能够系统性地获得与通过市值加权指数获得市场风险溢价（market risk premium）不同的溢价；

（2）通过专注于具体行业风险、具体因子风险、具体股票风险等几个维度的风险，实现更好的分散化。

智能贝塔是 40 多年来一直在发展的一个概念的最新版本。从根本上讲，智能贝塔就是更好的指数化。尽管关于指数化的讨论主要围绕因子敞口进行，但要想最大限度地实现分散化，就要强调投资组合的构建方法，这一点不容小觑。

另外一点也很重要：读者务必要注意，业内使用的术语有很多，比如智能贝塔、策略贝塔、另类贝塔和因子投资。这些术语通常是可以互换的，但另类贝塔和因子投资更多的是指多头或空头策略。就本章而言，我们重点讨论围绕因子的概念能够如何改进多头指数（long-only indices）的设计。首先，我们会探讨因子本身的学术基础，同时将指数化概念放在历史环境下进行讨论；然后，我们讨论分散化的重要性以及如何在智能贝塔环境下更好地完成投资组合的构建；最后，我们还会讨论智能贝塔指数设计中的另一个重要元素——如何将各种因子进行混合。在本章结束时，我们希望读者既能够设计自己的智能贝塔投资组合，也能够对公开指数的设计决策发表意见。

在可投资指数发展壮大之前，投资者将一只基金的回报100%归功于基金经理的技能，也就是后来为世人所熟悉的“阿尔法”。在约翰·博格尔（John C. Bogle）于1975年创立“先锋500指数基金”（Vanguard 500 Index Fund）时，“贝塔”——投资者仅需持有大量高风险证券即可赚取正回报或风险溢价的思路——对于大多数投资圈子来说仍属异类。但是，随着时间的推移，人们越发清楚地认识到，基金经理获得的回报中有很大一部分受到股票风险溢价而不是经理独特技能阿尔法的驱使，也就是说，大部分回报都源自对风险的经济补偿。当然，这并不是说阿尔法不存在了，只是说投资回报可以分解成两部分，绝大部分是风险溢价，剩下的小部分则是特质（idiosyncratic）阿尔法。

随着人们对于贝塔的认识日渐深入，被动型投资出现。市场的变幻莫测也能产生积极的预期回报，这一概念彻底改变了投资格局。几十年后的今天回顾当初，这一概念上的飞跃所具有的重大意义很容易被人们视为理所当然而不加细究，但当年人们却为它进行过激烈的斗争。随着贝塔逐渐为世人所接受，精明的投资者也学会了先把主动型投资基金经理的业绩与基准进行比较，然后再决定是否对其进行投资。不过，仍然有一些基金经理能够凭借向小型企业或者市盈率倍数（price-to-earning multiples）更低的企业倾斜这类简单到不能再简单的投资风格或者因子，一次又一次地跑赢大市。学术界认定，这样的投资风格本质上赚取的也都是风险溢价，因此现在使用专门的指数来反映这些新的补偿性溢价，就像使用大市指数跟踪整个市场的贝塔一样。现在，价值策略的基金经理用价值指数来衡量，而小盘股策略的基金经理根据小盘股指数来衡量。

随着我们对股票收益驱动因素的理解更加深入，我们归因于阿尔法的收益部分逐渐减少（见图 10–1）。如今，被动型投资继续对主动型投资的基金经理提出更高的要求，也让分散化的补偿性风险在成功的投资组合中占据越来越大的比重，并成为投资者可以负担得起的投资策略。

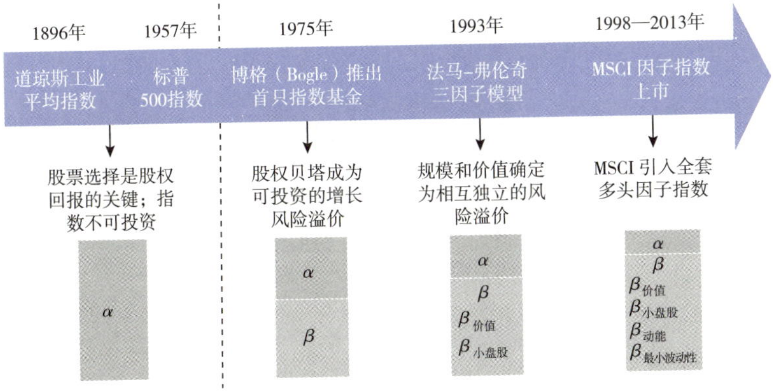

图 10–1 贝塔的角色日渐吃重

注：随着时间的推移，贝塔被赋予的意义也越来越多。贝塔不仅成为股票回报的主因，而且还是主动型投资基金经理的业绩衡量标准，更成为一种廉价而高效的直接投资。

在人们对回报来源争论不休的同时，另一场辩论围绕“指数设计”展开。争论的核心是“市值”的概念，因为这个概念从一诞生就成为指数化的基础。正如其名称所示，市值加权指数是指根据某一市场或板块中的所有证券的市值对其仓位进行加权。由于这类指数具有高流动性和低换手率，这种进行被动型投资的方式已经成为那些寻找低成本贝塔收益的投资者极为青睐的投资方式。

不过，长期以来一直有观点认为市值加权指数存在明显的缺陷。主要的问题是它们太过于“头重脚轻”，把大部分资产都集中在那些市值最大的公司身上。虽然这个问题早已司空见惯，但即使对于经验丰富的投资者来说，集中度风险的程度也是相当惊人的。举例来说，2016年3月，前50家公司在标普500指数中占49%，如图10–2所示。

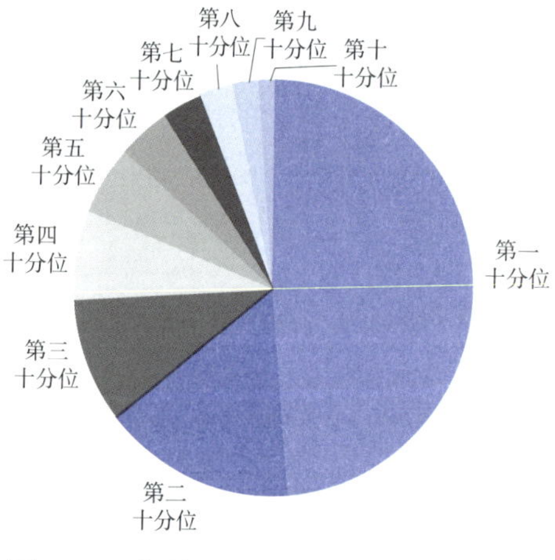

图10–2　标普500指数成分股的权重占比

这种做法显然将这类指数的命运与少数企业的命运联系在一起。图10–3和表10–1显示了1994年10月—2016年3月标普500指数按市值加权与等权重两种模式的风险和收益特征。在这些大量资金集中投资的企业里，任何一家发生的极端不利事件都会对市值加权的投资组合产生不成比例的影响，结果反而形成不必要且很容易克服的未分散化股票特定风险。

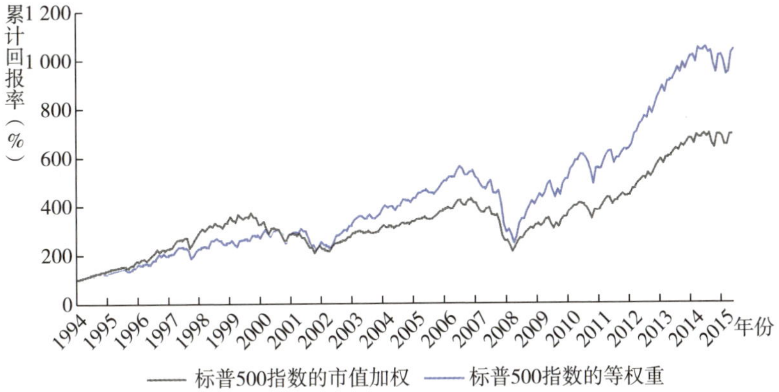

图 10-3 标普 500 指数的市值加权与等权重比较

注：1994 年 10 月—2016 年 3 月数据。

表 10-1 标普 500 指数的市值加权与等权重比较

	市值加权	等权重
年化回报率	9.20 %	11.30 %
年化波动性	15.00 %	17.00 %
夏普比率	0.62	0.67
月度 VaR-5%	7.00 %	7.10 %

注：1994 年 10 月—2016 年 3 月月度回报。

市值加权指数的另一个不受欢迎的特征是它对于价值高估的证券存在与生俱来的系统性敞口。如果从两家具有相同盈利能力和基本面的公司中选择，那么市值加权解决方案一定默认向价值较高的公司分配更大的指数权重。人们认为这会相应地导致较高比例的资金投资到潜在高估的股票上。此外，如前文所述，市场理论已经在 20 世纪 70 年代被广泛接受的资本资产定价模型理论基础上向前迈进了一步，认识到系统性风险（传统股票贝塔）并非只有一种来源，我们需要用多种因素来解释市场动态。

对市值加权指数这些缺点的研究和认识，为智能贝塔的另一个研究方向铺平了道路——非市值加权指数。图 10-4 使用了晨星投资实验室（Morningstar Direct）提供的美国 ETF 市场数据，显示了 2000—2017 年非市值加权指数的增长情况。可以看出，虽然非市值加权指数在资产管理总额中仍然只占相对较小的一部分，但显然它正在获得更大的利益。

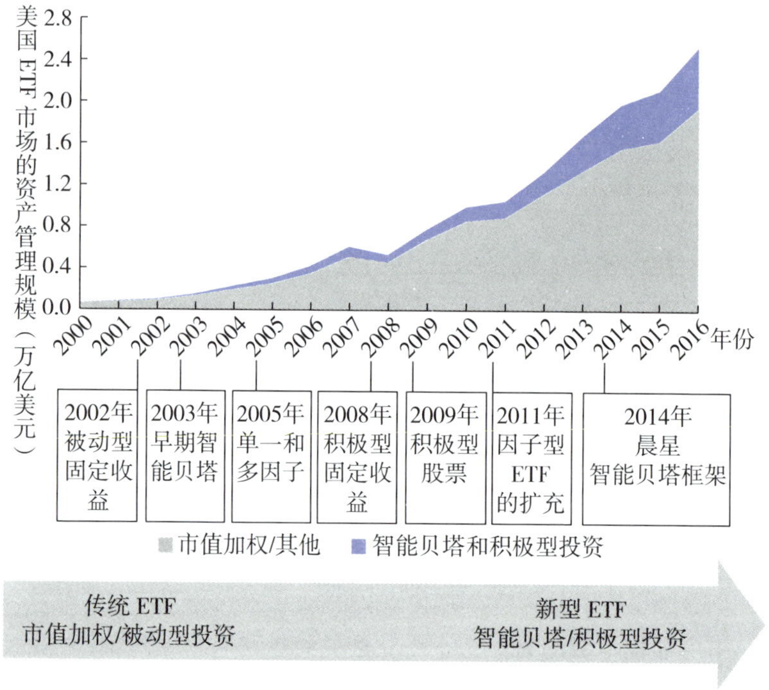

图 10-4 非市值加权指数相对于市值加权指数的增长

注：数据侧重于 2000—2017 年的资产管理规模。

除了等权重指数（equal weighted indices）外，基本面加权指数（fundamentally weighted indices）也属于非市值加权指数。基本面加权指数根据其经济覆盖范围或基本规模（如销售额、现金流量、账面价值和股息）来衡量公司规模。阿诺特、许和摩尔（Arnott，Hsu and Moore）指出，基于公司规模的一系列与市值无关的股市指数比基于市值的指数具有更高的均值 - 方差效率。他们认为，这主要是由于市值加权指数自动增加了市场价格高于公允价值的公司的权重，而基本面加权指数的权重与市场价格无关。

简而言之，一方面，基本面可以被当作确定公司内在价值的辅助指标，基本面加权的指数设计与投资组合的加权方法有关；另一方面，因子的意义在于投资组合有意向一种与通过市值加权赚取的市场风险溢价截然不同的风险溢价倾斜。在下面的论述中，我们将提供一个详细的因子定义，介绍不同的因子类型，并围绕新因子快速扩散的问题展开进一步讨论。

第二节　因子

如前文所述，人们认为对投资者承担股票市场风险以换取溢价回报这种简单化的解释不够全面。在现实中，除了市场风险外，风险还有许多共性，被称为因子。严格来说，因子就是对风险的描述，可以解释证券回报的相似性。这些相似性可能源于共同的投资风格，如追逐估值较低的股票，或是更具体的因素，如能源板块股票的类似表现。

按因子对证券进行分类为研究投资组合内部的风险和回报驱动因素提供了一个简单的架构，使我们能够使用因子来描述股票以及其他各种资产类别的共同风险。直观地说，两家能源公司之间的关系比一家能源公司和一家消费品公司之间的关系更密切，因此包括一家能源公司和一家消费品公司的投资组合将比两家能源公司构成的投资组合更为分散化。

如图 10–5 所示，风险溢价可以分为补偿性风险溢价（compensated risk premium）和无偿性风险溢价（uncompensated risk premium）。有时，

从长期来看，投资者承担风险就会获得正面的经济回报。在这种情况下，我们就认为这些因子是“补偿性”的，比如从股市贝塔获得的正回报。其他时候，因子仅仅是对共同风险的描述，这些因子被认为是“无偿性”的，应尽可能分散化。实际上，围绕另类投资组合构建的一些工作，就着重于确保这些无偿性因子实现最大程度的分散化。

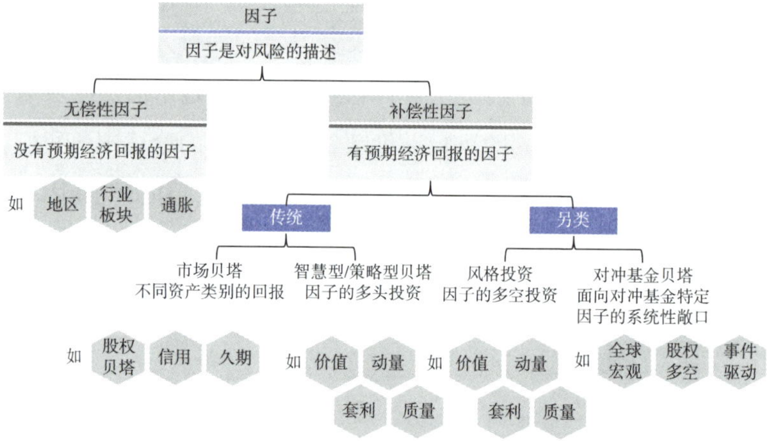

图 10–5　因子的分类

事实上，补偿性溢价是较为罕见的，有关存在新的补偿性溢价的任何主张都应该以怀疑的态度加以审视。只有当其存在获得强有力的经济理据支撑，同时又有严谨的证据证明其存在于一系列市场和经济环境中时，新的补偿性溢价才有可能得到认可和接受。

对因子理解的逐渐深入，为长期多头股票投资者提供了一条通过系统和基于规则的方法来提高回报的途径。智能贝塔的最新创新是引入了显性多因子（explicit multi-factor）方法。以前侧重于通过标普 500 指数或罗素 2000 指数之类的基准来获得单一因子敞口的被动型投资策略供应商开始将因子敞口结合到更加稳健的投资组合中。因子之间的正相关性往往较低，所以可以在不同的市场环境中获得良好的表现。如果选择一组合适的因子，多因子投资组合就可以提供更加优厚的风险调整后回报，而且从执行的角度考虑，捕捉多重溢价也会更有效率，因为如果交易相互抵销，换手率也会更低。

我们将在本章第四节介绍两种不同的建立多因子投资组合的方法。与此同时，举一个简单的例子，将估值因子和动量因子相结合的投资组合，可以使动量因子所导致的买盘与估值因子所导致的卖盘互相抵销，使二者在不交易的情况下保持恰当的敞口。一般来说，通过进一步增加具有预期经济回报的补偿性风险溢价的数量，同时减少对仅仅是风险描述的无偿性因子的敞口，投资组合是可以进一步提高分散化水平的。

一、因子的类型

学术界和业界对因子的研究兴趣与日俱增，导致被认为是补偿性风险的因子激增，这些因子的回报有其经济上的合理性，并不完全是由巧合或异常造成的。但是，证明一个因子的存在需要提供强有力的经济理据，并需要通过令人信服的长期样本外表现（out-of-sample performance）来证明其在各种市场和资产类别中是持久存在的。得到充分证明的因子也会形成普遍的学术共识，而且会得到行业从业者的广泛使用。

支撑因子的经济理据一般可以分为三类。

（1）风险：由于承担对其他投资者不具吸引力的风险而产生溢价。

（2）行为：由于市场参与者的行为偏差，可能会产生溢价。

（3）结构性：可以利用市场的结构特征来赚取溢价。

股票中一些常见的补偿性风险因子以及支持各因子的经济理据罗列如下。

（1）价值：估值指标（如市净率）相对较低的一篮子股票与估值指标较高的股票之间的回报差异。基于行为和风险的论点证明了溢价的存在。根据行为学的观点，价值是增长趋势过度延伸的表示，而盈利增长通常是向平均值回归的，所以热门股票往往会达不到预期，而价值型股票则会超过预期。另外，基于风险的观点认为，价值因子的产生是由于价值型股票陷入困境的风险较大，因为价值型公司可能由于以往的增长率偏低而无法赢利，这在行业低迷的时候是经常发生的。

（2）动量：最近升值的一篮子股票与贬值股票之间的回报差异。动量溢价普遍归因于投资者出售已经升值的资产并持有贬值的资产。这类因子是具有负偏态（negative skew）特性的风险溢价的体现，其下行风险在统计上超过了取得更积极成果的可能性。

（3）质量（quality）：具有良好质量指标的一篮子股票与质量指标较差的股票之间的回报差异。质量指标有很多种，大致可以分为两类：一类是衡量盈利能力（profitability）的指标，如股本回报率（return on equity）；另一类是衡量盈利质量（earning quality）的指标，如应计比率（accruals ratio）和盈利变动性（earnings variability）。高质量的证券通常被认为是能够赢利的、稳定的，而且大部分利润都是现金。质量因子通常归因于对杠杆的规避心理，以及对与更加热门/风险较高的证券有关的高回报的偏好。

（4）规模（size）：一篮子小盘股与大盘股之间的回报差异，规模大小由市值确定。最近的研究通过检视剔除内在消极质量偏差（inbuilt negative quality bias）之后的小盘股表现，支持了规模溢价的存在。一般认为，这是小盘证券的流动性溢价；而从风险的角度来看，这也可以解释为通过建仓盈利能力较低的小盘股公司所获得的风险溢价，因为这类企业可能更容易受到市场衰退和下跌的影响。

除了股票之外，其他资产类别也存在因子，如固定收益、货币和大宗商品市场。这些因子并不是本章的重点，以下我们进行简要介绍。

（1）套利（carry）：在所有资产类别中，套利回报（或成本）较高的资产通常的表现通常都优于套利回报（或成本）较低的资产。

在外汇市场上，套利溢价以远期汇率偏差的形式体现——实际汇率的波动小于货币期货所暗示的波动；在大宗商品中，套利溢价表现为期货和现货价格的差异构成，通常归因于承担价格不确定性的同时又为对冲方提供价格确定性的风险；而在固定收益市场中，套利溢价仅仅是各国差异的体现，比如在期限溢价方面的差异。其中每一种套利溢价都容易出现“平仓事件”（unwinding events），导致消极倾向——下行风险占上风，因而投资者就要求获得溢价形式的补偿。

（2）动量：在一系列资产中，动量策略做多表现最好的资产，做空表现最差的资产。与套利因子一样，动量因子也会在市场震荡时出现消极倾向并大幅下滑。

（3）趋势（trend）：资产升值后投资，资产贬值后做空。趋势跟踪与动量策略不同，因为它孤立地处理每一项资产，而不是比较相对收益。

二、因子集群

新因子发现率显著增长的另一面，是其中相当大一部分都是经济理据薄弱的误报。在首批测试资本资产定价模型统计显著性的学者中，尤金·法马和麦克白曾报告说，使用 2.57 的 t 统计量（t-statistic），市场就可以对投资组合预期回报的波动变化做出言之有物的解释。时光流转 40 年，现在我们有了更多不同的因子，产出率增长很快。哈维（Harvey）等人的报告指出，仅在过去 10 年（2006—2016）就有 300 多个新因子提出。越来越多的研究人员建议，统计显著性的阈值应根据因子产出率进行调整，也就是说，现代研究应该使用更高的 t 统计量截取值。

考虑到我们的计算能力已经有了指数级的增长，新因子数量的迅速增加并不令人惊讶。但需要注意的是，这些研究都基于有限的数据，而且更重要的是，只是某一段历史时期的数据。换句话说，到了一定阶段，数据挖掘（data mining）变得不可避免。另外，可以说，经济理据最有力的因子在几十年前就都已经提出来了，所以把新来者的标准设定得更高一些也无可厚非。许多以前报道的因子只是偶然具有统计显著性，抱持这一观点的人在学术界正在快速增加。李维（Levi）和韦尔奇（Welch）检验了来自学术界和业界的600个因子，他们的结论是，大约有一半因子用样本外数据测试时只产生零溢价或负溢价。

鉴于纯统计方法的明显弱点，认为这些因子应该包含充分完善的经济理据的主张得到越来越多的支持。实际上，许多为人所熟知的因子都有不止一种理论依据，有大量研究著作围绕它们出版，我们在前面已经提到许多。一般来说，这些经济理据都是基于为数不多的一些经济原则，这自然就会降低统计自由度（degree of freedom），可供数据挖掘的余地也就随之减小。因此，基于这些理论的因子往往能够经得起时间的考验，而且适用于多个市场和资产类别。

智能贝塔指数一般认为是向多种因子相结合倾斜的投资组合。对智能贝塔能否做出明智的选择，在很大程度上取决于是否清楚地认识哪些因子是历经考验行之有效的"真材实料"，哪些因子是数据挖掘的产物。另外，在其他条件均等的情况下，只要附加因子具有可靠的经济理据，纳入更多特点迥异的因子就可以改善智能贝塔投资组合。理想的情况是，一个智能贝塔投资组合应该包含一组重点突出的溢价，每一项都应有强有力的经济解释（或多种补充解释）做支撑，并有进行过严格的实证研究。我们将在本章第四节更详细地介绍多因子投资组合。

到目前为止，我们已经讨论了有效指数设计的一个重要组成部分，以及智能贝塔相关讨论的主导思想——确保指数能够捕捉与股票市场有关的所有经济回报来源。不过，智能贝塔还有另外一个重要组成部分，我们将在本章第四节进行介绍，即关于市值加权是否应该作为市场指数理想起点的争论。虽然关于这个问题的早期工作多是着眼于改善投资组合的分散化，但最近的做法在寻求纠正市值指数缺陷的同时，兼顾因子回报方面的考虑。

第三节　分散化和投资组合的构建

从因子模型的角度研究投资组合，有助于厘清其回报和风险的来源。就其本身而言，因子模型有助于实现投资组合的有效分散化。分散化背后的主要动机显然是降低风险。当我们投资于单一证券时，我们需要承担这一证券所有波动和回报特征的影响。相比之下，把相互之间的相关性不是很强的证券包含在投资组合中，可以降低整体波动性。换句话说，在回报来源分散且相互之间没有太大相关性时，投资组合就算是实现了资产配置的分散化。

分散化有利于解决不确定性的问题。如果我们不太确信某只股票的表现一定能够超出其他股票，那么我们就可以把我们的持仓品种分散化，建立一个范围广泛、品种丰富的投资篮子，以便实现更好的投资业绩。但是，正如前文所述，以市值加权指数为例，这并不意味着你持有的股票越多，你的分散化程度就越高，所有投资工具都必须分散化。

在现实环境中，被动型投资者受风险集中度的影响比他们预期的要大，因为他们往往缺少对股票之间共同风险的防范。如果股票之间完全不相关，没有任何相关性，那么指数每增加一只成分股就应该使分散化获得同等程度的改善。但是，并非所有股票风险都来自其固有风险或“特质”风险。实际上，不同证券面对的绝大多数风险都是相同的。

一、分散化的维度

分散化的方法有很多，其中一些方法属于统计数据推导，运用的方法也较为复杂，比如使用不同证券之间的相关性矩阵（correlation matrix）。虽然我们很想进行数学上的相关性判定，但市场太过于活跃和混乱，不太容易精确推断投资组合中每对资产之间的实时相关性。因此，这一类分散化技术容易出现估计误差和行为偏差。

有一种更简单的分散化方法，即根据经济属性对投资产品进行划分。这种方法不仅简单，而且不容易出错，但实际上却可以像其他更复杂的方法一样成功地将投资组合分散化。这里面的挑战在于，确定我们的分散化应该达到怎样的水平，涉及多少资产类别。长期以来，有很多耳熟能详的分散化方法一直是投资组合构建的基础，也是主动策略基金公司和投资经理务求了然于心的研究对象，其中最常见的方法如下。

（一）个股层面的特质风险

在其他条件相同的情况下，个股之间的离散程度越大，投资组合的分散化就越好。关于分散化所需的股票数量，仁者见仁，智者见智，但人们普遍认为投资集中在单一股票上是一件坏事。我们在前面也介绍过了市值加权指数所带来的资金集中风险。在我们看来，像标普 500 指数这样的指数虽然多元到 500 多种证券，但事实上近 50% 的风险是由市值前 10% 的股票决定的。这种资金集中程度并不理想，也是需要解决的一个重要方面。

（二）行业板块

板块之间的分散化其实是希望投资组合能够受到不止一个板块的经济驱动力的影响。个股层面的集中度问题天然存在，既众所周知，又很好理解。但是，在板块层面，这个问题还是会让许多人感到意外。例如，如果某一指数纳入了 10 个 GICS（全球行业分类系统）行业板块，那么这个指数的分散化水平应该是相当高的，这是一个合理的假设。但是，我们发现的实际情况却是，风险可能出人意料地集中在某一个行业板块上。更糟糕的是，这种集中是不稳定的，会随着时间的推移而发生很大的变化。

虽然这些集中从一开始就存在，但在事后看来，投资泡沫时期的集中程度显然最令人瞠目。图 10-6 显示，2000 年 7 月，科技公司几

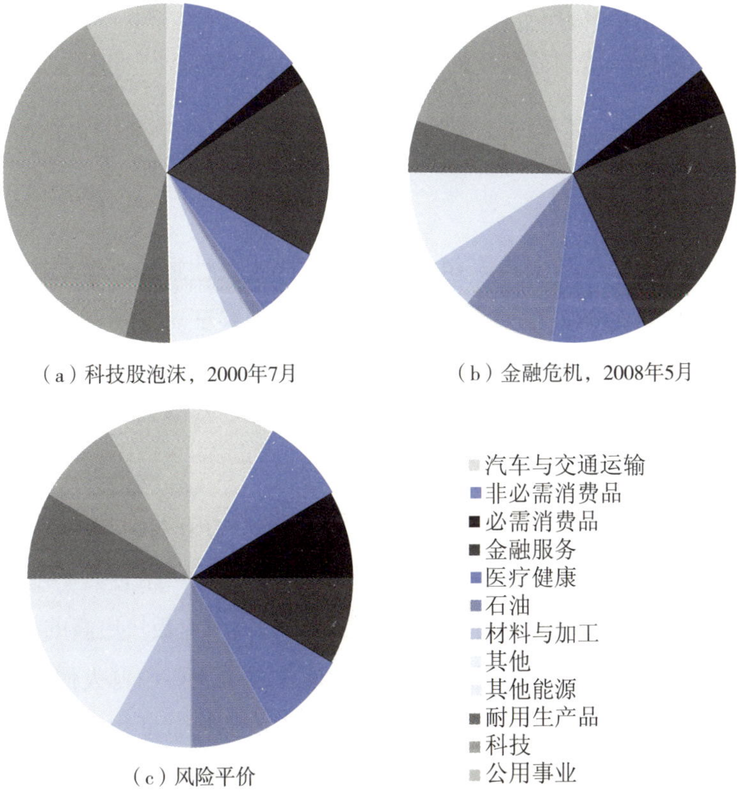

图 10-6　危机时期罗素 1000 指数的集中度风险以及风险平价投资组合示意

注：图中集中度风险由行业板块占比描述，这一风险在非危机时期不很明显，但仍然存在；截至 2017 年 11 月，金融板块和科技板块分别占到指数风险的 20% 以上。

乎占罗素 1000 指数风险的一半，而在 2008 年 5 月，将近一半的指数变成金融和消费品公司。截至 2017 年 11 月，按市值计算，科技公司占罗素 1000 指数的 20%。这并不是说科技板块本身估值过高，但从一个非主动型投资者的角度来看，98 家科技公司的前景对其投资业绩的影响显然过高，因为科技股数量只占罗素 1000 指数的 10%。

（三）国家

国别分散化减少了对任一给定经济体财富的依赖。随着全球市场日益融合，国别分散化的收益通常被认为已经缩小，但并未消失。

（四）因子

因子可以用于对投资组合证券之间的相关性施加一个结构，以便对我们认为相关性更高或更低的地方进行验证。这种做法可以让投资组合的构建变得简单而有效。基于因子的分散化最突出的例子有两个，一个是涵盖整个市值范围的分散化，另一个是价值型投资与成长型投资之间的分散化。在理想的情况下，这些维度是正交的（orthogonal）。然而，由于股票投资风格有时会存在行业板块的偏差，在通常情况下却并非如此。例如，如果在构建投资组合时不限定行业中性的原则，价值型指数通常就会赋予公用事业板块更高的权重。

近年来，智能贝塔取得了迅猛的增长，这主要源自人们认为它可以实现主动管理的某些特性，例如与市值加权基准相比，风险更低，回报更好，同时还具有更高的透明度和流动性，以及更低的费用。智能贝塔投资组合背后的思路其实就是从多种不同因子出发，分散化持股。这样，投资组合就会受到更加广泛的市场影响，其波动性自然也就小于集中度比较高的投资组合，预先打包而且价格又不贵的产品在这方面表现得尤为明显。

以上论述所要传达的信息是，要想缜密周到地构建投资组合，并且进行有效的指数设计，就应该考虑上面列出的那些传统市值加权指数基本忽略不计的所有维度。被动型投资者可以通过构建分散化投资组合来实现风险规避。从长远来看，上面介绍的类别维度的高度分散化可以最大限度地减少不可预见的尾部风险，而且应该可以实现出色的风险调整后收益。

二、实践中的分散化投资组合

到目前为止，我们已经确定，在缺乏主动型投资视角的情况下，智能贝塔股票投资组合的构建应该致力于实现上述每个维度上的分散化。下面，我们将通过一个案例研究比较美国大盘股的分散化投资组合和标普 500 指数构成的机会集合。我们试图根据行业板块（使用彭博行业分类 1 级）以及市值和市净率的五分位划分对投资组合的分散化程度进行评估。

在这种情况下，将一套风险预算方法用于市值加权策略和等权重策略并比较其表现，自然是一件很有意义的事情。表 10–2 提供的结果有几个限制条件，例如假设每笔交易有 20 个基点的交易成本，再平衡的频率为每月一次，以及只包含所有相关数据都可以获得（包括板块配置和市净率比值）的股票，该表显示了不同风险预算方法的相对表现。同等风险（equal risk）指的是单独的波动率（stand-alone volatility）全部相等，而每一板块的同等风险是指某一给定板块的个股都被赋予相同的波动率。等量风险贡献（equal risk contribution，简称 ERC）类似于同等风险，不同之处是其包含了相关性估计。我们将在下一节中更详细地讨论这些概念。最后，我们还提供了一个最小波动率（minimum volatility）投资组合的构建方法。

需要注意的是，这些都是 100% 的多头组合。

表 10–2　美国大盘股各种加权情景的表现

	市值加权	等权重	个股同等风险	板块同等风险	等量风险贡献	最低波动率
平均收益率（%）	9.20	11.30	13.80	13.50	14.20	12.80
标准方差（%）	15.00	17.00	15.40	15.30	15.40	13.20
夏普比率	0.62	0.67	0.70	0.68	0.73	0.75
最大回撤（%）	50.80	55.80	53.90	53.20	54.70	54.90
月度 VaR-5%（%）	7.00	7.13	5.90	5.90	6.10	5.80
年化换手率（%）	2.60	5.30	64.40	64.70	65.70	220.00

注：1994 年 10 月—2016 年 3 月数据。年化统计数据按月度表现和月度再平衡计算，回撤数据使用每日收盘数据。

表 10–2 强调了一点，相对于市值加权和等权重组合，所有的分散化方法都显示风险调整后收益有所提高。尽管不同的分散化投资组合策略之间的表现差异并不显著，但令人惊奇的是，仅仅消除了集中度问题就使表现获得大幅改善。换句话说，只需实现股票或行业板块的分散化，就能改善指数本身的构建。另外，分散化投资组合的具体实现方式似乎并不会带来实质性的巨大差异。

三、投资组合的构建方法

我们已经展示，即使是简单的投资组合构建和分散化方法，也足以取得超越市值加权和等权重基准的表现。下一个值得详细讨论的问题是指数设计者可以使用的工具范围。投资组合的构建需要确定在可以接受的风险水平内，哪项资产配置符合投资者的投资目标。在构建智能贝塔产品时常用的一些简单、有效的技术中，包括等权重法和基本面加权法，其中，等权重法也称为 1/*N* 加权法，完全不需要参数估算，基本面加权法将指数权重与销售额或股票账面价值之类的公司基本层面数据。

实际上，投资者有一系列的方法可以建立真正的因子维度上的分散化投资组合，图 10–7 显示了这一系列方法的取舍范围，从左侧参数化程度最高的方法一直到右边不需要任何参数的最稳健方法。

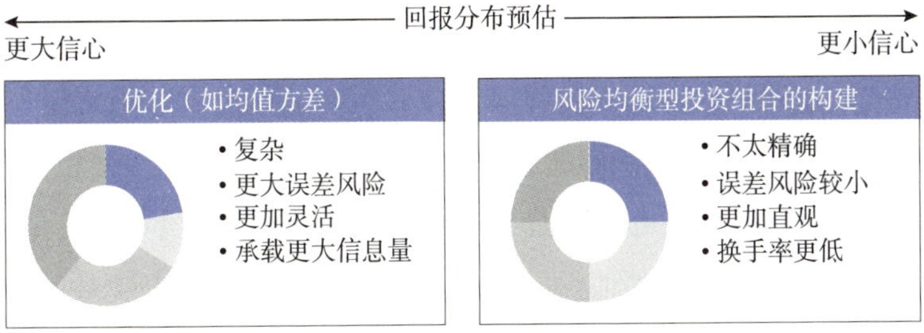

图 10–7　不同参数化程度的因子维度上的分散化方法

注：如果投资者可以笃定确认资产回报的分布，就可以使用某种优化法为他们找到最佳的投资组合。然而，这种分布的参数具有很大的不确定性。使用更加可靠的方法，如基于风险的投资组合构建，有助于提高实现样本外目标的可能性，避免受到估算误差的影响。

高度参数化的模型（highly parameterised models）试图在关于联合回报分布（joint return distribution）模型的严格假设下找到具有一定最优性质的投资组合。这类方法最著名的是均值 – 方差优化法。其他方法，如布莱克 – 利特曼模型方法和效用最大化（utility maximization）方法也依赖于类似的规范方法。这种方法通常依靠资产回报分布的预测。虽然它们在理论上看起来令人满意，但可能超出了我们预测未来的能力，至少达不到它们所要求的程度。另外，不可预见的事件不可避免地会影响个股的风险，以及个股之间的相对走势。

如何让这样复杂的模型减少出错的可能，是目前一个较为活跃的研究领域。从业者的惯常做法是努力降低估算误差的风险，增加资产价格共同波动中态势变化的稳健性。可以通过使用参数收缩（parameter shrinkage）、优化中的惩罚目标函数（penalized objective functions in optimization）或投资组合重新采样（portfolio resampling）等方式来实现稳健性。由此产生的投资组合避免了由于优化而导致的过于复杂的解决方案，因此可以更加直观，并使风险属性更加一致，还能降低换手率。

当然，投资组合不是只有很复杂的构建方法，也有更加简单的风险平价投资组合构建技术。在不对资产回报分布进行主动预测的情况下，让每只股票的风险贡献等量化，是实现分散化最直接的策略。从最极端的角度来说，即使我们对所投资的资产一无所知，简单地分配相同的权重也行得通。这种等权重可以指投资数额等量化，或者是板块、因子或其他尺度补偿性风险等量化，不需要对资产的回报分布进行任何假设。

这种投资组合构建方法避免了回报预测，从而向简单化迈进了一步，与均值方差优化相比，需要更少的人为假设。但是，它仍然需要对资产回报的相关性矩阵进行完整预测，而这种矩阵可能发生危险的波动，从而导致投资组合的优化法根据错误的假设把风险集中。

另一种投资组合构建方法涉及一种简单的类别分散化方法，即将各类资产的独立风险进行简单的等量化处理。我们通过图 10–7 可以看出，这种类别分散化（可以称为风险平价法）的做法可以与基于因子的投资组合较为完美地结合起来，出色地完成构建分散化投资组合的任务，不仅能够实现与高度参数化方法相同的结果，同时也降低了对人为假设的依赖。重要的是，这种方法避免了预测资产之间相关性的尝试。相反，它使用相对历史波动水平来测量资产之间的风险差异，其依据在于这样一个事实：实际波动率本身肯定会上下波动，但从长期来看，波动率最大的资产实际表现得确实更加波动。

汲取了风险平价思想的更广义的框架被称为风险预算法。风险预算方法不同程度地降低了对输入参数的依赖性，可信度也更高。诸如等量风险分配、风险最小化和分散最大化之类的技术，因其在估算误差方面的稳健性以及自身的简洁性而被定位为高效投资组合构建的竞争对手。与市值加权这类过度集中而且高价证券权重过大的方法相比，它们也更得投资者的青睐。值得注意的是，基于分散化的投资组合构建方法包括最小方差（minimum variance）、风险平价或波动率平价（volatility parity）（其中每项配置都具有相等的独立波动率）、等量风险贡献（其中每项配置的边际风险贡献是相同的）和分散最大化（maximum diversification）。所有这些方法都在实践中使用过，尤其是在构建智能贝塔产品时，如表 10–3 所示。

表 10–3　一系列基于分散化的基金

基金	加权规则	资产管理规模
安硕 MSCI 美国最小波动率 ETF	限制波动性最小化	105.9 亿美元
最大分散化投资组合 -TOBAM Anti-Benchmark 美国股票基金	分散最大化	7.4 亿美元
领先 MSCI 欧洲等量风险贡献 ETF	等量风险贡献	2.5 亿欧元
Powershares 富时锐联美国 1000 ETF	基本面加权	39.7 亿美元
Guggenheim 标普等权重 ETF	等权重	87.6 亿美元

注：上表可以说明风险预算理念在投资行业智能贝塔策略中的采用情况，资料来自 2016 年 3 月彭博资讯。

等量风险贡献或分散最大化等经过优化的风险预算（optimized risk budgeting）存在一个问题，它们要对资产回报的联合分布情况进行假设。从某种意义上说，这与投资组合的构建追求稳健的目标是背道而驰的。它需要预测无法先验获知的参数，因此会受到估算误差的影响。稳定的参数预估可以防止发生这种情况，但更好的分散化方法可能需要动用资产价格联动之外的额外信息，特别是资产，往往可以细分为好几种可投资资产，相互之间的交叉相关性预计会更低。这些信息比价格行为的特征更可靠也更持久，比如一家公用事业公司很难在一夜之间成为一家科技公司。利用分配给每个细分板块的权重，可以沿着每一组交叉维度计算分散化，从而对投资组合的分散化获得更加全面的认识。这些维度的集合函数可以用作优化的目标，进而实现在每个类别维度上都达到分散化的投资组合。

综上所述，本节讨论的重点是指数设计的风险维度，强调保持最大程度的分散化。我们将在下一节介绍如何将多因子投资组合中的不同因子结合起来。更具体地说，如果纳入 4 个因子，是否就应该建立 4 个投资组合——每个投资组合都基于不同的因子，然后再将它们集合组成最终的投资组合，或者是否应该对股票进行所有因子的评分，然后使用汇总得分创建一个投资组合。这又是一个引发业内大讨论的话题，因为有很多解决方案是两种方法都使用的。

第四节　多因子投资

虽然单一因子指数通常也属于智能贝塔的范畴，但创建更好指数的真正演变在于将多种因子混合的多因子指数。既然我们已经讨论过各种风险维度的分散化需求，那么寻求各种回报维度的分散化，自然是我们接下来的讨论重点。

出于多种原因，多因子投资优于单一因子投资。第一，它提供了分散化的回报来源。在某一因子表现不佳的时期，其他因子可能表现良好，从而使投资策略创造一流的风险调整后收益。事实上，有很多因子很可能是负相关的（比如价值和动量，当前证券价格出现在前者的分母和后者的分子中)。第二，某只证券以某一因子衡量可能需要抛售，但用另一个因子衡量却可能是需要买进的潜在对象。将两者结合的策略或指数就有机会让这两种交易相互抵销，节省两种因子的交易成本。

结合了一组适当的无相关性因子的投资组合，可以改善长期风险调整后收益。例如，图 10-8 和表 10-4 显示出 FTSE（富时指数）发达世界分散化因子指数相对于 FTSE 发达世界指数的卓越表现。

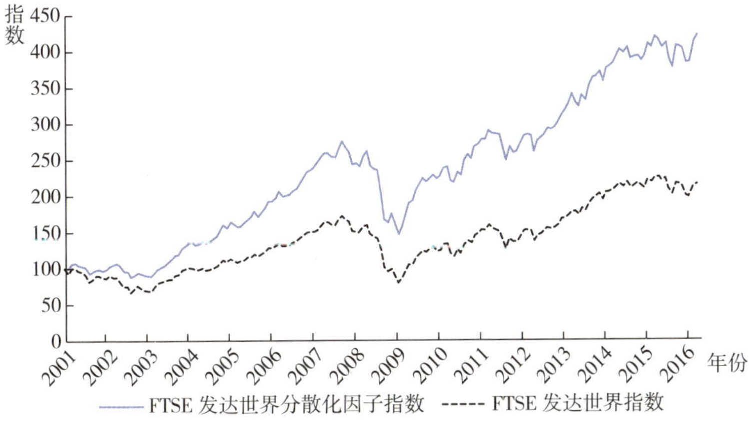

图 10-8　发达世界分散化因子指数与发达世界指数

表 10-4　发达世界分散化因子指数与发达世界指数

	FTSE 发达世界指数	FTSE 发达世界分散化因子指数
年化收益率（%）	6.30	10.50
年化波动性（%）	16.30	14.30
夏普比率	0.27	0.60
月度 VaR-5%（%）	8.40	7.00

注：被动型投资者的免费午餐，将不同来源的分散化结合在一起，可以使投资组合受到更多溢价的影响，避免过度集中的风险。

下面，我们将讨论如何为多因子投资策略选择因子，以及两种常用的组合方法。

一、选择因子

将多个因子结合在一个智能贝塔策略中，不但可以实现分散化，还能降低交易成本。因子层面上的分散化收益是通过识别和结合具有本质差异的因子来实现的，而这些因子又与本质上完全不同的回报渠道有关，因此相互之间表现出较低的相关性。例如，质量因子与价值因子的配对效果非常好，因为大体来说，高质量的股票总会吸引投资者赋予更高的估值，这是意料之中的事。

因子之间的平均相关性很低，所以因子是分散化的真正来源。图 10-9 基于 1998 年 1 月—2017 年 5 月的数据绘制了股票因子的平均配对连续三年相关性。需要指出的是，为了真实地理解各因子之间的相关性，我们在绘制相关关系图时使用了市场中性的假设。可以看出，各因子之间的平均相关性几乎为零。

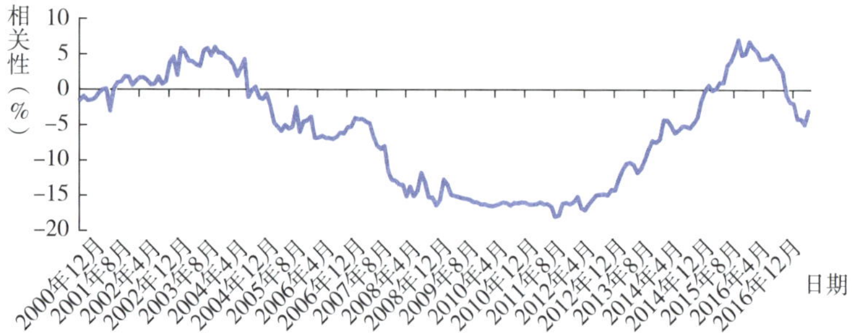

图 10-9　股票因子的平均配对连续三年相关性

在某些情况下，从业者扩展了因子的定义范畴，但这些扩展后的因子其实只是同一经济现象的不同表象而已。以价值因子为例，很难说盈利收益率（earnings yield）是不同于市净率的因子。智能贝塔投资组合经常只使用其中一个，或者使用两者的平均值。但是，将这两个比率看作相互独立的因子显然是很牵强的。这个例子本身很明显，但在智能贝塔指数的领域中，还经常会出现很多相互作用更加微妙的其他例子。

一个常见的错误是把低波动性作为一个不同于质量的独立因子。考虑到这种做法相当普遍，我们有必要把这个问题详细地探讨一下。出于分析的目的，我们把质量定义为“股本回报率”。低波动性从根本上反映了公司的市场感知风险和财务实力，因此在定义上与质量保持高度正相关关系。图 10-10 显示了标普发达 BMI（broad market index，基于宽基市场指数）指数波动率匹配后的质量与低波动性因子的季度超额收益。

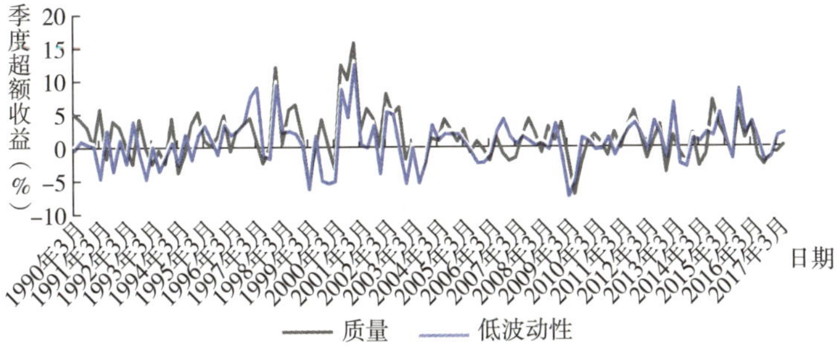

图 10-10 标普发达 BMI 指数的质量与低波动性因子的季度超额收益

从图 10-10 中可以看出，低波动性和质量策略的季度超额收益率同步性很强，实际上的长期相关性达到了 0.6。因此，在投资组合构建时将这两个因子作为独立因子考虑，可能会在无意中对同一风险来源进行加倍增仓或减仓，从而破坏投资组合的分散化。股息率（dividend yield）和价值因子的关系也很类似，因为高派息的个股对价值的影响也很大。当然，将多个相关因子合并构成一个综合因子，而不是依靠某个指标来表示一个因子，这一点仍然很重要。不过，我们应该确保每个综合因子都有其自身的独特性，以确保充分的分散化，并尽量减少无意的因子集中风险。

二、因子的组合

因子的组合可以通过两种不同的方式来实现：第一种方法是构建多个单一因子的投资组合，然后将它们组合到一起，像搭积木一样组成因子的模块化组合；第二种方法是综合考虑所有因子，像混合油漆那样建立集成组合。使用两种方法中的任意一种都能达成目标，但投资者终究要面对这个选择。

智能贝塔产品既有使用模块构建的，也有集成构建的。因此，从业内期刊中寻找分别支持这两种方法的文章不是什么难事。本德尔（Bender）和王（Wang）通过对基础投资组合权重施加一个倍数（均基于股票的因子排名以及因子属性本身的幅度）来构建投资组合。他们的结论倾向性也很强，他们认为无论是任选因子来构建投资组合，还是使用所有可能的两个因子的子集来构建投资组合，模块构建法在风险和收益两个方面的表现都更为优异。相反，菲茨吉本（Fitzgibbons）等人建立叠加策略（overlay strategies），发现集成构建法有着始终如一的卓越表现。他们论证认为，这一优势与因子的数量、跟踪误差目标和因子的负相关性保持正相关关系。克拉克（Clarke）等人则根据平均方差效率的优越性，得出集成构建法略胜一筹的结论。

在这些有分歧的意见中，重要的是要记住，对结果影响最大的往往是投资组合构建中那些不太显眼的地方。虽然从表面上看，决定使用模块构建法还是集成构建法是最重要的环节，但是因子的选择、投资组合集中度或换手率这些方面通常更具影响力。同样值得注意的是，研究人员的结论取决于相关的其他投资组合构建决策。例如，雷伊博德和吕格（Leippold and Rüegg）在26个不同的投资组合构建选择中就没有发现集成投资组合表现优越并超越统计噪声的证据。

支持模块构建法的一方通常会以每个因子不被摊薄才能实现真正的分散化为论据；反方则强调，集成构建法可以有效地防止价值信号中的价值陷阱（value trap），或者在动量股票趋势过度延伸后能更快地得到减仓。

总体来说，多种理论上的考量以及不同背景下的实证结果，都小幅倾向于使用集成构建法对得分更高的股票进行有重点的战略性配置。但是，必须牢记的是，投资者往往不能只依靠基于因子的策略来获得其因子敞口，他们可能会使用主动型投资经理，其投资风格会将因子敞口当作某种副产品。对于更广泛的分散化策略来说，使用模块化因子组合完成投资组合构建可能更有用。模块构建法更受欢迎的另一个例子是，资产配置者会战术性地衡量某些因子的吸引力，因此他们可能想要独立地对每个因子的敞口进行上下调整。投资组合的构建任务不能总是使用相同的解决方案来解决；投资组合经理应该根据需要选择稳定、可靠的方法来实现其投资目标。

第五节　因子表现会逐渐退化吗

讨论因子时经常出现的一个问题是它们的表现是否会退化。这个问题确实有探讨的意义，我们可以从几个角度来分析。第一，指数是否过度拟合（over fitted）或被数据挖掘？第二，这些策略是否会被套利耗尽（arbitraged out）？我们在下面依次讨论这两个方面。

一、数据挖掘和过度拟合

一个经常被用来批评智能贝塔的观点认为，在产品发布之前，指数的历史回报往往很强，但上市之后就表现不佳。图 10-11 显示的是 2015 年 11 月对智能贝塔类产品的分析。其调查的产品范围很广泛，所有不是简单复制跟踪型指数的 ETF 都被囊括在内，囊括在内的 ETF 可以只依靠某一个指标（如等权重或市值加权，股息或价值）或其他一些投资组合目标（如环境或碳意识等）。因此，该分析不只是研究智能贝塔多因子投资组合。然而，这些产品的表现结果仍然令人吃惊。所有包括在内的指数在 3 个回溯测试的年份中都显示出超额正回报，但是在 ETF 推出后表现就明显停滞。

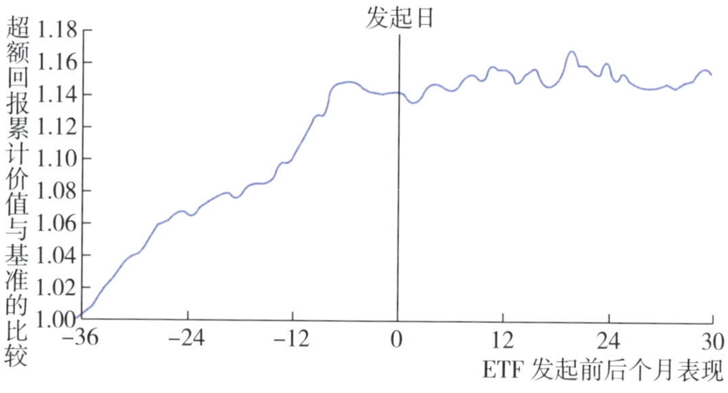

图 10-11　2015 年对智能贝塔类产品的分析

注：反映了在 ETF 上市前后基金的超额收益业绩表现对比。

这种巨大的差距恰恰是投资者需要对这些智能贝塔基金经理进行尽职调查的原因所在。对基金经理的尽职调查应该从以下几个方面入手。

第一，在尽职调查清单上，最重要的一项是对所有使用的每个因子经济理据的深刻理解。我们在本章用了很大篇幅讨论这个问题，因为因子在整个行业已成普及之势，但其中许多因子是没有经济显著性（economic significance）的。如果基金经理使用了本章讨论范围之外的因子，那么最重要的问题就是确保它们有一个合理的经济理据。换句话说，经济显著性胜过统计显著性（statistical significance）。如果答案是否定的，那么选择这个因子实质上就是一次误判，这说明在某一特定时间范围内策略有效是偶然的，其业绩表现不可重复，因此样本外的表现反而不及回溯测试的结果。

第二，模型本身的参数化。将参数数量保持在最低，以及模型对参数变化的稳定性都至关重要。例如，动量是一个完全有效的策略。所谓 10 个月的动量信号比 12 个月的动量信号“更好”的说法，在经济理据上不太能站得住脚。尽职调查和模型设计的重要一点是确保无论按 10 个月还是 12 个月计算，两者的结果都应该大体一致。这与试图“优化”参数以给出最好的样本内结果的谬误做法形成鲜明对比。

第三，交易成本和换手率。在设计指数时，理解和将交易成本假设纳入考虑至关重要，因为这个指标经常被忽视。智能贝塔策略因其构建的根本，导致比市值指数更高的换手率，因此这个指标是分析的重要组成部分。

对于任何建模者来说，这些都是需要谨记慎守的重要规则，也是对智能贝塔基金经理进行尽职调查的良好起点。

二、因子回报是否会被套利耗尽

随着基于因子的投资在整个行业中越来越普遍，关于因子投资是否会被越来越多的市场套利逐渐耗尽的讨论越来越受关注。关于这个问题，至关重要的是，我们对因子的定义论述得很清楚，即因子的存在必须有明确的经济理据为支撑。因此，因子是风险溢价，与股票风险溢价几乎没有太大差异。当投资者考虑投资股票市场时，我们不会担心股票市场的风险溢价是否已经被投资者们耗尽，只会考虑相应的投资是昂贵还是便宜。毕竟股票市场是周期性的，因子也是。

例如，股票风险溢价[1]的存在，就是为了补偿那些愿意让资本承担股票市场风险的投资者，并让这些投资资本发挥积极的社会影响，以推动经济增长服务。虽然随着时间的推移，股票风险敞口会逐渐得到补偿，但股票投资者必须愿意和能够承受长时间的负面表现[2]，甚至大规模崩盘或下跌。从历史上看，这些下跌常常与经济衰退时期有关。当经济步入衰退时，投资者会担心失去工作或收入减少，从而极度规避投资组合的损失。因此，股市必须提供更高的潜在回报，才能吸引投资者将其资本置于风险之中。

我们在这里讨论的其他因子风险，一般是某些投资者不能、不应该也不愿意承担的风险。当然，这并不意味着基于风险的因子不会在特定的时间点变得便宜或昂贵。例如，当越来越多的投资者寻求诸如价值溢价这样的特定因子时，价值型股票的超额收益就会减少到不值得投资者承担这一风险的地步。当这种情况发生时，投资者就会对这些股票减仓，直到溢价重新出现，最终引发新一轮的投资者追捧，周期从而得以延续。[3]

图 10–12 显示了随着时间的推移价值型股票相对于成长型股票的价格涨跌变化。从历史上看，随着越来越多的投资者做出反应并逐渐形成过度反应，价值溢价逐渐达到最大值或最小值，市场环境发生变化。举例来说，在网络泡沫时代，价值型股票相对于成长型股票便宜了 3 个多标准差，而在随后的萧条时期，它们又贵了 2 个标准差。值得注意的是，估值价差（valuation spread）是在价值因子排序中最高 25% 的股票和最低 25% 的股票市盈率中位数之差的 z 分数（z-score）。

---

1 补偿型因子通常被称为溢价，用来表示投资者因为承担了这些因子的变化影响而获得的回报。但是，并不是所有因子敞口对投资者都有奖励作用，行业板块和地区就是两个纯粹描述风险的因子例子。

2 自 1926 年开始长达数十年的观测期中，股票风险溢价有 15% 的时间处于负值。

3 一个普遍存在的倾向是，失去了风险承受能力的人会将利润转让给那些能够承受风险的人。换句话说，这相当于认输离场的人付钱给那些进场的人。

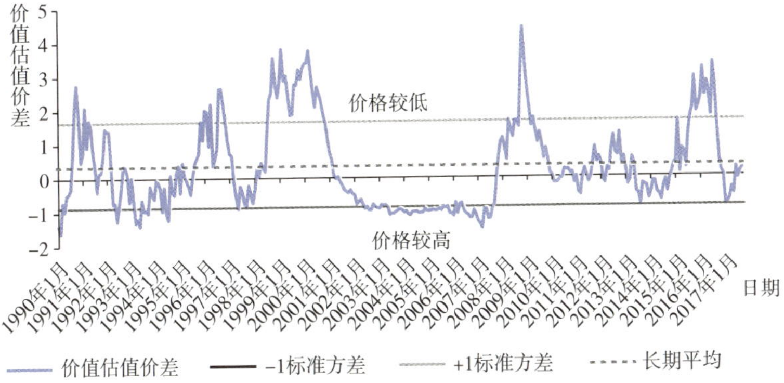

图 10-12　价值因子估值价差（全球）

注：1990—2017 年数据。

另一类因子来自人的内在行为或认知偏差。在人类历史上，关于这些偏差的记录可谓汗牛充栋，而相关领域的研究分别在 2002 年和 2017 年为丹尼尔·卡尼曼（Daniel Kahneman）和理查德·塞勒（Richard Thaler）赢得两个诺贝尔奖，行为和认知偏差在投资界表现得尤其突出。例如，动量因子就以行为理据为支撑，寻求通过做多持续上涨的资产以及做空价格持续下跌的资产来获利。从历史上看，人类（投资者）都显示出这样一种倾向：起初对新的信息反应不足，一旦这些信息得到确认并在更大范围形成共识之后则又会反应过度。这种趋势在参考定价数据时尤为突出，并在一系列地域、市场和时段的研究中得到体现。

比如质量因子，即尽管高质量的股票具有更好的基本面，并且从这个角度来看回报应该会更低，人们仍然可以从高质量股票相对于低质量股票（“垃圾股”）的卓越表现中获益。这种异常可以用所谓的“彩票”效应来解释，人类（投资者）会过高估计获得高回报的机会（其实很渺茫），并为这样的机会付出过高的代价。在质量因子的背景下，尽管低质量股票基本面更糟，未来价格走势存在的不确定性更多，投资者依然高估其股价，并过高地假设高收益的可能性。这使得高质量的股票被低估，长期来看回报前景更好。

在讨论基于行为的因子的“从众效应”时，理解回报背后的推理过程非常重要。例如，“从众效应”在动量策略中的影响与在优质股中的影响是非常不同的。根据定义，动量投资会产生积极的反馈，即价格上涨会导致投资的增持和更好的表现。因此，投资者的行为可以增加动量效应，但是最终事态发展的结果是，有太多资金只单一地根据过去的回报情况进行配置，在这种情况下，只要市场有变化或者发生意想不到的损失，就会导致投资者产生巨大的亏损。[1] 总体来说，“从众效应”在动量因子中的影响可能导致更高的回报率以及更高的波动性和更大的负偏态。

另外，高质量股票中的“从众”，可能导致这个因子被挤压到另一个极端，即高质量股票的估值可能与低质量股票的估值不相上下，从而降低了高质量股票在未来跑赢大盘的可能性。如图 10–13 所示，高质量股票也有估值昂贵的时期（如当前的环境下[2]）。在这些情况下，如果附加在质量上的溢价消失，并且这些因子经历了一段时间的表现欠佳，那么投资者就会减仓或取消配置，导致溢价再次自我复苏，周期继续下去。

对基于行为的因子来说，投资者可以从几十年来一以贯之的效应中获益。一般来说，如果没有金融决策的重大变化或者人类心理的根本性转变，这些效应就很难消失，而这两种情况短期内基本都不可能发生。

最重要的一点是要明白，根据定义，因子的回报驱动因素背后一定有经济理据的支撑。因此，它们不太可能会被套利耗尽，而是肯定

1 实际上，投资者群体变得不平衡，市场上没有足够的买家能够让动量投资者在不进一步下跌的情况下减仓。

2 此处是作者成文时的环境。——编者注

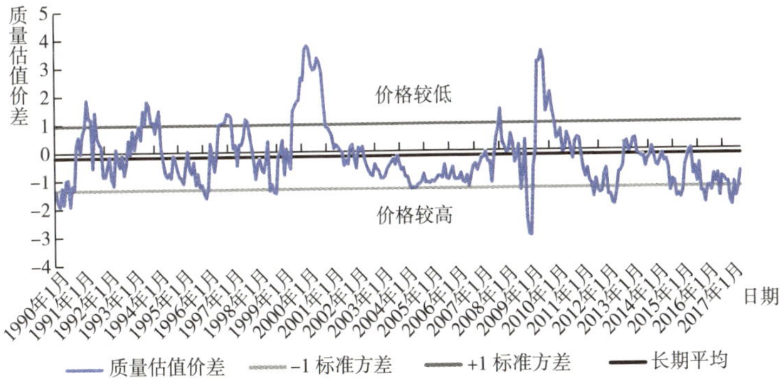

图 10–13 质量因子的估值价差（全球）

注：1990—2017 年数据。

会经历高低盈亏的周期波动。这就使得跨因子分散化变得更加重要。

第六节 智能贝塔和固定收益

到目前为止，我们在这一章主要介绍的是智能贝塔对股票投资的影响，因为股市是迄今为止智能贝塔行业最活跃的领域。不过，我们有必要讨论一下智能贝塔这类投资思想向固定收益领域的发展。

我们的论述焦点一直是股票市值加权指数的缺点。然而，固定收益问题更大，因为股票市值本质上是一个资产加权框架，虽然存在分散化不足的问题，但这一框架确实具有经济有效性。然而，在固定收益投资中，所谓的市值其实是负债加权，这就必然会导致集中效应，同时也缺乏经济理据。以信用指数为例，哪家公司发行的债务最多，哪家公司在指数中的权重就最大。随着公司发行越来越多的债务，其在指数中的权重也会增加，其债务的实际偿还能力还没有被纳入考量。正是从这个意义上来说，智能贝塔有可能真正改变固定收益的市场格局。固定收益投资方面出现比较早的智能贝塔类产品包括基本面加权指数，而有关将智能贝塔概念转化用于固定收益投资的论文数量也在不断增加。

还有其他一些相关问题，例如固定收益指数中的风险敞口也可能不稳定，所以投资者不清楚自己可能面临的风险。以新兴市场债券指数为例，它不仅受到上面所讨论的问题的困扰——债务负担最重的国家反而基本得到了收益，而且这个指数的加权方式也忽略了一点，它没有考虑投资者承担的风险敞口是久期（利率）风险还是信用风险。购买新兴市场债券指数的投资者，可能是出于承担信用风险的目的进行投资，他并不想承担久期风险，因为发达市场国债的久期风险更低。不过，新兴市场债券指数有时也会被投资级国家发行的证券主导。当这种情况发生时，投资者无意中就会使自己的久期风险敞口大于信用风险。从图 10-14 中可以看出，2006—2016 年新兴市场债券指数的信用评级风险敞口是不稳定的，特别是 2013—2015 年，指数权重严重偏向于高评级产品，因此整个指数基本都是久期风险敞口。

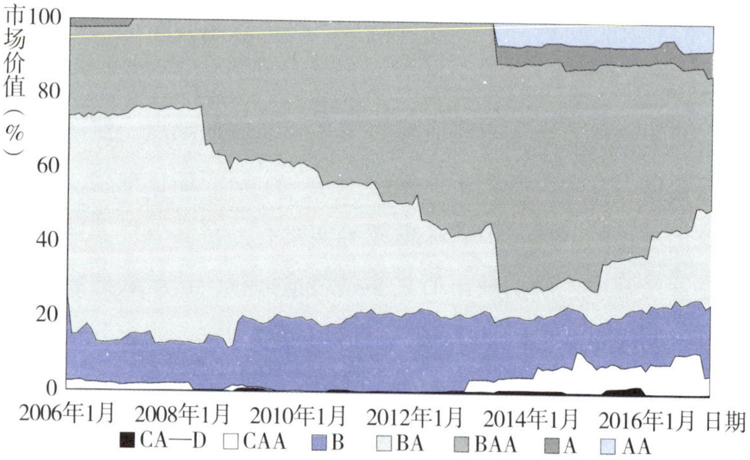

图 10-14　新兴市场债券指数各种评级产品的占比分布

注：2006—2016 年数据。

为了更好地反映投资者的需求，调整指数的权重成为固定收益智能贝塔策略的一部分。

最后，固定收益智能贝塔的第三个组成部分是因子回报。有证据表明，因子对固定收益的回报也起着一定的作用。然而，这里面还有一些重要的细微差别，特别是由于固定收益证券交易难度增加而导致的差别。但是，我们能看到今后几年一定会发生很多变化。

第七节　结论

本章我们从探讨贝塔的演变入手，强调随着我们对股票回报驱动因素的认识逐渐深入，归属于阿尔法的回报部分逐渐减少。我们展示了市值加权指数如何让被动型投资者承担了超出其预期的风险集中度。作为一种替代选择，投资者可能会考虑一种融合多种因子的分散化智能贝塔策略，与市值加权的做法相比，因子分散化不但可以对下跌有更好的控制，其增长也更加稳健，波动性也更小。

智能贝塔的本质是如何以更有效的方式获取市场回报（无论是股票、固定收益还是其他资产类别）。我们认为，风险和收益这两大维度在指数设计时都很重要。风险维度本质上是如何让分散化做得更好，而收益维度是捕捉超出市场增长本身的其他市场回报来源。

我们讨论了一些业内较为流行的因子，并确定了因子兴起的几大原因，包括承受对其他投资者不具吸引力的风险，承认市场参与者的行为偏差，或者利用市场的结构特征。当然，我们也强调了在因子选择和因子设计方面做出明智选择的重要性。

智能贝塔市场非常重视因子维度。我们揭示了市值指数的缺点，同时也强调了基于因子的市值加权指数也会遭遇同样的问题。

因此，在我们看来，思考智能贝塔指数设计中的风险维度是非常重要的；这意味着资产配置者必须仔细考虑他们的资产配置方式。传统上，当我们考虑主动风险时，我们已经习惯于从跟踪误差的角度思考问题。但是，在使用这些智能贝塔指数时，我们必须把重点放在结果和风险调整后收益上，而不是跟踪误差。事实上，这类指数的跟踪误差很可能要高于传统的市值加权指数。然而，我们对这类指数的期望是，它们应该以更小的风险获得与市值加权指数类似的回报。

我们还讨论了固定收益和智能贝塔的关系，我们需要强调这样一个事实：尽管大多数关于智能贝塔的研究把关注的焦点都放在股票上，但相关理念其实可以适用于各种资产类别。我们认为，固定收益就是一种投资者会对其贝塔投资态度发生深远变化的资产类别，因为传统固定收益指数会受负债权重机制的负面影响，导致无意的风险集中。这个问题在信用指数中尤为明显，因为发行债务最多的公司构成了指数最大的一部分，其债券的实际偿还能力却完全没有被纳入考量。所以，投资者在无意中奖励了最肆意发行债务的公司。正因为如此，智能贝塔才有可能真正改变固定收益的格局。

传统市场指数最初是作为基准创建的，但被动型投资的增长已经把它们转化为本身具有投资价值的投资产品。智能贝塔寻求确保这些指数能够让投资者以最有效的方式获取市场回报。然而，我们一定要意识到，智能贝塔并不是一场突然爆发的革命，而是一种逐渐演变的思路，智能贝塔只是这一思路的最新发展成果。

以前，智能贝塔背后的许多想法都是主动型投资基金经理们采用的经验法则。展望未来，主动型投资基金经理需要能够证明，他们不仅有能力跑赢市值加权指数，更能跑赢因子指数，只有这样，他们才配得上自己收取的高额费用。结果就是，人们对主动型投资基金经理的要求和衡量标准再一次提高了。

- 随着投资者对市场贝塔和阿尔法定义的认识不断加深，智能贝塔产品的蓬勃发展见证了行业的新方向。
- 普遍被业内认可的智能贝塔因子包括价值、动量、质量、规模、套利和趋势等。
- 智能贝塔可以帮助构建更加分散化的组合。在构建多因子组合时，投资者对因子的选择与组合方式应进行全面考量。

本章参考文献

[1] Arnott R D, Hsu J, Moore P. Fundamental indexation [J]. Financial Analysts Journal, 2005, 61 (2): 83-99.

[2] Zhang L. The value premium [J]. Journal of Finance, 2005, 60 (1): 67-103.

[3] Lakonishok J, Shleifer A, Vishny R W. Contrarian investment, extrapolation, and risk [J]. Journal of Finance, 1993, 49 (5): 1541-1578.

[4] Jegadeesh N, Titman S. Returns to buying winners and selling losers: Implications for stock market efficiency [J]. Journal of Finance, 1993 (48): 93-130.

[5] Blitz D, Vliet P V. The volatility effect: Lower risk without lower return [J]. Journal of Portfolio Management, 2007, 34 (1): 102-113.

[6] Black F. Capital market equilibrium with restricted borrowing [J]. Journal of Business, 1972 (45): 444-4552.

[7] Grassi P E, Lastra B, Romahi Y. Low volatility investing [J]. 2012.

[8] Asness C S, Frazzini A, Israel R, Moskowitz J T, Pedersen L H.

Size matters，if You control your junk［D］. Fama–Miller Working Paper，2015.

［9］Bhansali V，Davis J，Dorsten M，Rennison G. Carry and trend in lots of places［J］. Journal of Portfolio Management，2015，41（4）：82–90.

［10］Asness C S，Moskowitz T，Pedersen L. Value and momentum everywhere［J］. Journal of Finance，2013，68（3）：929–985.

［11］Lempérière Y，Deremble C，Seager P，Potters M. Two centuries of trend following［DB］. ArXiv preprint：1404.3274，2014.

［12］Fama E F，Macbeth J. Risk，return，and equilibrium：Empirical tests［J］. The Journal of Political Economy，1973，81（3）：607–636.

［13］Harvey C，Liu Y，Zhu H. The cross-section of expected returns［J］. The Review of Financial Studies，2016，29（1）：6–68.

［14］Levi Y，Welch I. Long term capital budgeting［D］. Working Paper，2014.

［15］Hsu J，Kalesnik V. Finding smart beta in the factor zoo［D］. Research Affiliates White paper，2014.

［16］Laloux L，Cizeau P，Bouchaud J P，Potters M. Noise dressing of financial correlation matrices［J］.Physical Review Letters，1999（83）：1467–1470.

［17］Fama E F，French K R. Common risk factors in the returns on stocks and bonds［J］. Journal of Financial Economics，1993，33（1）：3–56.

［18］Staines J，Li V，Romahi Y. Dimensions of diversification［J］.The Journal of Index Investing，2016，7（2）：119–127.

［19］Campbell J，Lettau M. Malkiel B G，Xu Y. Have individual stocks become more volatile? An empirical exploration of idiosyncratic risk［J］. Journal of Finance，2001：1–44.

[20] Goetzmann W, Li L, Rouwenhorst K G. Long-term global market correlations [J] . Journal of Business, 2005 : 1–38.

[21] Ledoit O, Wolf M. Improved estimation of the covariance matrix of stock returns with an application to portfolio selection [J] . Journal of Empirical Finance, 2003, 10 (5): 603–621.

[22] Ceria S, Stubbs R. Incorporating estimation errors into portfolio selection : robust portfolio construction [J] . Journal of Asset Management, 2006, 7 (2): 109–127.

[23] Michaud R, Michaud R. Estimation error and portfolio optimization : a resampling solution [J] . Journal of Portfolio Management, 2008, 6 (1): 8–28.

[24] Maillard S, Roncalli T, Teïletche J. The properties of equally weighted risk contribution portfolios [J] . The Journal of Portfolio Management, 2010, 36 (4): 60–70.

[25] Duchin R, Levy H. Markowitz versus the talmudic portfolio diversification strategies [J] . Journal of Portfolio Management, 2009, 35 (2): 71–74.

[26] Malevergne Y, Santa-Clara P, Sornette D. Professor Zipf goes to Wall Street [D] . NBER working paper, 2009.

[27] Treynor J. Why market-valuation-indifferent indexing works [J] . Financial Analysts Journal, 2005, 61 (5): 65–69.

[28] Clarcke R, Thorley S, De Silva H. Minimum–variance portfolios in the U.S.equity market [J] . Journal of Portfolio Management, 2006, 33 (1): 10–24.

[29] Asness C, Frazzini A, Pedersen L. Leverage aversion and risk parity [J] . Financial Analysts Journal, 2012, 68 (1): 47–59.

[30] Choueifaty Y, Coignard Y. Towards maximum diversification [J] .

Journal of Portfolio Management, 2008, 35 (1): 40–51.

[31] Fisher G S. Dividend investing: a value tilt in disguise [J]. Journal of Financial Planning, 2013.

[32] Bender J, Wang T. Can the whole be more than the sum of the parts? Bottom-up versus top-down mulitfactor portfolio construction [J]. The Journal of Portfolio Management, 2016, 42 (5): 39–50.

[33] Fitzgibbons S, Friedman J, Pomorski L, Serban L. Long-only style investing: Don't just mix, integrate [D]. AQR Whitepaper, 2016.

[34] Clarke R, De Silva H, Thorley S. Fundamentals of efficient factor investing [J]. Financial Analysts Journal, 2016, 72 (6): 9–26.

[35] De Franco C, Monnier B, Nicolle J, Rulik K. How different are alternative beta strategies [J]. Journal of Index Investing, 2016, 7 (2): 57–77.

[36] Leippold M, Rüegg R. The mixed vs the integrated approach to style investing: Much ado about nothing [J].European Financial Management-forthcoming, 2017.

[37] Cembalest M. Smart beta investing: reformation and enlightenment. Eye on the market [J]. J.P.Morgan Asset Management, 2017.

[38] Houweling P, Zundert J V.Factor investing in the corporate bond market [J]. Financial Analysts Journal, 2016, 73 (2).

[39] Fung W, Hsieh D. Measurement biases in hedge fund performance data: An update [J]. Financial Analysts Journal, 2009, 65 (3): 36–38.

[40] Staines J, Romahi Y. Smart beta: Evolution, not revolution [J]. J.P.Morgan Asset Management Investment Insights, 2016.

[41] Asness C S, Krail R J, Liew J M. Do hedge funds hedge [J]. Journal of Portfolio Management, 2001, 28 (1): 6–19.

[42] Tinbergen N, Impekoven M, Franck D. An experiment on spacing-out as a defense against predation [J] . Behaviour, 1967 (28): 307–321.

[43] Staines J, Romahi Y. Inside the black box : revealing the alternative beta in hedge fund returns [J] . J.P.Morgan Investment Insights, 2016.

[44] Markowitz H M. Foundations of portfolio theory [J] . The Journal of Finance, 1991, 46 (2): 469–477.

[45] Staines J. Component risk parity : using traditionally weighted benchmarks in an equal weighted fashion [J] . Journal of Index Investing, 2016, 6 (4): 82–87.

[46] Bera A, Park S K. Optimal portfolio diversification using the maximum entropy principle [J] . Econometric Reviews, 2008 (27): 484–512.

[47] Neukirch T. Portfolio optimization with respect to risk diversification [J] . SSRN, 2008.

[48] Retrieved from global industry classification standard [S] . MSCI, 2017.

[49] Cochrane J H. Volatility tests and efficient markets : A review essay[J]. Journal of Monetary Economics, 1991, 27 (3): 463–485.

[50] Chen N F, Zhang F. Risk and return of value stocks [J] . Journal of Business, 1998, 71 (4) .

关于作者

雅赞·罗马希（Yazann Romahi）

雅赞·罗马希是摩根大通的董事总经理，担任伦敦量化贝塔策略组 (Quantitative Beta Strategies) 策略首席投资官，专注于进一步发展本公司基于因子的，包括另类贝塔和策略贝塔等策略在内的金融投资业务。在此之前，他担任多资产解决方案研究和量化策略主管，负责建立多种量化模型，以帮助进行广泛的资产配置，从而用于全球范围各种多资产解决方案的投资组合。在 2003 年加入摩根大通之前，他在剑桥大学金融研究中心担任研究分析师，并承担了包括先锋资产管理（Pioneer Asset Management）、普华永道（PricewaterhouseCoopers）和汇丰银行（HSBC）在内多家金融机构委托的咨询顾问任务。他拥有剑桥大学应用数学博士学位，持有 CFA 资格证书。

李炜（Victor Li）

李炜是摩根大通的执行董事，担任股票和另类贝塔研究部主管，同时也是伦敦量化贝塔策略组投资组合经理。自 2010 年入职以来，他的主要职责包括管理团队的研究议程，从事适用于量化贝塔系列产品的模型开发和投资组合管理工作。他拥有英国帝国理工学院通信和信号处理博士学位，并曾在该校担任研究助理。他此前毕业于曼彻斯特大学，以优异成绩获得通信工程专业硕士学位，持有 CFA 资格证书。

贝尔坎·塞森（M. Berkan Sesen）

贝尔坎·塞森是摩根大通伦敦量化贝塔策略组量化研究员和投资组合经理。在加入摩根大通之前，他领导花旗集团量化分析部下属的全球数据分析工作小组，并曾在花旗集团担任量化分析师，带领统计模型团队，为算法交易和电子双向报价提供协助。他拥有牛津大学人工智能博士学位，主修机器学习和统计学，同时也是牛津大学生物医学工程专业优秀毕业生，获生物医学工程硕士学位。

第十一章　A 股因子投资

我们将美国股票异象（anomaly）文献中深入研究过的因子策略应用于中国 A 股，以论证在中国股市中何种因子投资有效，何种因子投资无效。我们发现一些传统因子在中国表现良好，而其他因子缺乏有效性。我们分析了现有 A 股异象文献中的结果，并根据中国不断发展的投资环境解释中国和美国因子投资的区别。

第一节　简介

中国资本市场在过去的几十年里迅速发展。中国股票市场在 1990 年 12 月之前基本上不存在，但如今已经迅速发展成为仅次于美国的全球第二大股票市场，截至 2016 年年底总市值达 7 万亿美元[1]。与此同时，中国政府最近鼓励外商投资的力度也有所加强，并且为境外投资者提供了进入中国国内股票市场的新途径，但即使这样，考虑进行 A 股投资的投资者仍然面临着向中国股市进行资产配置的一系列挑战。此外，相对较短的市场历史往往导致统计分析结果不确定，散户投资者参与率、交易成本和市场流动性等市场微观结构的巨大差异也对 A 股传统投资策略的实施和业绩评估产生了重大影响。

1　根据全球证券交易所联会 2017 年发布的数据。

随着 A 股被纳入全球股票基准的期望越来越高[1]，资产所有者必须评估使用标准的系统方法来产生超额股票收益在中国是否同样有效。这种横截面的“因子”策略的吸引力源于较低的投资管理直接成本以及较低的与尽职调查相关的间接成本。在还需进一步完善的市场中，这些特征非常引人注目。因此，本研究的主要目的是更好地理解在美国股票市场文献中发现的异象在中国的适用程度。我们试图回答以下问题：何种因子投资在中国有效？何种因子投资在中国无效？我们将看到，一些众所周知的因子可靠地传递给中国的股票，而其他一些流行的策略则产生了与美国市场表现相反的结果，这突显了这项研究对于考虑 A 股的投资者的重要性。

当然，我们并不是第一个撰写研究 A 股因子策略论文的团队。自从国内股市建立，学者们便开始在中国复制传统的美国因子策略。然而，在近年研究 A 股异象的文献中，一些广泛使用的因子的溢价在其大小和统计显著性方面结果迥异，致使这些结果的可靠性存疑。这些不相匹配的结论来自极短的样本和开始（结束）日期的微小差异，以及每篇论文不同的因子定义。我们的研究将解决这些问题，并且尽可能调和现有文献中的明显差异。

第二节　中国 A 股因子投资

在对 A 股因子绩效进行更详细的讨论之前，表 11–1 报告了和一系列股票特征相关的多空因子在 A 股和美国的绩效收益，这些股票特征对应了在美国股权因子文献中受到重视的横截面收益的可预测性。对于每一种策略来说，我们首先将 A 股和美国股票十等分，然

1　参见 Rabouin（2016）。

表 11–1　A 股和美国股票的因子收益[1]

信号	A 股						美国股票					
	完整样本		达到 $p<0.05$ 所需年数	近期样本		达到 $p<0.05$ 所需年数	模拟短期样本		达到 $p<0.05$ 所需年数	完整样本	
	H-L（EW）	H-L（VW）		H-L（EW）	H-L（VW）		H-L（EW）	H-L（VW）		H-L（EW）	H-L（VW）
–SIZE	15.8%*** （3.18）	14.6%** （2.47）	14	23.9% （3.24）	24.9%*** （2.76）	4	1.7% （0.27）	2.5% （0.41）	224	2.8% （1.26）	3.7% （1.56）
B/P	11.5%** （2.25）	10.3%* （1.86）	24	3.3% （0.46）	2.3% （0.26）	493	9.3%* （1.83）	3.9% （0.57）	117	8.8%*** （3.84）	3.5% （1.26）
E/P	7.4%* （1.67）	7.8% （1.50）	37	–2.4% （–0.43）	–3.8% （–0.49）	139	3.2% （1.03）	3.7% （0.62）	99	2.4% （0.98）	3.3% （1.26）
S/P	10.0%*** （3.48）	11.7%*** （3.12）	9	2.6% （0.51）	2.4% （0.37）	243	11.3%** （2.01）	8.4% （1.22）	26	11.0%*** （4.04）	8.4%*** （2.89）
D/P	7.8%** （2.01）	5.7% （1.27）	52	–2.4% （–0.42）	–8.7% （–1.03）	31	2.7% （0.51）	1.6% （0.21）	888	1.8% （0.86）	0.7% （0.26）
GP	4.5% （1.11）	1.2% （0.26）	1 231	3.2% （0.63）	3.2% （0.50）	133	7.5%** （2.09）	5.0% （1.04）	35	7.3%*** （4.25）	5.5%*** （2.76）

1　表中的信号描述参见表 11–3。

续表

信号	A 股						美国股票				
	完整样本		达到 p<0.05 所需年数	近期样本		达到 p<0.05 所需年数	模拟短期样本		达到 p<0.05 所需年数	完整样本	
	H-L（EW）	H-L（VW）		H-L（EW）	H-L（VW）		H-L（EW）	H-L（VW）		H-L（EW）	H-L（VW）
OP	1.6%（0.39）	1.7%（0.39）	547	–5.0%（–1.39）	–2.1%（–0.43）	180	6.1%*（1.91）	2.1%（0.51）	145	6.0%***（2.98）	2.0%（0.78）
–Δ ASSET	1.5%（0.46）	2.2%（0.53）	296	3.7%（1.20）	8.7%*（1.95）	9	10.8%***（3.15）	8.1%*（1.90）	11	10.5%***（7.00）	7.5%***（4.04）
–Δ BOOK	–0.4%（–0.13）	–0.7%（–0.17）	2 880	4.5%*（1.74）	8.9%**（2.02）	8	7.1%**（2.05）	8.4%*（1.95）	10	6.9%***（4.87）	7.5%***（3.97）
–ACC	4.3%**（2.10）	5.1%（1.41）	32	3.1%（1.20）	4.2%（0.82）	50	4.1%（1.30）	4.9%（0.96）	42	3.8%***（2.82）	4.4%**（2.12）
–NOA	4.9%*（1.88）	5.3%（1.58）	33	5.4%*（1.86）	6.7%（1.59）	13	9.7%**（2.47）	7.8%（1.64）	14	9.1%***（4.48）	7.2%***（3.78）
–VOL	8.5%**（2.14）	6.8%（1.37）	44	2.8%（0.38）	–0.6%（–0.07）	6 795	7.4%（1.03）	9.8%（1.25）	25	5.7%（1.46）	8.3%*（1.96）
–BETA	4.7%（1.18）	3.3%（0.65）	197	4.4%（0.64）	3.2%（0.37）	243	4.2%（0.52）	2.1%（0.31）	405	3.1%（0.91）	0.9%（0.27）

续表

信号	A股						美国股票				
	完整样本		达到 $p<0.05$ 所需年数	近期样本		达到 $p<0.05$ 所需年数	模拟短期样本		达到 $p<0.05$ 所需年数	完整样本	
	H-L（EW）	H-L（VW）		H-L（EW）	H-L（VW）		H-L（EW）	H-L（VW）		H-L（EW）	H-L（VW）
–I-VOL	6.0%（1.56）	5.6%（1.19）	59	1.4%（0.20）	–0.7%（–0.08）	5 202	6.9%（1.00）	7.9%（1.12）	31	5.2%（1.36）	6.3%（1.60）
MOM	–1.4%（–0.30）	–1.1%（–0.22）	1 720	–8.5%（–1.35）	–11.7%（–1.46）	16	21.6%***（3.70）	19.3%**（2.52）	6	22.0%***（6.50）	20.2%***（5.29）
–REV-ST	8.3%**（2.02）	5.4%（1.10）	69	21.9%***（3.88）	23.0%***（2.90）	4	14.8%***（3.19）	3.4%（0.64）	93	15.2%***（5.53）	3.7%（1.22）
–REV-LT	8.5%*（1.70）	12.1%**（2.15）	17	5.9%（1.20）	7.9%（1.36）	18	6.2%（1.08）	3.5%（0.51）	149	6.4%***（2.92）	3.9%（1.48）
年份	1995—2016（T=22）			2008—2016（T=9）			模拟短期样本（T=10）			1965—2016（T=52）	

注：该表给出在不同的时间段内，本文所描述的一系列因子策略在中国和美国的等权重和市值加权的年度收益，括号内为t统计量。在中国和美国的投资范围都是按市值计算最大的80%的股票。在中国，构建ACC（应计项目）的数据只在2000年以后存在；REV-LT（长期反转）从1996年开始。对于年度信号，我们在5月份对A股策略进行再平衡，并在7月份进行美国策略的再平衡。我们使用美国数据中1967—2016年的每个10年分期的平均值和t统计量模拟美国股票的短期样本，其长度与最近的A股样本相似。对于A股样本和美国股票的模拟短期样本，基于样本内市值加权因子收益率和标准误差，我们都显示了实现小于0.05的 p 值隐含的所需年数。我们分别以***、**和*表示1%、5%和10%水平的统计显著性。

后通过购买每个特征的最高十分位股票以及做空最低十分位形成多空投资组合。为了确保我们的股票有足够的流动性，从而使投资者可以执行我们的策略，我们的投资范围包括了每个国家市值最大的80%的股票，即尤金·法马和肯尼斯·弗伦奇（2008a）所谓的“除微型外所有”的股票（“all-but-tiny” stocks）。我们记录每个因子的等权重（EW）收益和市值加权（VW）收益[1]，根据不同信号，我们每年或每月进行一次组合再平衡。之后我们将阐述这些数据，并对每个因子的结果进行彻底分析。我们先提出几个普遍的观察结果来激发对结果的讨论。

首先，尽管我们的美国全样本结果与过去文献中的结果大体一致，但是我们的A股因子策略的结果却是错综复杂的。根据从1995年开始的A股全样本，我们观察到一些信号表现良好，如规模、价值、应计（accruals）和反转（reversals）；一些信号虽然产生正收益但统计上不显著，如盈利能力、净经营资产（net operating assets，简称NOA）和低波动率；另外两个受欢迎的因素则基本无效，即资产增长和动量。本项研究的大部分内容会以对中国投资环境特征的深入了解和对因子投资的影响为基础来理解A股和美国股票异象收益之间的异同。

其次，当我们使用从2008年开始且更近的样本数据时，我们观察到一些有趣的变化，这些数据在重大财务和会计改革之后更能代表现时的市场状况。虽然有些信号产生与之前相近的效果，如毛利率（gross profitability）、净运营资产和低贝塔，但是大多数信号产生

---

1 在执行因子策略时，市值加权回报通常作为投资者实际回报的更好估计，因为市值加权资产组合的业绩不太可能由小的、高波动性的股票的回报所驱动，并且其交易成本更为稳健，因为大盘股通常流动性更高，交易成本更低。有趣的是，在某些情况下，这种直觉可能在A股因子策略方面失败，尤其是在2005年的非流通股改革之前，因为大盘股中有许多国有企业，国有企业由于一些交易限制往往其流动性不及一些非国有企业。

的效果更强，如规模、资产增长、动量和短期反转，或者更弱，如净值市价比、销售市价比、应计、低波动率和长期反转。另外，还有几个股票异象，如盈利市价比、股息收益率和运营盈利能力在样本变化时实际上产生了相反的表现。这些差异首先展示了用相对较短的样本评估因子收益的敏感性（在对 A 股的分析中，我们最多能使用 22 年的数据，而美国股票则有 52 年）。这些差异突出了会计准则和监管环境的发展对因子策略绩效的潜在影响。就应计异象来说，我们将会看到会计准则的变化很容易解释近年来这种信号绩效减弱的原因，而且对中国证券法规的理解意味着对 A 股有更好的办法实施传统的应计会计项目策略。

最后，意料之中的是，在较短的 2008—2016 年样本中，大多数结果的统计显著性大大降低，只有规模、资产增长、短期反转仍在 A 股中显著。同样，尽管大多数著名的异象在美国覆盖 1965—2016 年的全样本中表现出很强的回报，但是当我们评估这些同样的美国因子收益时，结果也并不稳健。这个简单的比较提醒我们不要得出鲁莽的结论——缺乏统计显著性必然意味着没有意义；相反，它提出了这样一个问题，即如果中国的数据历史有美国股票样本那样长的时间长度，那么 A 股因子收益是否会比发达市场中观察到的更好呢？

考虑到对 A 股进行资产配置的投资者可能并不想再等 30 年——通过足够规模的样本来获得更高的 t 统计量，同时假设短期样本的估计值在未来依旧成立，我们在表 11-1 中指出我们的样本中使每个因子达到统计显著性所需要的年数。对于通过模拟的短期样本计算的许多美国信号来说，达到显著水平所需的年数不超过美国股票全部样本的实际规模——大约 50 年。另外，值得关注的是价值因子，假设我们所能观察到的只是一个典型的 10 年收益期，那么我们可能会错误地断定价值因子在美国股市无效。

对于A股来说，低波动率是一个有趣的例子。根据我们最近的样本估计，我们需要200年的数据才能达到一个像样的p值，这意味着低波动率异象在中国没有显著结果应该不是仅仅由于我们最近的样本很短期。对于其他因子（应计、净运营资产和1995年以来基于估值的信号，以及近年来基于价格的信号）来说，所需的样本长度相当低，这表明随着更多数据的补充，我们期望其中一些因素可能会具有更高的统计置信度。至于是否应该期望现有A股样本的估计均值和标准误差在未来依旧成立的问题，只能通过仔细研究从A股市场特征得出的每个异象绩效的理论基础来回答。毕竟t统计量低，可能是因为这些因子不起作用，而不是因为缺乏统计有效性。我们会在介绍我们的数据和因子选择后转向讨论这些异象的理论基础。

一、数据

为了评估应用于A股的因子策略，我们从CSMAR（中国股票市场研究）经济金融研究型数据库收集了所有A股的收益和会计变量。由于中国上市公司必须在4月底之前报告上年度财务业绩，因此我们在每年5月初对使用会计变量构建的因子进行再平衡[1]。我们从以1995年5月到2016年12月为样本的公司中收集股票收益和财务报表数据。为了理解开始日期的选择，需要注意的是，尽管A股市场从1990年开始交易，但从表11-2提供的A股市场自成立以来的总结数据可以看出，只有在20世纪90年代中期以后才有足够

1 在对投资组合进行再平衡时，为了确保回溯测试中的策略实际上是可交易的，我们考虑停牌交易中的股票，并禁止购买中国证监会指定的“特殊处理”股份，因为证监会对这些股票的交易有额外的限制。对于每年再平衡的策略，每年支付的任何股息都被假设再投资该股票，直到下一次再平衡日。

表 11-2　A 股和美国股市的汇总统计数据

年份	A 股						美国股票		
	上市公司数量	市值（10 亿美元）	公司平均规模（10 亿美元）	上市公司中国有企业数量占比（%）	上市公司中国有企业市值占比（%）	非流通市值占比（%）	上市公司数量	市值（10 亿美元）	公司平均规模（10 亿美元）
1991	12	1.21	0.10	—	—	61.82	5 843	3 345.91	0.57
1992	31	17.07	0.55	—	—	74.17	5 997	3 851.52	0.64
1993	99	43.33	0.44	—	—	83.32	6 258	4 371.42	0.70
1994	270	24.14	0.09	—	—	79.88	6 808	4 595.84	0.68
1995	297	52.69	0.18	—	—	80.20	6 948	5 711.27	0.82
1996	367	87.36	0.24	—	—	76.31	7 382	6 654.42	0.90
1997	656	200.77	0.31	—	—	73.97	7 612	9 664.60	1.27
1998	785	271.72	0.35	—	—	73.59	7 495	11 435.16	1.53
1999	873	359.43	0.41	—	—	71.97	6 991	13 429.94	1.92
2000	974	540.78	0.56	—	—	69.82	6 764	15 687.67	2.32
2001	1 113	581.90	0.52	—	—	68.46	6 143	13 215.73	2.15
2002	1 164	585.00	0.50	—	—	70.88	5 610	10 186.59	1.82
2003	1 227	530.00	0.43	—	—	71.30	5 200	11 306.23	2.17
2004	1 323	520.03	0.39	70.14	84.14	72.19	5 058	12 802.13	2.53

续表

年份	A股						美国股票		
	上市公司数量	市值（10亿美元）	公司平均规模（10亿美元）	上市公司中国有企业数量占比（%）	上市公司中国有企业市值占比（%）	非流通市值占比（%）	上市公司数量	市值（10亿美元）	公司平均规模（10亿美元）
2005	1 367	412.94	0.30	68.69	83.36	72.53	4 966	14 679.88	2.96
2006	1 353	551.16	0.41	68.07	82.17	65.87	4 871	14 933.88	3.07
2007	1 455	2 998.01	2.06	63.23	69.99	71.55	4 793	16 690.90	3.48
2008	1 585	3 246.37	2.05	59.75	85.31	72.67	4 600	14 230.74	3.09
2009	1 601	4 118.59	2.57	60.02	85.38	59.18	4 264	11 039.35	2.59
2010	1 869	3 742.18	2.00	52.27	77.52	44.46	4 129	12 515.34	3.03
2011	2 207	4 663.99	2.11	46.04	74.15	34.12	3 937	14 792.45	3.76
2012	2 422	3 870.04	1.60	41.95	73.54	33.46	3 820	15 154.64	3.97
2013	2 468	4 048.98	1.64	41.25	64.61	28.82	3 719	18 736.93	5.04
2014	2 519	4 794.07	1.90	40.10	61.05	26.57	3 812	21 277.23	5.58
2015	2 775	9 186.75	3.31	36.40	56.48	28.46	3 849	22 785.40	5.92
2016	2 868	7 706.06	2.69	35.32	51.86	29.01	3 715	22 372.68	6.02

注：自1990年A股市场开始交易以来，A股和美国股票每年年末的汇总统计数据。为了便于比较，我们使用美国联邦储备局的汇率将人民币兑换成美元。国有企业数据仅从2004年开始存在。

的上市 A 股能够形成合理规模的因子投资组合。[1] 我们将 CSMAR 所有可用的 A 股中用于内部计算的可投资的市值加权基准作为我们的 A 股市场基准，我们的无风险利率是从 CSMAR 获得的中国 12 个月存款利率。为了便于比较，我们分别收集了 1963 年 1 月—2016 年 12 月 CRSP（证券价格研究中心）的美国股票收益数据和 Compustat 数据库的会计数据。我们使用肯尼斯·弗伦奇网站提供的美国市场基准和无风险利率数据。我们每年 7 月份对美国的策略进行再平衡。

如前文所述，我们通常使用从 2008 年 5 月开始的回报来分析 A 股业绩，以评估更近期样本中的因子表现。我们选择在这个时间点分开数据样本，是因为在此之前贸易法规和财务报告标准出现重大变化，这些变化可能使根据早年的市场和财务数据得出的结果有偏差。2005 年，中国的金融监管机构中国证券监督管理委员会推行了股权分置改革，放宽了上市公司国有股权交易限制。如表 11-2 所示，在改革之前，A 股市场上约三分之二的股票是由国家或其他政府实体直接持有的，流动性不佳，易产生明显的当大股东不能从股价上涨中获益时的代理问题。[2] 但是，2007 年，大部分上市公司已经完成了将以前非流通股份上市的过程，缓解了后期样本的这些问题。此外，2006 年 2 月，中国财政部公布了一套新的会计准则，要求 A 股上市公司在 2007 年之前采用新的基本符合国际财务报告准则（IFRS）的会计准则。这些会计准则的

1 Carpenter，Lu，Whitelaw（2016）同样考虑 A 股因子的表现，并于 1995 年开始分析，使我们选择的开始日期有利于比较不同论文的结果。大多数以前关于 A 股异象的研究都使用了更短的样本——有时是选择的结果，但更常见的是由于结果的发表较早——导致对测试的推论和结果难以进行精确地比较，因为结果通常对测试具体的设定有高度的敏感性，而正如我们后面在讨论个别因子时会看到的，这些从一项研究到另一项研究的差异很大。

2 参见 Beltratti，Bortolotti，Caccavaio（2012）。

变化导致应计盈余管理的发生率变低，对投资者的“价值相关性”更大，财务报告质量更高。[1] 鉴于监管和报告环境的这些变化，我们认为 2007 年是数据中的一个重要转折点，并且稍后将考虑这些发展对特定因子策略的影响。

二、因子

测试 A 股因子策略的第一步是确定可能预测未来 A 股回报横截面差异的企业特征。我们首先在实证文献中寻找因子，并且只考虑具有深厚学术研究历史的预测变量。表 11–3 中，我们提供了现有研究中确定的代表性因子，以及我们用来验证各因子在 A 股中的有效性的相关特征[2]。以负号为前缀的预测变量是那些假设与未来股票收益率成反比关系的变量；我们转换这些预测变量从而使得相应的高减低（high-minus-low，简称 HML）交易策略产生理论上正的预期收益。

表 11–4 中，我们提供了截至 2016 年 12 月根据中国 A 股数据计算的所有 17 个预测变量的统计数据。样本中中国市场的快速增长在公司特征的分布中表现得很明显。例如，ΔASSET 和 ΔBOOK 中正的中位数反映了过去 20 年中国企业资产负债表的持续扩张。同样，平均市盈率为 40 也可以被看作反映了样本期间 A 股预期的强劲增长

1 参见 Ho，Liao，Taylor（2015）。

2 值得注意的是，将单一因子的多重预测特征包含在内。例如，将“净值市价比”、“股息收益率”、“盈利市价比”和“销售市价比”作为评估的衡量标准是因子选择方法的一个重要特征，因为这样做可以使我们更好地识别能够抵抗我们对给定变量定义方式变化的因子。如果与特定异常相关的因子表现对于我们指定的定义方式非常敏感，那么我们可能会怀疑我们对异象的理论理解是否正确，并且对在我们的调查结果基础上进行样本外预测时需谨慎行事。在我们的分析中，使用一系列广泛的特征也对各种可预测性来源之间的关系提供了更完整的了解，帮助我们确定在相同的组合中应用哪些因子最有可能相互补充。

表 11–3 异象和相应的公司特征列表

类别	预测变量	描述	频度
规模	–SIZE	市值	年度
估值	B/P	净值市价比	年度
	E/P	盈利市价比	年度
	S/P	销售市价比	年度
	D/P	股息收益率	年度
利润率	GP	毛利率	年度
	OP	运营盈利能力	年度
投资	–Δ ASSET	总资产变化	年度
	–Δ BOOK	账面价值变动	年度
会计稳健性	–ACC	应计项目	年度
	–NOA	净经营资产	年度
风险	–VOL	总风险	年度
	–BETA	系统性风险	年度
	–I-VOL	个体风险	年度
以收益率为基础的指标	MOM	趋势	月度
	–REV-ST	短期反转	月度
	–REV-LT	长期反转	月度

注：该表提供了正文中描述的异象的列表，以及与每个异象相关的一个或多个横截面变量。以负号为前缀的预测变量是那些假设与未来股票收益成反比关系的变量。最后一列列出了与每个预测因子相对应的因子策略再平衡频率。

（我们的美国股票样本在同一时期平均市盈率约为 16）。由于样本中有相当一部分公司没有派发股息，我们报告中股息收益率的 25% 分位数的值为零。

表 11-4 股票特征的汇总统计数据

预测指标	均值	标准差	25%分位数	中位数	75%分位数	偏度	峰度	N
SIZE	22.328	1.054	21.600	22.195	22.904	0.712	3.659	24 378
B/P	0.371	0.251	0.194	0.304	0.478	1.463	5.244	24 207
E/P	0.025	0.035	0.010	0.022	0.038	−0.682	8.871	24 206
S/P	0.531	0.681	0.142	0.300	0.622	2.977	13.498	24 206
D/P	0.008	0.011	0.000	0.004	0.012	1.976	7.218	24 193
GP	0.137	0.093	0.075	0.116	0.175	1.384	5.326	24 072
OP	0.094	0.119	0.032	0.087	0.152	−0.031	5.243	24 072
Δ ASSET	0.204	0.360	0.023	0.118	0.260	3.467	18.948	22 825
Δ BOOK	0.189	0.425	0.019	0.075	0.183	3.974	22.337	22 825
ACC	−0.007	0.094	−0.058	−0.013	0.035	0.717	5.602	20 217
NOA	0.699	0.302	0.540	0.698	0.842	0.837	6.878	21 827
VOL	0.030	0.010	0.023	0.028	0.036	0.844	3.120	23 752
BETA	1.089	0.232	0.946	1.099	1.244	−0.245	3.070	23 752
I-VOL	0.001	0.000	0.000	0.000	0.001	1.326	4.835	23 752
MOM	0.088	0.471	−0.229	0.036	0.368	0.406	3.202	27 7168
REV-ST	0.006	0.133	−0.067	0.003	0.081	−0.038	3.944	283 536
REV-LT	0.347	0.803	−0.225	0.313	0.891	0.204	2.653	193 684

注：该表列出的是 1995—2016 年汇总样本里，正文和表 11-2 所列的中国 A 股预测指标的汇总统计数据。其中，SIZE 以对数人民币为单位，构建 ACC 的数据只在 2000 年以后存在，构建 REV-LT 的数据从 1996 年开始，最后一栏是每个变量的“股票－日期”观测值的数目。

三、结果

对于上述各个因子类别，我们对表 11-1 中的结果提供了详细的评论。参考表 11–5 中整个样本的市值加权因子收益之间的相关系数有助于评估以下描述的因子之间的关系。在大多数情况下，对中国投资环境的理解和对先前文献的仔细阅读有助于理解我们的结论。对于一些因子来说，我们用其他证据补充投资组合排序，以便更深入地了解这些策略应用于 A 股时的表现。

（一）价值因子

在整个样本中，A 股表现出强大的价值效应。与各种估值比率相关的市值加权收益从每年 5.7%（股息率）到每年 11.7%（销售市价比）。尽管大多数先前的研究至少为市净率与未来收益之间的关系提供了边缘证据[1]，但是现在的关于 A 股价值策略的文献有些分歧。就解释这些积极的结果而言，文献［54］指出 A 股有较强的净值市价比效应（book-to-price effect），但他们发现中国的价值型股票实际上比成长型企业表现出更低的违约风险，这违背了通常的基于风险的价值溢价合理化解释。鉴于文献［68］观察到的中国散户投资者偏好持有成长型股票，行为金融学理论可以被用来解释 A 股“魅力”股价值被高估。价值策略的其他特定形式受到的关注较少，关于盈利市价比、销售市价比和股息市价比的证据并不一致[2]。文献［23］

1 先前发现强烈的市场效应的研究包括：Wang（2004）；Wong，Tan，Liu（2006）；Eun，Huang（2007）；Wang，Di Iorio（2007）；Wu（2011a）；Huang，Yang，Zhang（2013），Cakici，Chan，Topyan（2015），Hilliard，Zhang（2015）；Carpenter，Lu，Whitelaw（2016）。其他人提供的结果仅仅是净值市价比的可预测性：Wang，Xu（2004）；Chen，Kim，Yao，Yu（2010）；Cheung，Hoguet，Ng（2014）。Drew，Naughton，Veeraraghavan（2003）仅研究上海证券交易所的股票，发现低净值市价比股票表现优于高净值市价比股票。

2 我们重点解释了价值效应的不同版本的研究结果，但现有文献中的一些论文报告没有这种效果。例如，Wang，Di Iorio（2007）对现金流市价比与股息收益进行分类时的利润进行了测试，但没有发现任何结果。同样，Chen，Kim，Yao，Yu（2010）也没有发现盈利市价比或现金流市价比与未来股票表现之间的任何关系。

表 11–5　市值加权 A 股因子策略之间的相关系数

	–SIZE	B/P	E/P	S/P	D/P	GP	OP	– Δ ASSET	– Δ BOOK	–ACC	–NOA	–VOL	–BETA	–I-VOL	MOM	–REV-ST	–REV-LT
–SIZE	1.00	0.04	–0.86	–0.15	–0.52	0.13	–0.71	0.67	0.64	–0.67	–0.53	–0.10	–0.69	–0.25	–0.13	0.30	0.26
B/P		1.00	–0.01	0.46	0.54	–0.52	–0.33	0.41	0.41	0.39	0.39	0.06	0.41	–0.10	–0.44	–0.05	0.43
E/P			1.00	0.31	0.60	–0.03	0.74	–0.67	–0.67	0.71	0.54	0.15	0.65	0.29	0.15	–0.34	–0.12
S/P				1.00	0.47	0.07	0.14	0.02	0.06	0.24	0.15	–0.15	0.29	0.14	–0.20	–0.12	0.28
D/P					1.00	–0.23	0.21	–0.20	–0.23	0.73	0.57	0.11	0.70	0.04	–0.10	–0.21	0.16
GP						1.00	0.27	–0.15	–0.21	–0.28	–0.36	–0.07	–0.39	–0.03	0.42	0.03	–0.33
OP							1.00	–0.68	–0.66	0.44	0.28	0.11	0.37	0.27	0.30	–0.19	–0.38
– Δ ASSET								1.00	0.82	–0.21	–0.15	0.02	–0.28	–0.25	–0.26	0.20	0.29
– Δ BOOK									1.00	–0.36	–0.23	–0.09	–0.31	–0.14	–0.35	0.27	0.42
–ACC										1.00	0.64	0.92	0.31	0.24	0.04	–0.26	0.05
–NOA											1.00	0.69	0.84	0.25	–0.03	–0.20	0.10
–VOL												1.00	0.35	0.17	0.11	–0.10	–0.01
–BETA													1.00	0.23	–0.15	–0.23	0.05
–I-VOL														1.00	–0.06	–0.15	0.30
MOM															1.00	–0.17	–0.24
–REV-ST																1.00	0.00
–REV-LT																	1.00

注：该表列出 1995—2016 年的整个样本期间表 11–1 中的 A 股战略的市值加权因子收益之间的相关系数。构建 ACC 的数据只在 2000 年以后存在；REV-LT 从 1996 年开始。

发现正的股息收益效应，并提出中国的股息税（而非资本收益税）可能会导致投资者对于持有派息股票要求溢价。文献［35］指出了盈利市价比与未来收益之间的弱显著正相关，但也观察到股息收益与未来收益之间的弱显著负相关与股息收益效应的正常结果相矛盾。他们认为，投资者可能会接受股息回报较低的股票，因为股息支付意味着管理者愿意将资金返还给投资者。当然，如果不成熟的投资者非理性地忽视了这个信号的价值，那么这种诠释也可以作为一个对高派息效应的行为解释。

在更近的样本中，我们观察到的价值效应有实质上的减弱，净值市价比与销售市价比自2008年以来产生正但不显著的回报，而盈利市价比和股息市价比因子实际上在较短的样本上表现出负的回报。这些结果可能部分源于价值策略对2008年全球金融危机的敏感度，而2008年正是我们A股近期样本的开始。A股价值策略的表现下降也可能与会计准则和股权分置改革的变化有关，这促使我们选择2007年作为A股数据的一个断点。此外，2007年发生的会计变化使财务报告质量提高，投资者更多地依赖于利用企业财务报表数据进行估值，这也是导致2007年之后样本中价值效应衰减的可能性之一。话虽如此，但由于大部分A股交易额是由散户投资者的交易所致，所以人们有理由怀疑任何依赖于投资者成熟性来分析财务报表并最佳地衡量风险和收益的解释。

对于近年来A股价值因子表现较弱的另一个观点是随着时间的推移，成长股和价值股相对估值的变化。图11-1（a）中，我们绘制了自2007年以来A股成长股（企业按市净率排序的最高五分位）和价值股（企业按市净率排序的最低五分位）。[1] 图11-1（b）中，我们提供了围绕网络泡沫时期美国股票的相同图示。关于美国股市，

1 我们计算每个投资组合的总市净率，即市值加权的企业规模与市值加权的账面价值之比。

我们发现成长股和价值股之间的估值差距有明显的时间变化，并在1997年和2000年左右出现拐点。中国的情况也是相似的，在按照市净率排序底部十分位的成长股的估值相对于股票价格周期性地上涨和下跌。考虑到2013年以来成长股的估值上涨，并且大部分A股不派息，在最近的样本期内，A股投资者的价值股回落也就不足为奇了。如果以历史为指导，那么这个观点也表明价值策略在未来可能会收到更好的回报，因为这个相对估值会回到其平均水平。

（二）规模因子

我们发现了A股中有非常强的规模效应。在我们的分析所涵盖的20年中，购买了最小的股票并同时卖空最大的公司的投资者每年可产生14.6%的市值加权收益，这个结果在5%的置信水平上显著。在从2008年开始的近期样本中，规模异象甚至有更好的表现，其每年市值加权收益近25%。我们在规模异象方面的发现与过去有关A股可预测性的研究是一致的，绝大多数的因子策略研究，不管样本期限，都证实了A股的规模效应，[1] 尽管文献［23］将样本限制在MSCI中国A股指数（仅包括大盘和中盘股公司）中时并没有2001—2013年规模效应的证据。

为什么中国A股小盘股表现领先？文献［54］对规模效应提出了一种基于风险的解释。他们以类似于奥尔森（Ohlson，1980）的方式估计A股的违约风险，发现规模与违约风险高度相关，并且显示控制违约风险后消除了一些（不是全部）规模预测未来收益的能力。因此，至少有一部分规模溢价可能归因于尤金·法马和肯尼斯·弗伦

1 先前有关A股股票规模效应的研究包括：Drew，Naughton，Veeraraghavan（2003）；Wang（2004）；Wang，Xu（2004）；Wong，Tan，Liu（2006）；Eun，Huang（2007）；Wang，Di Iorio（2007）；Chen，Kim，Yao，Yu（2010）；Wu（2011a）；Huang，Yang，Zhang（2013）；Cakici，Chan，Topyan（2015）；Hilliard，Zhang（2015）；Carpenter，Lu，Whitelaw（2016）。

奇（1993）提议的对风险进行的赔偿。

文献［54］假设规模衡量财务困境风险，提出了处于财务困境中的A股公司有更高收益的另一个理由。因为在股票市场上寻求外部融资的许多公司选择合并在退市边缘的公司，导致陷入困境的公司通常具有相当大的“外壳价值”而成为反向兼并的不错选择。规模效应的一个共同的行为金融学解释是，不成熟的投资者表现出对大盘股的非理性需求，并推动大盘股的价格过高。文献［68］分析了中国券商账户的数据，结果显示散户投资者实际上偏好小型公司股票（他们认为小型成长股对资本较少且无法利用杠杆的投资者更具吸引力），这说明后一个解释不符合A股的情况。

在确定了股票收益横截面统计显著后，仍然存在一个问题，即A股规模效应的超常表现是否会导致因子投资组合中持有的股票（最大市值股票）价值膨胀（valuation inflation）。如果是这样的话，价格调整可能会导致未来收益表现不佳，在这种情况下，我们应该谨慎对待回溯测试中合意的结果。图11-1（c）和图11-1（d）中，我们分别对中国A股和美国股票的最小规模和最大规模的因子组合计算市净率。[1] 在A股中，我们在2008年以后也观察到小盘股表现出相似但幅度相对较小的估值上涨，这可能能够解释近年来A股规模因子的一部分极端回报。在我们的样本结束时，小盘股总市净率为3.1，相对于大盘股只有1.1的市净率来说看起来是昂贵的，这导致有价值意识的投资者降低未来的规模因子溢价。美国小型股在高新技术繁荣时期相对于大盘股而言表现强劲，但在网络泡沫崩溃之后重新回到典型的估值水平。值得注意的是，小盘公司的估值上涨与前述散户投资者偏好小型公司的说法是一致的，这支持了行为金融学对2008年以来小盘股上涨的解释。

---

1 在这个分析中，我们将大盘A股定义为市值最大的300家公司，将小盘股定义为下一个最大的500家公司；对于美国股票来说，大盘和小盘股分别是市值最高五分之一和最低五分之一的股票。

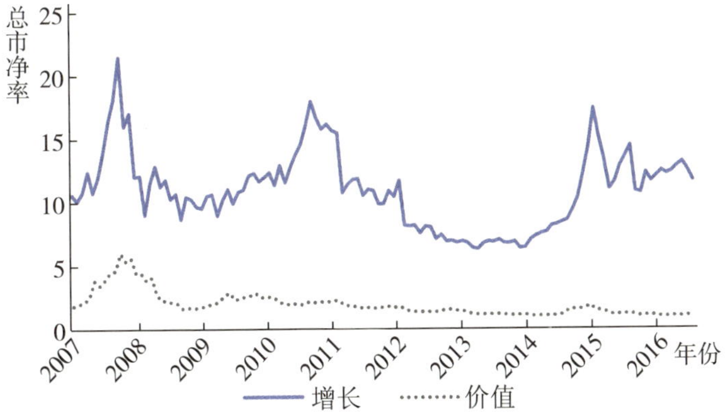

（a）2007—2016年中国股市市账比的膨胀：价值股与成长股

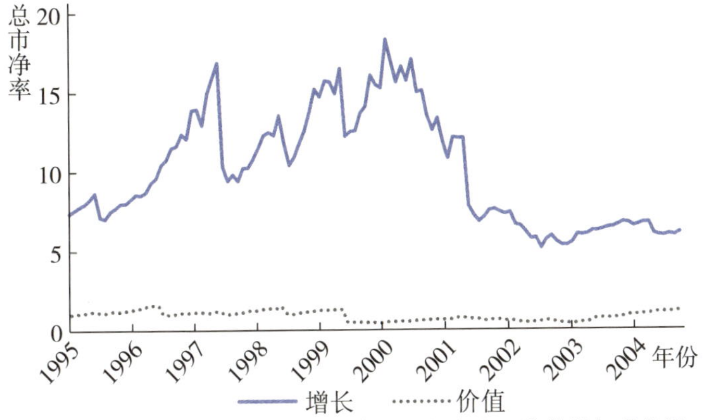

（b）1995—2004年美国股市市账比的膨胀：价值股与成长股

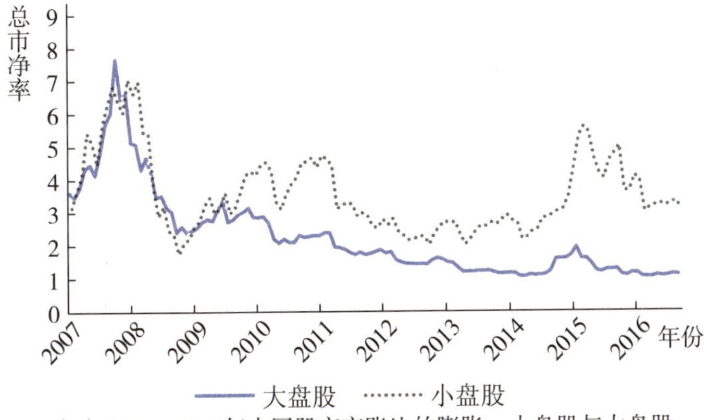

（c）2007—2016年中国股市市账比的膨胀：小盘股与大盘股

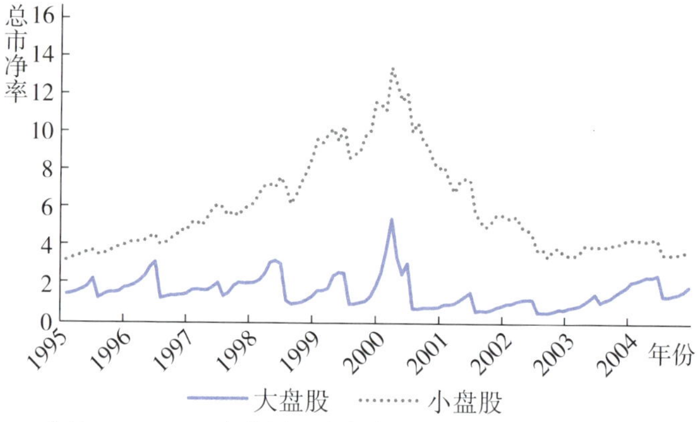

（d）1995—2004年美国股市市账比的膨胀：小盘股与大盘股

图 11–1　A 股和美国股票因子投资组合的估值膨胀

注：该图绘制了 A 股近期样本（2007—2016）和美国股票在网络泡沫（1995—2004）前后与价值和规模异象相关的股票投资组合的估值膨胀。对于各种股票子集，我们使用总市净率来衡量估值膨胀，即市值加权的企业规模除以市值加权的账面价值的比率。对于 A 股和美国股票，按照市盈率排序，我们将“成长”和“价值”股定义为企业的最高和最低五分位数。在中国，我们将“大盘股”和“小盘股”分别定义为市值最大的 300 家公司和接下来最大的 500 家公司；在美国，“大盘股”是按市值排序的企业的最高分位，而“小盘股”是最低分位。

（三）动量与反转因子

在根据过往收益得到的各种技术性因子中，我们发现传统的中期动量策略对 A 股无效，在整个样本期间产生统计上不显著的负收益。与此同时，短期反转因子在全样本中每年产生的等权重收益为 8.3%，在 5% 的置信水平上显著，而长期反转因子则产生了弱显著的年均 8.5% 的等权重收益和显著的年均 12% 左右的市值加权收益。[1] 在 2008 年以后的近期样本中，基于价格因子的结果更为明显。在这个时期，12 个月的动量产生了年均大约 8% ~12% 的负收益，t 统计量表明这些结果在稍微长期的样本中应该会表现显著。短期反转因

1　我们的长期反转信号使用了 3 年的收益，该信号从 1996 年开始才有足够数据可供使用。

子在近年来有很强的收益，其收益率在我们的回溯测试中每年超过20%，而长期反转因子从2008年以来每年有6%~8%的收益率。综合来看，这些结果显示，反转因子在中国A股所有的样本期间中都存在。另外，如表11-6所示，由于这种策略需要频繁的交易，所以在A股中实施以价格为基础的因子策略可能是昂贵的（动量策略的双向

表11-6 市值加权A股因子策略的换手率

预测指标	长期组合换手率（%）	短期组合换手率（%）	整体换手率（%）
–SIZE	41.8	55.9	97.7
B/P	61.7	58.3	119.9
E/P	73.1	53.7	126.9
S/P	55.9	44.7	100.7
D/P	75.9	67.1	143.0
GP	44.9	48.2	93.0
OP	62.6	56.0	118.6
–Δ ASSET	82.1	84.0	166.1
–Δ BOOK	84.8	84.8	169.7
–ACC	72.8	79.0	151.8
–NOA	73.8	45.8	119.6
–VOL	82.7	73.5	156.2
–BETA	82.9	74.2	157.1
–I-VOL	82.1	70.2	152.3
MOM	554.2	411.9	966.1
–REV-ST	1 031.0	1 096.7	2 127.6
–REV-LT	254.2	368.0	622.2

注：该表提供1995—2016年的整个样本期间本文所述市值加权因子策略中采用的多头和空头组合的平均年度双向换手率，以及长短期因子策略的总体换手率。投资范围由市值最大的80%的股票组成。由于数据限制，ACC于2000年开始交易，REV-LT于1996年开始交易。

投资组合年化成交量接近 1 000%，短期反转策略则超过 2 000%）。

先前的文献在很大程度上证实了我们对于基于收益策略的研究结果，但也有少数例外。[1]A 股表现出极高的成交量，如文献［35］计算出 1991—2004 年的平均年成交量超过 480%，文献［18］指出中国散户投资者的股票交易频率比美国投资者高出近 4 倍左右。这表明在中国过度反应和纠正的循环可能在更短的时期内发生，这似乎是 A 股研究者对缺乏动量效应通常给出的解释。当然，削弱中期动量策略的波动率应该会促进短期反转策略，进而解释中国 A 股短期策略的有效性。表 11–7 全面总结了 A 股和美国股票在不同形成期和持有期的价格策略，指出了传统地买入过往赢家同时买空过去输家的动量策略的利润。我们的研究结果证实 A 股反转在大多数典型的形成期限和投资期限中都有效。虽然美国的股票收益完全符合通常的短期反转（1 个月形成期，1 个月持有期）和中期动量（回顾期 2~12 个月，持有期大于 1 个月），但是 A 股多数组合都显示出反转，无论是基于过去 1~12 个月的回报对股票进行排序，还是基于长达 1 年的各种持有期限。有趣的是，由于反转战略在投资组合形成之后至少提供持续 12 个月的收益，基于价格的 A 股策略即使使用较低频率的再平衡也是可行的。

为了更好地理解上述结果，值得注意的是，投资者行为也可能至少部分解释 A 股和美国股票价格策略的差异。文献［5］发现，亚洲国家的实验对象比美国的实验对象可以更快适应先前的收益和损

---

1 发现没有动量效应的研究包括：Wang（2004）；Wong，Tan，Liu（2006）；Chen，Kim，Yao，Yu（2010）；Chui，Titman，Wei（2010）；Li，Qiu，Wu（2010）；Wu（2011b）；Cheung，Hoguet，Ng（2014）。其他研究也报告了一些有关 A 股收益具有中期动量的证据，包括：Kang，Liu，Ni（2002）；Naughton，Truong，Veeraraghavan（2008）；Cakici，Chan，Topyan（2015）；Carpenter，Lu，Whitelaw（2016）。发现短期反转有效的研究包括：Kang，Liu，Ni（2002）；Li，Qiu，Wu（2010）；Wu（2011b）；Cakici，Chan，Topyan（2015）；Carpenter，Lu，Whitelaw（2016）。最后，Wang（2004）在更长的期限中发现了一些反转的证据。

表 11-7　A 股和美国股票在不同形成期和持有期的动量策略收益

J		A 股					美国股票				
		K=1	K=3	K=6	K=9	K=12	K=1	K=3	K=6	K=9	K=12
1	W-L	−19.7%** (−2.10)	−13.1%* (−1.87)	−22.2%*** (−2.98)	−8.4% (−1.26)	−12.0%* (−1.79)	−6.2%* (−1.86)	1.6% (0.52)	2.2% (0.76)	9.5%*** (3.26)	2.2% (0.81)
3	W-L	−15.8% (−1.62)	−5.6% (−0.64)	−12.3% (−1.54)	−1.9% (−0.27)	−9.9% (−1.40)	3.6% (0.97)	10.0%*** (2.82)	10.4%*** (3.02)	12.4%*** (3.58)	9.0%*** (2.61)
6	W-L	−19.3%** (−2.00)	−12.2% (−1.39)	−11.5% (−1.32)	−5.0% (−0.65)	−15.1%* (−1.85)	7.0%* (1.69)	12.6%*** (3.22)	13.8%*** (3.80)	13.3%*** (3.64)	10.7%*** (3.07)
9	W-L	−15.4% (−1.53)	−13.8% (−1.49)	−16.5%* (−1.84)	−6.5% (−0.80)	−21.0%** (−2.34)	11.2%** (2.55)	14.9%*** (3.57)	16.1%*** (4.07)	13.7%*** (3.65)	9.9%*** (2.62)
12	W-L	−18.4%* (−1.93)	−15.8%* (−1.75)	−25.2%*** (−2.84)	−9.3% (−1.15)	−20.9%** (−2.30)	16.0%*** (3.59)	17.7%*** (4.34)	15.5%*** (4.03)	12.9%*** (3.31)	10.1%*** (2.75)
年份		2008—2016					1965—2016				

注：该表列出中国和美国股票动量因子的年均回报率，括号内为 t 统计量。具体而言，我们根据在不同形成期（从 J = 1 个月到 J = 12 个月）的过去收益，根据市值加权购入最高十分位（过去的赢家）和最低十分位（过去的输家），并在不同的持有期（从 K = 1 个月到 K = 12 个月）评估这些多空投资组合的表现。正收益表明动量是成功的，而负收益意味着逆转是正确的策略。在中国，我们统计了 2008—2016 年每年交易最大的 450 家上市 A 股公司；在美国，我们统计 1965—2016 年交易所有 CRSP 的股票。我们分别以 ***、** 和 * 表示 1%、5%和 10%水平的统计显著性。

失，这与反转是一致的，而与动量并不是一致的。和这个理论一致，中国个人投资者的投资组合似乎并没有很好地对应动量策略。[1] 文献［24］就各种基于回报的策略有效性的跨国差异提出了一个关于心理学的新解释，并引证了个人主义中有关文化差异的证据。个人主义是一个与过度自信和自我归因偏见相关的品质，而这两种偏见均与动量和反转的行为金融学解释有牵连。[2] 他们发现，一国人口的个人主义与国内股市的动量利润正相关，与长期价格反转的盈利能力弱相关。正如预期的那样，鉴于中国属于相对集体主义文化的分类，作者没有发现 A 股的动量效应。

（四）低波动率因子

我们使用基于过去股票收益计算波动率的 3 个度量来检验 A 股基于风险的异象。表 11–1 的结果表明，在整个样本期间，更高的风险——不管是系统性风险还是公司特定风险——预示着更低的 A 股未来收益。我们发现，贝塔与未来绩效呈负相关，这与大多数测试 A 股资本资产定价模型的研究结论不同，因为这些研究几乎都未能发现 A 股有统计上显著的低贝塔效应。[3] 关于其他的风险度量，文献［33］发现特质波动率效应，而文献［16］和文献［35］提供了强有力的证据表明，具有低特质波动率和低总波动率的股票表现出色。文献［22］仅指出了弱显著的特质波动率效应。

我们对 A 股的研究结果难以用风险和收益的理性模型来解释。

1 参见 Ng，Wu（2006）。

2 参见 Daniel，Hirshleifer，Subrahmanyam（1998）。

3 参见 Wang，Xu（2004）；Wong，Tan，Liu（2006）；Eun，Huang（2007）；Wang，Di Iorio（2007）；Cheung，Hoguet，Ng（2014）；Cakici，Chan，Topyan（2015）；Carpenter，Lu，Whitelaw（2016）。

文献［35］推断，由于大多数 A 股散户投资者的组合严重分散不足，比如文献［18］分析发现，中国的个人投资者平均持有的投资组合只有 2.6 只股票，A 股散户投资者应该像默顿（Merton，1987）的模型所建议的那样，由于承担企业的特定风险而理性地赚取溢价，尽管数据表明他们实际上为高风险的股票支付着更高的价格。他们认为，正是小额投资账户缺乏发达的共同基金行业以及散户投资者交易活动的投机性，促成了 A 股个人投资者投资组合的集中。相对于机构投资者所持有的股份而言，零售投资者和国有股占有的大量股权也使得通常用于解释低贝塔效应和基于杠杆受限的共同基金经理人布莱克（1972）的理论变得不太合理。更有可能的解释似乎是 A 股散户投资者追求类似于彩票收益的股票，这使得高风险股票的价格过高，比如文献［68］发现，个人投资者倾向于持有更大比例的高风险股票，这和后者的解释是吻合的。

（五）应计 / 净经营资产因子

我们采用两种常见的盈余质量和可持续性的度量：总应计和净经营资产。[1] 斯隆（Sloan，1996）在对应计效应的开创性研究中指出，未考虑盈余管理的不成熟的投资者是导致应计策略利润的重要驱动。因为 A 股散户投资者在评估会计操纵对企业现金流量持续性的影响方面似乎不太可能比美国的机构投资人更好，所以散户投资者对 A

1 作为会计应计项目的度量，我们采用 Hribar and Collins（2002）所定义的应计总额，利用现金流量表中的信息；因此，我们的应计信号始于 2000 年，此后这些数据可以从 CSMAR 中获得。根据过去的应计文献，我们排除了金融公司，因为它们的盈余管理可能与其他行业有着不同的形式。此外，鉴于 A 股大规模的首次公开发行（IPO）抑价，Tian（2011）报告了 1992—2007 年首次公开发行的股票平均首日收益率为 247%，因此我们在数据中也放弃了年度首次发行股票的公司。在美国，由于现金流量表仅在 1987 年以后才提供，所以我们利用资产负债表中的信息，根据 Sloan（1996）的原始方法报告应计。

股的高参与度意味着基于会计稳健性的A股策略的效力在很大程度上取决于企业是否理会收益。关于这个问题的初步证据来自劳易茨、南达、威索基（Leuz，Nanda，Wysocki，2003）进行的跨国分析，他们发现盈余管理在金融市场欠发达的国家更为明显。与这一发现一致，许多学术会计文献将盈余管理认定为中国企业关注的一个重要问题。[1]

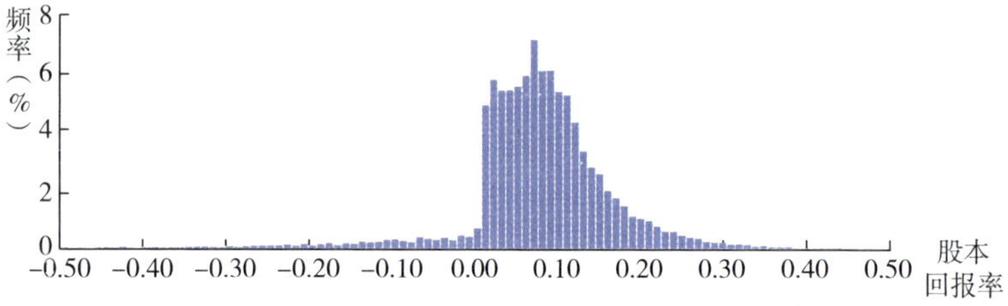

（a）1998—2016年A股上市公司的年股本回报率分布图[2]

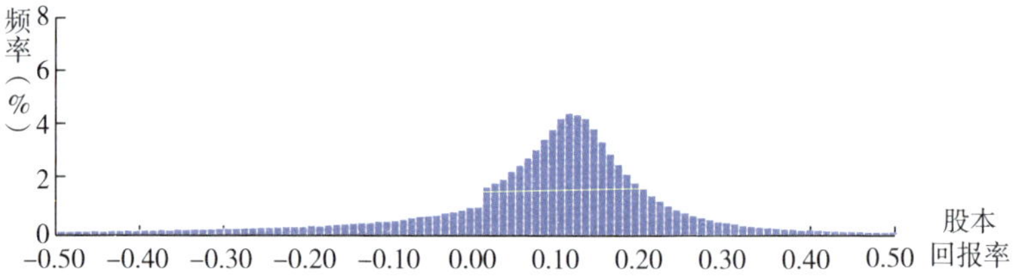

（b）1963—2016年美国公司的年股本回报率分布图[3]

图 11-2 A股和美国公司的股本回报率分布

如图11-2所示，A股企业盈利管理的程度在企业收益分布中显而易见，很少出现负值收益。在股本回报率（return on equity，

1 例如Aharony，Lee，Wong（2000）；Chen，Yuan（2004）；Jian，Wong（2010）。

2 为了清晰起见，只包括了在-50%和50%之间的股本回报率。分布中的扭结发生在股本回报率为0%左右。

3 为了清晰起见，只包括了在-50%和50%之间的股本回报率。分布中的扭结同样发生在股本回报率为0%左右，尽管相比之下更不明显。

简称 ROE）为 0%时体现的明显不连续性表明 A 股企业更偏好报告微小收益，而不是微小损失。相比之下，美国公司的报告收益比较接近正态分布，尽管在盈亏平衡附近的盈利仍存在轻微的拐点，这表明美国公司至少有一定程度的盈余管理。鉴于 A 股企业盈利管理的明确证据，即使在进行回溯测试之前，我们已经预测基于会计稳健性的 A 股因子将特别有效。正如预期的那样，表 11–1 中的结果表明在完整样本和近期样本中，高应计会计项目都预示了低未来股票收益率；从 t 统计量来看，2007 年后样本中的应计因子的表现有所减弱。在这两个样本期间，净经营资产也提供了统计上弱显著的绩效。

过往的研究很少考察基于 A 股的会计稳健性的因子。文献［22］测试了应计和净经营资产因子，发现了应计与未来股票表现之间呈弱显著的负相关关系，但检测到支持使用 A 股净经营资产因子强有效的证据。

（六）资产增长因子

资产增长异象指公司资产负债表增长预测较低的未来收益。在整个样本期间，我们发现较少对资产增长异象的支持，因为总资产变化和账面价值变动都不能成功区分好股和坏股。尽管如此，最近几年的结果显示出相当强的资产增长异象绩效，特别是当用于市值加权策略时，两项资产增长信号每年的超额收益都接近 9%。那么，什么因素可以解释这些看似矛盾的结果呢？如果美国高管主导的企业扩张导致了资产增长与企业价值之间的负相关关系，正如文献［78］所指出的那样，我们可能会认为 A 股没有这样的效应，因为中国管理者并不像美国高管一样通过扩大公司资产负债表以取得个人利益。

现有文献对 A 股资产增长效应的研究结果混杂。文献［79］分析了 2000—2010 年的数据，发现 A 股总资产增长与未来股票收益之间的关系没有统计显著性（反之，更高资产增长的公司似乎有更大的收益，尽管这些结果是统计上不显著）。他们分析了其他一些国家的情况，他们认为资产增长效应在金融市场较发达的国家最为明显，效应的强度似乎与公司治理或交易成本没有多大关系，这些可能导致 A 股市场不存在资产增长与收益之间的直接关系。文献［85］在较长的样本上（1990—2010 年）得到了类似的结果。

相比之下，文献［93］记录了 1994—2007 年 A 股总资产增长与股票收益之间的显著关系，但是在多国分析中证实了这种效应在资产增长率上较为一致，且对银行融资依赖较大的国家一般较弱，这两个特点都适用于 A 股企业。

（七）盈利能力因子

我们的证据表明，A 股的盈利能力（盈利能力更强的公司应该超越盈利能力较差的公司）相当薄弱。基于运营盈利能力的相关信号在 A 股中甚至不太有效，在近期样本中，运营盈利能力信号实际产生了相反的收益。这些结果与文献［76］的研究大体一致，他们指出毛利率未能预测 1994—2009 年 A 股的未来股票收益率。作者通过对全球毛利率的研究发现，在发达国家中，政治风险水平较低和企业容易获得投资资本的国家有最强的结果，这为我们有关 A 股样本没有显著性的结果提供了理由。作者的多国分析还显示，在套利限制更严格的国家，因子的收益并非更高，这与认为毛利率效应与定价不当有关的理论预测相反，也进一步削弱了在 A 股观察到显著的因子收益的可能，因为 A 股的卖空限制和高特质波动率在原则上应该会使利用定价不当牟取利润的风险更大，导致基于行为效应的策略有更高收益。

另外，尽管A股的样本总体盈利能力的预测值较弱，但如果盈利能力回报率与基于我们调查过的其他信号的回报相关性较低，则盈利能力仍然可能成为A股多因子策略中一个有用的补充。实际上，诺维－马克思（Novy-Marx，2013）在他最初关于美国毛利率效应的研究中，证明了基于毛利率的多空因子组合的主要益处之一是该策略与传统价值因子互补。在他研究的1963—2010年的样本中，毛利率和价值因子收益的相关性实际上为–0.57。鉴于这一发现，由于毛利率排名靠前的企业往往具有较高的市净率，我们可以将毛利率作为识别“好”的成长型企业的一种方式。与这些论点一致，我们在表11–5中观察到A股价值与盈利能力因子之间的相关性很低，在我们的数据中，毛利率和净值市价比的相关系数为–0.52，与诺维－马克思对美国股票的观察结果基本相同，这为在A股多因子策略中增添盈利因子提供了机会。

第三节　结论

本研究旨在确定其他市场投资者普遍采用的股票因子是否可以适用于中国A股的投资策略。我们用中国过去20年活跃的股票市场的股票收益和会计数据精心构建样本，系统地测试了多种因子。我们发现了一些投资策略在美国股票和A股都有效用，但是也有传统因子在应用于A股时会产生令人意想不到的结果。其中，我们试图根据我们理解的中国投资环境的独特特征更好地解释其与美国经验的偏差。除了对A股的因子表现进行具体的分析外，我们的讨论强调了对中国股市研究人员和投资者很重要的两个考虑因素。首先，我们注意到，单纯把美国策略用在A股的做法可能会导致不良后果，因为并非所有美国投资者熟悉的策略都在A股市场表现突出，甚至更糟糕的是，有些策略实际上会出现反效果。此外，我们的研究显示，基于注重在A股市场及其相关金融环境认知上的周详的因子设计和投资组合构建方法将为投资者带来更好的结果。

- 通过系统地测试多种因子，过去文献中对于美国市场有效的因子在A股市场的表现却并不相同。
- 对于A股因子的表现，应当结合中国A股市场的变化及独特特征，对中国和美国因子投资的区别进行解读。
- 加深对A股市场及其相关金融环境的认知，并在这一基础上进行科学的因子设计和投资组合构建，能够为投资者带来更好的收益。

本章参考文献

[1] Aharony J, Lee C W J, Wong T G. Financial packaging of IPO firms in China [J]. Journal of Accounting Research, 2000, 38 (1): 103-126.

[2] Alford A W, Lau A W. A foreign investor's guide to accessing the Chinese equity market [J]. The Journal of Portfolio Management, 2014, 41 (5): 31-40.

[3] Ang A, Hodrick R J, Xing Y H, Zhang X Y. The cross - section of volatility and expected returns [J]. The Journal of Finance, 2006, 61 (1): 259-299.

[4] Ang A, Hodrick R J, Xing Y H, Zhang X Y. High idiosyncratic volatility and low returns: International and further US evidence [J]. Journal of Financial Economics, 2009, 91 (1): 1-23.

[5] Arkes H R, Hirshleifer D, Jiang D L, Lim S S. A cross-cultural

study of reference point adaptation: Evidence from China, Korea, and the US [J]. Organizational Behavior and Human Decision Processes, 2010, 112 (2): 99–111.

[6] Asness C S, Moskowitz T G, Pedersen L H. Value and momentum everywhere [J]. The Journal of Finance, 2013, 68 (3): 929–985.

[7] Baker M, Bradley B, Wurgler J. Benchmarks as limits to arbitrage: Understanding the low-volatility anomaly [J]. Financial Analysts Journal, 2011, 67 (1): 40–54.

[8] Baker N L, Haugen R A. Low risk stocks outperform within all observable markets of the world [D]. Working Paper, 2012.

[9] Ball R, Gerakos J, Linnainmaa J T, Nikolaev V V. Deflating profitability [J]. Journal of Financial Economics, 2015, 117 (2): 225–248.

[10] Banz R W. The relationship between return and market value of common stocks [J]. Journal of Financial Economics, 1981, 9 (1): 3–18.

[11] Basu S. Investment performance of common stocks in relation to their price-earnings ratios: A test of the efficient market hypothesis [J]. The Journal of Finance, 1977, 32 (3): 663–682.

[12] Beltratti A, Bortolotti B, Caccavaio M. The stock market reaction to the 2005 split share structure reform in China [J]. Pacific-Basin Finance Journal, 2012, 20 (4): 543–560.

[13] Black F. Capital market equilibrium with restricted borrowing [J]. The Journal of Business, 1972, 45 (3): 444–455.

[14] Black F, Jensen M C, Scholes M. The capital asset pricing model: Some empirical tests [M]. In Studies in the Theory of Capital Markets. Edited by Jensen M C. New York: Praeger, 1972.

[15] Bradshaw M T, Richardson S A, Sloan R G. The relation between

corporate financing activities, analysts' forecasts and stock returns [J]. Journal of Accounting and Economics, 2006, 42 (1): 53–85.

[16] Cakici N, Chan K, Topyan K. Cross-sectional stock return predictability in China [J]. The European Journal of Finance, 2015: 1–25.

[17] Carpenter J N, Lu F Z, Whitelaw R F. The real value of China's stock market [D]. NBER Working Paper, 2015.

[18] Chen G M, Kim K A, Nofsinger G R, Rui O M. Trading performance, disposition effect, overconfidence, representativeness bias, and experience of emerging market investors [J]. Journal of Behavioral Decision Making, 2007, 20 (4): 425–451.

[19] Chen G M, Lee B S, Rui O M. Foreign ownership restrictions and market segmentation in China's stock markets [J]. Journal of Financial Research, 2001, 24 (1): 133–155.

[20] Chen K C W, Yuan H Q. Earnings management and capital resource allocation: Evidence from China's accounting-based regulation of rights issues [J]. The Accounting Review, 2004, 79 (3): 645–665.

[21] Chen S M, Sun Z, Tang S, Wu D H. Government intervention and investment efficiency: Evidence from China [J].Journal of Corporate Finance, 2011, 17 (2): 259–271.

[22] Chen X J, Kim K A, Yao T, Yu T. On the predictability of Chinese stock returns [J]. Pacific-Basin Finance Journal, 2010, 18 (4): 403–425.

[23] Cheung C, Hoguet G, Ng S. Value, size, momentum, dividend yield, and volatility in China's A-share market [J]. The Journal of Portfolio Management, 2014, 41 (5): 57–70.

[24] Chui A C W, Titman S, Wei C K J. Individualism and momentum

around the world [J] . The Journal of Finance, 2010, 65 (1): 361–392.

[25] Collins D W, Gong G J, Hribar P. Investor sophistication and the mispricing of accruals [J] . Review of Accounting Studies, 2003, 8 (2): 251–276.

[26] Cooper M, Gulen H, Schill M J. Asset growth and the cross-section of stock returns [J] . The Journal of Finance, 2008, 63 (4): 1609–1651.

[27] Daniel K D, Hirshleifer D, Subrahmanyam A. Investor psychology and security market under-and overreactions [J] . The Journal of Finance, 1998, 53 (6): 1839–1885.

[28] Daniel K D, Moskowitz T J. Momentum crashes [D] . NBER Working Paper, 2014.

[29] Daniel K D, Titman S. Market reactions to tangible and intangible information [J] . The Journal of Finance, 2006, 61 (4): 1605–1643.

[30] De Bondt W, Thaler R H. Does the stock market overreact [J] . The Journal of Finance, 1985, 40 (3): 793–805.

[31] Dechow P M, Khimich N V, Sloan R G. The accrual anomaly [J] // Leonard Zacks. In the handbook of equity market anomalies : Translating market inefficiencies into effective investment strategies. New Jersey : John Wiley & Sons, 2011 : 23–61.

[32] Dichev I D. Is the risk of bankruptcy a systematic risk [J] . The Journal of Finance, 1998, 53 (3): 1131–1147.

[33] Drew M E, Naughton T, Veeraraghavan M. Firm size, book-to-market equity and security returns : Evidence from the Shanghai stock exchange [J] . Australian Journal of Management, 2003, 28

(2): 119–139.

[34] Drew M E, Naughton T, Veeraraghavan M. Is idiosyncratic volatility priced: Evidence from the Shanghai stock exchange [J]. International Review of Financial Analysis, 2004, 13 (3): 349–366.

[35] Eun C S, Huang W. Asset pricing in China's domestic stock markets: is there a logic [J]. Pacific-Basin Finance Journal, 2007, 15 (5): 452–480.

[36] Fama E F, French K R. The cross - section of expected stock returns [J]. The Journal of Finance, 1992, 47 (2): 427–465.

[37] Fama E F, French K R. Common risk factors in the returns on stocks and bonds [J]. Journal of Financial Economics, 1993, 33 (1): 3–56.

[38] Fama E F, French K R. Profitability, investment and average returns [J]. Journal of Financial Economics, 2006, 82 (3): 491–518.

[39] Fama E F, French K R. Dissecting anomalies [J]. The Journal of Finance, 2008a, 63 (4): 1653–1678.

[40] Fama E F, French K R. Average returns, B/M, and share issues [J]. The Journal of Finance, 2008b, 63 (6): 2971–2995.

[41] Fama E F, French K R. Size, value, and momentum in international stock returns [J]. Journal of Financial Economics, 2012, 105 (3): 457–472.

[42] Fama E F, French K R. International tests of a five-factor asset pricing model [D]. Fama-Miller Working Paper, 2015.

[43] Frazzini A, Pedersen L H. Betting against beta [J]. Journal of Financial Economics, 2014, 111 (1): 1–25.

[44] Graham B, Dodd D L. Security analysis: principles and technique [M]. New York: McGraw-Hill, 1934.

[45] Green J, Hand J R M, Soliman M T. Going, going, gone? The apparent demise of the accruals anomaly [J]. Management Science, 2011, 57(5): 797–816.

[46] Griffin J M, Lemmon M L. Book-to-market equity, distress risk, and stock returns [J]. The Journal of Finance, 2002, 57(5): 2317–2336.

[47] Haugen R A, Nardin L B. Case closed [J]. In Handbook of Portfolio Construction. New York: Springer Publishing Company, 2010: 601–619.

[48] Haugen R A, Heins A J. Risk and the rate of return on financial assets: Some old wine in new bottles [J]. Journal of Financial and Quantitative Analysis, 1975, 10(5): 775–784.

[49] Hilliard J, Zhang H R. Size and price-to-book effects: evidence from the Chinese stock markets [J]. Pacific-Basin Finance Journal, 2015(32): 40–55.

[50] Hirshleifer D, Hou K W, Teoh S H. The accrual anomaly: Risk or mispricing [J]. Management Science, 2012, 58(2): 320–335.

[51] Hirshleifer D, Hou K W, Teoh S H, Zhang Y L. Do investors overvalue firms with bloated balance sheets [J]. Journal of Accounting and Economics, 2004(38): 297–331.

[52] Hong H, Jeremy C S. A unified theory of underreaction, momentum trading, and overreaction in asset markets [J]. The Journal of Finance, 1999, 54(6): 2143–2184.

[53] Hribar P, Daniel W C. Errors in estimating accruals: Implications for empirical research [J]. Journal of Accounting Research, 2002, 40(1): 105–134.

[54] Huang Y J, Yang J W, Zhang Y J. Value premium in the Chinese

stock market：Free lunch or paid lunch [J] . Applied Financial Economics，2013，23（4）：315–324.

[55] Jegadeesh N. Evidence of predictable behavior of security returns[J]. The Journal of Finance，1990，45（3）：881–898.

[56] Jegadeesh N，Titman S. Returns to buying winners and selling losers：Implications for stock market efficiency [J] . The Journal of Finance，1993，48（1）：65–91.

[57] Jian M，Wong T J. Propping through related party transactions [J] . Review of Accounting Studies，2010，15（1）：70–105.

[58] Kang J，Liu M H，Ni S X. Contrarian and momentum strategies in the China stock market：1993—2000 [J] . Pacific-Basin Finance Journal，2002，10（3）：243–265.

[59] Lakonishok J，Shleifer A，Vishny R W. Contrarian investment，extrapolation，and risk[J]. The Journal of Finance，1994，49（5）：1541–1578.

[60] Lehmann B N. Fads，martingales，and market efficiency [J] . The Quarterly Journal of Economics，1990，105（1）：1–28.

[61] Leuz C，Nanda D，Wysocki P D. Earnings management and investor protection：An international comparison [J] . Journal of Financial Economics，2003，69（3）：505–527.

[62] Lev B，Nissim D. The persistence of the accruals anomaly [J] . Contemporary Accounting Research，2006，23（1）：193–226.

[63] Xi L，Ying B，Rosenfeld D. Asset growth and future stock returns：international evidence [J] . Financial Analysts Journal，2012，68（3）：51–62.

[64] Li B，Qiu J，Wu Y H. Momentum and seasonality in Chinese stock markets [J] . Journal of Money，Investment and Banking，2010

（17）：24–36.

[65] Mashruwala C，Rajgopal S，Shevlin T. Why is the accrual anomaly not arbitraged away? The role of idiosyncratic risk and transaction costs [J] . Journal of Accounting and Economics，2006，42（1）：3–33.

[66] Merton R C. Presidential address：A simple model of capital market equilibrium [J] . The Journal of Finance，1987（42）：483–510.

[67] Naughton T，Truong C，Veeraraghavan M. Momentum strategies and stock returns：Chinese evidence [J] .Pacific-Basin Finance Journal，2008，16（4）：476–492.

[68] Ng L，Wu F. Revealed stock preferences of individual investors：evidence from Chinese equity markets [J] . Pacific-Basin Finance Journal，2006，14（2）：175–192.

[69] Novy-Marx R. The other side of value：The gross profitability premium [J] . Journal of Financial Economics，2013，108（1）：1–28.

[70] Ohlson J A. Financial ratios and the probabilistic prediction of bankruptcy [J] . Journal of Accounting Research，1980，18（1）.

[71] Pincus M，Rajgopal S，Venkatachalam M. The accrual anomaly：international evidence [J]. The Accounting Review，2007，82（1）：169–203.

[72] Rabouin D. FTSE Russell declines to add China A shares to emerging market index [N] . Reuters，2016，9（26）.

[73] Rouwenhorst K G. Local return factors and turnover in emerging stock markets [J] . The Journal of Finance，1999，54（4）：1439–1464.

[74] Shen S，Goh B. China stock market freezing up as sell-off gathers

pace [N]. Reuters, 2015, 7 (8).

[75] Sloan R G. Do stock prices fully reflect information in accruals and cash flows about future earnings [J]. The Accounting Review, 1996, 71 (3): 289–315.

[76] Sun L, Wei K C, Xie F X. On the explanations for the gross profitability effect: insights from international equity markets [J]. In Asian Finance Association (AsianFA) 2014 Conference Paper, 2014.

[77] Tian L H. Regulatory underpricing: Determinants of Chinese extreme IPO returns [J]. Journal of Empirical Finance, 2011, 18 (1): 78–90.

[78] Titman S, Wei K C, Xie F X. Capital investments and stock returns [J]. Journal of Financial and Quantitative Analysis, 2004, 39 (4): 677–700.

[79] Titman S, Wei K C, Xie F X. Market development and the asset growth effect: International evidence [J]. Journal of Financial and Quantitative Analysis, 2013, 48 (5): 1405–1432.

[80] Van Dijk M A. Is size dead? A review of the size effect in equity returns [J]. Journal of Banking & Finance, 2011, 35 (12): 3263–3274.

[81] Vassalou M, Xing Y H. Default risk in equity returns [J]. The Journal of Finance, 2004, 59 (2): 831–868.

[82] Wang C Y. Relative strength strategies in China's stock market: 1994—2000 [J]. Pacific-Basin Finance Journal, 2004, 12 (2): 159–177.

[83] Wang Y N, Iorio A D. The cross section of expected stock returns in the Chinese A-share market [J]. Global Finance Journal, 2007, 17 (3): 335–349.

[84] Wang Y F, Liu C Y, Lee J S, Wang Y M. The relation between asset growth and the cross-section of stock returns: Evidence from the Chinese stock market [J]. Economic Modelling, 2015 (44): 59–67.

[85] Watanabe A, Xu Y, Yao T, Yu T. The asset growth effect:

insights from international equity markets [J] . Journal of Financial Economics, 2013, 108 (2): 529–563.

[86] Wong K A, Tan R S K, Liu W. The cross-section of stock returns on the Shanghai stock exchange [J] . Review of Quantitative Finance and Accounting, 2006, 26 (1): 23–39.

[87] Wu H. The value and size effect—are there firm-specific-risks in China's domestic stock markets [J] . International Journal of Economics and Finance, 2011a, 3 (3): 26.

[88] Wu Y R. Momentum trading, mean reversal and overreaction in Chinese stock market [J] . Review of Quantitative Finance and Accounting, 2011b, 37 (3): 301–323.

[89] Wu W F, Wu C F, Rui O M. Ownership and the value of political connections: Evidence from China [J] . European Financial Management, 2012, 18 (4): 695–729.

[90] Wu W F, Wu C F, Zhou C Y, Wu J. Political connections, tax benefits and firm performance: Evidence from China [J] .Journal of Accounting and Public Policy, 2012, 31 (3): 277–300.

[91] Wu J G, Zhang L, Zhang X. The q-theory Approach to understanding the accrual anomaly [J] . Journal of Accounting Research, 2010, 48 (1): 177–223.

[92] Xie H. The mispricing of abnormal accruals [J] . The Accounting Review, 2001, 76 (3): 357–373.

[93] Yao T, Yu T, Zhang T, Chen S. Asset growth and stock returns: Evidence from Asian financial markets [J] . Pacific-Basin Finance Journal, 2011, 19 (1): 115–139.

[94] Zhang L. The value premium [J] . The Journal of Finance, 2005, 60 (1): 67–103.

关于作者

许仲翔（Jason Hsu）

许仲翔是锐联财智（Rayliant Global Advisors）的创始人及首席投资官，也是美国量化投资公司锐联资产管理有限公司（Research Affiliates）的共同创始人及董事会副主席。他在专业研究方面获奖无数，曾获著名的“威廉·夏普（William Sharpe）最佳研究奖”与“伯恩斯坦-法博兹/雅各-列维奖（Bernstein Fabozzi / Jacobs Levy Award）杰出研究奖”，是CFA学会的理事，并且担任了包括《金融分析师》《投资管理》《指数投资》等在内的多本金融投资期刊的编委。他拥有美国加州理工学院(Caltech)学士学位、斯坦福大学硕士学位以及加州大学洛杉矶分校(UCLA)金融博士学位，目前还任教于美国加州大学洛杉矶分校安德森管理学院，也是清华大学与京都大学的客座教授。

维韦克·维斯瓦纳坦（Vivek Viswanathan）

维韦克·维斯瓦纳坦是锐联财智的常务董事和研究主管，主要领导锐联的研究团队，以开发适合中国和美国投资者的跨部门股票和时间系列产品。在加入锐联财智之前，他是美国量化投资公司锐联资产管理有限公司的副总裁，主要工作是为300亿美元的资产配置基金制定结构转换模型，进行股票、商品和货币因子研究，以及开发美国和新兴市场新的股票产品。他在金融期刊上发表过多篇文章，他的论文《评估因素和实施智能贝塔策略的框架》曾获2015年“威廉·夏普年度ETF/指数论文奖”。他拥有芝加哥大学经济学学士学位和加州大学洛杉矶分校安德森管理学院金融工程硕士学位，持有CFA资格证书。

王晨晖（Michael Wang）

王晨晖是锐联财智的高级量化研究员。他拥有哈尔滨工程大学电子工程学士学位及加州大学洛杉矶分校统计硕士学位和金融工程硕士学位。

菲利普·伍尔（Phillip Wool）

菲利普·伍尔是锐联财智的高级副总裁，主要负责锐联产品的研究，为包括中国A股在内的新兴市场量身打造量化投资方法。在加入锐联财智之前，他是纽约州立大学布法罗分校金融系助理教授，教授投资学，研究包括量化交易策略和投资者行为。在此之前，他在 Hammond Associates 担任负责另类投资的研究分析师。他拥有美国圣路易斯华盛顿大学经济学学士学位、金融和会计双学士学位及加州大学洛杉矶分校金融博士学位。

第十二章　风险平价：回顾与展望

在过去的十几年里，风险平价策略在方法论方面不断完善，在实际应用方面显著发展，成为投资领域里一支重要的力量。风险平价策略启发投资者从风险的角度来审视组合配置，并更多地从风险调整后收益而不仅是从投资回报的角度来检视投资组合，这一视角对于投资者来说有重大意义。

"风险平价"（也翻译作风险均衡，即 risk parity）这个名词起源于我在 2005 年所写的论文[1]。当时，投资人经历了 20 世纪 90 年代末及 2000 年年初科技股泡沫的兴起与破灭，急需寻找报酬稳定又不过度受到整体经济增长或通货膨胀影响的投资，如对冲基金这种另类投资。从理论上来说，这些投资希望达到与传统的股债 60/40 组合（或叫平衡型投资组合）分散风险的作用。这些传统的平衡型投资组合美其名为"资本配置的多元化"，但从风险分散的角度来说，这些传统的平衡型投资组合一点也没有多元化。用另类投资来分散风险也许值得某些投资者尝试，但对于大多数机构投资人来说，他们主要的组合配置风险仍然是来自股债 60/40 组合的市

1　Qian Edward. "On the Financial Interpretation of Risk: Risk Budgets do add up", Journal of Investment Management，Vol. 4，No. 4,（2006），pp. 41–51.

场风险，一点点另类投资的风险分散作用只是杯水车薪，因此还是迫切需要一个针对市场风险的解决方案，风险平价就是这样的一种解决方案。

我们经过对风险的分析得知，股债 60/40 组合里有超过 90% 的风险可溯源于股权，而只有不到 10% 的风险可溯源于固定收益。这就是为何股债 60/40 组合的业绩表现与股票市场的表现高度挂钩，而债券市场的表现只对它有轻微影响，因此这些组合的夏普比率或风险调整后收益并不理想。我们可以为投资组合设定一个风险配置的预定目标，更积极地在组合构建的过程中使用风险贡献的分析指标。这个更积极的做法可以产生一个风险平价的投资组合，组合里的股票与债券对组合有程度类似的风险影响，这样可以达到真正的组合多元化及更好的风险调整后收益。

这本书对风险平价策略的概念、理论及实际操作有详细的介绍，包括多种不同的资产配置方法、风险平价投资组合的构建与历史业绩、风险平价策略的主动管理以及风险平价策略对利率上升的敏感度。如果研究者及投资者对风险平价的各个不同层面有兴趣，那么这本书具有非常实用的指引作用。书中的许多论述参与者来自从事实盘风险平价投资策略的资产管理公司，体现了多元的管理风格，他们提出了自己的精辟见解，因为他们不但有管理风险平价策略的长足经验，更有来自资金提供者管理风险平价策略的特有视野。

经过了十几年的实践，风险平价策略领域里的许多方面都已经更加精进。虽然风险平价策略开始时用于多元化地捕捉股票、债券、通胀挂钩债等大类资产的风险溢价，但是如今它已经被认可为一个可以运用于多重投资组合构建的通用方法。举例来说，风险平价可以用于构建单一资产的组合。许多以市值为加权权重的基准指数都有隐含的风险集中，缺乏真正的多元化。若是应用风险平价的方法，单一资产组合的多元风险分散及风险调整后收益将可以得到改善。如果能在自上而下的资产配置以及自下而上的个别投资配置都运用风险平价的方法，一个全方位的风险平价组合将得以实践。另外一个可以运用风险平价理论的例子是因子的风险溢价，或称为智能贝塔。本书里有几节内容讨论了因子投资。我认为，一个风险平价的因子报酬组合是一个构建多因子智能贝塔组合更有效率的方法。当然，风险平价也可以应用于中国的资本市场。这本书对于想要对风险平价进行深入研究或将风险平价运用于中国市场的读者来说，很有参考价值。

最重要的是，风险平价作为一个投资的理念及方法，它要求投资人从风险调整后收益的角度来检视投资机会，而不是仅仅从投资回报的角度来检视投资机会。对于投资人如何选择投资以及如何构建最优化的投资组合，这个不同的视角将给我们带来根本性的改变，对投资大众有长远的影响。

- 许多平衡型投资组合只实现了资本配置的多元化，但是从实际风险分散的角度来看并未形成有效的多元化。
- 经过多年实践，风险平价策略在方法论和实际应用方面都更加精进，成为被广泛认可的多资产组合构建方法之一，具有深远影响。

关于作者

钱恩平（Edward Qian）

钱恩平是磐安资产管理公司（PanAgora Asset Management）首席投资官兼多资产研究主管。著有《投资风险的财经解读》（On the Financial Interpretation of Risk: Risk Budgets do add up）等文章及《风险均衡基础》（*Risk Parity Fundamentals*）一书。在加入磐安资产管理公司之前，他是 2100 资本集团公司（2100 Capital Group，另类资产投资公司）投资组合经理以及资产配置团队成员，是百能投资公司全球资产配置团队高级资产配置分析师及 Back Bay Advisors 的债券量化分析师。他曾是麻省理工学院（MIT）国家科学基金研究院士，拥有佛罗里达州立大学 (Florida State University) 博士学位、中国科学院硕士学位及北京大学学士学位，持有 CFA 资格证书。

附录　中英文术语对照表

A	alpha	阿尔法
	alternative beta	另类贝塔
	asset liability management，简称 ALM	资产负债管理
	asset owner	资产所有者
B	back-test	回溯测试
	bechmark	基准
	beta	贝塔
	Black-Litterman model	布莱克 – 利特曼模型
C	capital asset pricing model，简称 CAPM	资本资产定价模型
	capital call	资本召集
	capital market line	资本市场线
	capital weight	资本权重
	carry	套利
	cash bond	现货债券
	cheapest-to-deliver bond，简称 CTD	最便宜可交割债券
	conditional VaR，简称 CVaR	条件在险价值
	conversion factor	转换系数
	correlation matrix	相关性矩阵
	coupon rate	息票率

	credit default swap，简称 CDS	信用违约互换
D	delivery day	交割日
	discount cash flow，简称 DCF	现金流折现
	diversification	分散化
E	efficient frontier	有效前沿
	efficient market hypothesis，简称 EMH	有效市场假说
	electronic trading hours	电子盘交易时段
	endowment model	捐赠基金模式
	equal risk contribution，简称 ERC	等量风险贡献
	exchange traded fund，简称 ETF	交易所交易基金
F	factor analysis	因子分析
	factor investing	因子投资
	forward	远期
	funding mix	融资组合
G	global tactical asset allocation，简称 GTAA	全球战术资产配置
	growth	成长
H	high yield	高收益
I	index futures	指数期货
	inflation break-even	通胀平衡点
	inflation-linked bond	通胀挂钩债
	initial margin	初始保证金
	investment grade	投资级
	invoice price	发票价格
L	long position	多头头寸
M	mark to market	盯市
	market timing	市场择时
	mean-variance optimization，简称 MVO	均值－方差优化法

	modern portfolio theory	现代投资组合理论
	momentum	动量
N	nominal interest rate	名义利率
	notice day	通知日
O	over the counter，简称 OTC	场外交易市场
P	panel pata analysis	面板数据分析
	peer universe	同业管理人群体
	performance	业绩
	performance appraisal	业绩评价
	performance attribution	业绩归因
	performance measurement	业绩衡量
	pit trading hours	场内交易时段
	position day	仓位日
	premium	溢价
	principal-agent problem	委托代理问题
Q	quality	质量
R	real interest rate	实际利率
	rebalance	再平衡
	reference portfolio	参考组合
	risk budget	风险预算
	risk contribution	风险贡献
	risk premium	风险溢价
	risk-adjusted return	风险调整后收益
	risk-targeting	定向风险目标
S	scenario analysis	情景分析
	Sharpe ratio	夏普比率
	short position	空头头寸

	size	规模
	smart beta	智能贝塔
	sovereign wealth fund	主权财富基金
	stop-loss limit	止损界限
	strategic asset allocation，简称 SAA	战略资产配置
	strategic beta	策略贝塔
	stress test	压力测试
	survivorship bias	幸存者偏差
T	tactical asset allocation，简称 TAA	战术资产配置
	tangency portfolio	切点投资组合
	taper tantrum	削减恐慌
	term premium	期限溢价
	time-weighted rate of return	时间加权收益率
	total return swap	总收益互换
	trading unit	交易单位
	trend	趋势
	turnover	换手率
U	underlying instrument	标的
V	value	价值
	value at risk，简称 VaR	在险价值
	venture capital	风险投资
	volatility	波动率